Regeln brauchen Vertrauen

Sven Seibold · Ruth Linssen

Regeln brauchen Vertrauen

Warum wir gerne verbieten und uns selbst nicht an alle Gebote halten

Sven Seibold
Fakultät Wirtschaft und Informatik
Hochschule Hannover
Hannover, Deutschland

Ruth Linssen
Fachbereich Sozialwesen
Fachhochschule Münster
Münster, Deutschland

ISBN 978-3-662-64187-3   ISBN 978-3-662-64188-0   (eBook)
https://doi.org/10.1007/978-3-662-64188-0

Die Deutsche Nationalbibliothek verzeichnet diese Publikation in der Deutschen Nationalbibliografie; detaillierte bibliografische Daten sind im Internet über http://dnb.d-nb.de abrufbar.

© Der/die Herausgeber bzw. der/die Autor(en), exklusiv lizenziert durch Springer-Verlag GmbH, DE, ein Teil von Springer Nature 2022
Das Werk einschließlich aller seiner Teile ist urheberrechtlich geschützt. Jede Verwertung, die nicht ausdrücklich vom Urheberrechtsgesetz zugelassen ist, bedarf der vorherigen Zustimmung des Verlags. Das gilt insbesondere für Vervielfältigungen, Bearbeitungen, Übersetzungen, Mikroverfilmungen und die Einspeicherung und Verarbeitung in elektronischen Systemen.
Die Wiedergabe von allgemein beschreibenden Bezeichnungen, Marken, Unternehmensnamen etc. in diesem Werk bedeutet nicht, dass diese frei durch jedermann benutzt werden dürfen. Die Berechtigung zur Benutzung unterliegt, auch ohne gesonderten Hinweis hierzu, den Regeln des Markenrechts. Die Rechte des jeweiligen Zeicheninhabers sind zu beachten.
Der Verlag, die Autoren und die Herausgeber gehen davon aus, dass die Angaben und Informationen in diesem Werk zum Zeitpunkt der Veröffentlichung vollständig und korrekt sind. Weder der Verlag noch die Autoren oder die Herausgeber übernehmen, ausdrücklich oder implizit, Gewähr für den Inhalt des Werkes, etwaige Fehler oder Äußerungen. Der Verlag bleibt im Hinblick auf geografische Zuordnungen und Gebietsbezeichnungen in veröffentlichten Karten und Institutionsadressen neutral.

© Fotonachweis Umschlag: © SensorSpot/Getty Images/iStock

Planung: Monika Radecki
Springer ist ein Imprint der eingetragenen Gesellschaft Springer-Verlag GmbH, DE und ist ein Teil von Springer Nature.
Die Anschrift der Gesellschaft ist: Heidelberger Platz 3, 14197 Berlin, Germany

Vorwort

Auch Sie haben schon einmal eine Regel gebrochen. Woher wir das wissen? Ganz einfach: Kein Mensch kann jede Regel zu jedem Zeitpunkt vollständig einhalten. Er wäre gar nicht lebensfähig. Dennoch funktionieren Schulen, Behörden, Unternehmen und andere Organisationen halbwegs gut. Auch wenn in der Schule mal abgeschrieben wird, kann man etwas lernen. Und auch wenn es mal einen korrupten Politiker oder einen betrügenden Vorstandsvorsitzenden gibt, funktioniert die Gesellschaft insgesamt ganz gut. Nicht jeder Regelbruch führt uns an die Grenze des Weltuntergangs. Auf der anderen Seite müssen Regeln verbindlich sein, sonst geht die Wirkung verloren. Werden Regeln aufgestellt, aber nicht durchgesetzt, muss sich niemand über Verstöße wundern. Auf der einen Seite ist nicht jeder Regelbruch eine Katastrophe, auf der anderen Seite müssen Regeln verbindlich sein. Das klingt widersprüchlich und ist das es auf den ersten Blick auch. Schaut man genauer hin, wie in diesem Buch, löst sich der scheinbare Widerspruch auf.

Das Buch ist für alle diejenigen geschrieben, die Regeln aufstellen, sich über Regeln oder Regelbrecher ärgern und die verstehen wollen, wie man klug mit Regeln umgeht. Sei es als Bürger, die Regeln befolgen müssen, als Arbeitnehmer, die den Regeln einer Organisation unterworfen sind oder als Verantwortliche, die Regeln formulieren oder durchsetzen. Wir wollen jedoch kein Erziehungsratgeber sein. Dementsprechend beziehen wir uns nicht auf den Kontext Familie oder Privates, sondern auf den Beruf. Gleichwohl können Sie viele unserer Anregungen auch auf familiäre Zusammenhänge übertragen. Der Fokus dieses Buches liegt darauf, wie man, vor allem im beruflichen Kontext, Regeln wirksam macht. Es geht nicht um eine juristische oder betriebswissenschaftliche Perspektive, also nicht darum, welche strafrechtlichen Folgen es beispielsweise für einen Vorstand haben kann, wenn er die Regeln schleifen lässt und nicht darum, ob der Aktienkurs fällt, wenn ein Regelbruch öffentlich wird. Je nach Regelbruch erhält man einen Hausbesuch von der Staatsanwaltschaft (Siemens, Deutsche Bank), manchmal stürzt der Aktienkurs ab oder das Unternehmen geht in die Insolvenz (Enron, Wirecard). Aber selbst wenn man anerkennt, dass Regeltreue sinnvoll ist, muss man noch einen Weg finden, Regeln praktisch wirksam zu machen. Dabei hilft dieses Buch.

Sie können dieses Buch von vorne bis hinten durcharbeiten, wenn Sie sich umfassend über das Thema Regeln informieren wollen. Sie können aber auch einzelne Kapitel lesen, zu den Themen, die Sie besonders interessieren. Damit das Buch auch bei der zweiten Lesart noch verständlich ist, konnten wir in dem einen oder anderen Abschnitt Wiederholungen nicht vermeiden. Wir haben diese auf das Nötigste reduziert.

Wir gehen so praxisnah wie möglich vor, ohne in das Anekdotische abzugleiten. Wir schildern viele Beispiele, jeweils mit klarem Bezug zu einem Leitthema. Idealerweise ergänzen Sie die Ausführungen mit selbst erlebten Beispielen. Sie verstehen und lernen am leichtesten mit einem persönlichen Bezug.

Wir haben diskutiert, welche Beispiele wir in diesem Buch verwenden. Zur Auswahl standen Fälle aus unseren eigenen Forschungsarbeiten, Beispiele aus Beratungsfällen und öffentlich bekannt gewordene Fälle, über die in Medien berichtet wurde oder zu denen Gerichtsurteile oder Berichte von Untersuchungsausschüssen vorlagen. Wir haben uns für eine Mischung entschieden. Dabei nennen wir Personen des öffentlichen Lebens namentlich, alle anderen nicht. So nennen wir beispielsweise den ehemaligen Vorsitzenden der Volkswagen AG (Martin Winterkorn) oder den ehemaligen Präsidenten des FC Bayern (Uli Hoeneß) beim Namen. Die Geschäftsführerin einer sozialen Einrichtung, die sich selbst ein überhöhtes Gehalt zugeschanzt hat, nennen wir nicht namentlich. Wenn wir Fälle schildern, die wir selbst erlebt haben oder die uns vertraulich geschildert wurden, stand eine Anonymisierung an erster Stelle. Im Zweifel haben wir auch mal ein für das Kerngeschehen unwichtiges Detail so verändert, dass nicht auf den Ort oder die Organisation rückgeschlossen werden kann. Zudem verwenden wir Fallschilderungen aus Zeitungen oder Wochenjournalen, einfach deshalb, weil eine solche Berichterstattung ein Beleg für öffentliches Interesse am Thema Regeln ist. Oft geht es nicht nur um den eigentlichen Fall, sondern um das dahinterliegende Muster und auch um die Wirkung in der Öffentlichkeit sowie um die Reaktion der betroffenen Organisation auf einen Regelbruch. Die Wirkung eines Regelbruchs auf andere Menschen ist ebenso wichtig wie der Regelbruch selbst. Auf der anderen Seite sollte man nicht aus den Augen verlieren, dass Medien tendenziell eher über spektakuläre Regelverletzungen berichten. Uns ist ferner wichtig, auch alltägliche Regeln und Regelverstöße darzustellen. Deshalb verwenden wir immer mal wieder Fälle, die uns bei unserer Arbeit begegnet sind und über die nicht öffentlich berichtet wurde.

Vielleicht werden Sie sich wundern, dass wir häufiger Negativbeispiele schildern als Positivbeispiele. Das liegt zum einen daran, dass man aus Negativbeispielen viel lernen kann. Aus unserer Sicht wäre schon viel gewonnen, wenn man unnötige Fehler vermiede. Zum anderen werden Negativbeispiele eher bekannt als Positivbeispiele. Wir können also auf ein breites Spektrum zugreifen. Nicht zuletzt sind Positivbeispiele jedoch nur bedingt übertragbar. Es wäre irreführend zu behaupten, dass wenn man nach einem bestimmten Muster vorgeht, jede Regel befolgt wird. Bei Regeln gibt es keine allgemein gültige Musterlösung, Regeln werden von Faktoren wie etwa Organisationskultur oder Historie ebenso beeinflusst wie von den Werten und Erfahrungen der handelnden Personen. Guten Regeln gelingt zudem die Balance zwischen Verbindlichkeit und Freiraum. Das ist schneller geschrieben als umgesetzt. Wir liefern keine Regelschablonen, weil das so pauschal nicht geht. Man muss die konkreten Situationen kennen, in denen sich diejenigen Menschen befinden, die Regel einhalten sollen. Wir können nur zentrale Mechanismen aufzeigen, die jeder auf seinen Alltag, seine Organisation und seine Erfahrungen übertragen muss. Wir glauben an das Gute in den Menschen, sind aber nicht so naiv, das Gute in jedem einzelnen Menschen zu jedem Zeitpunkt zu erwarten.

Wir danken Rechtsanwalt Patrick Wacker und Frau Sarah Althöfer für die tatkräftige Unterstützung bei der Fertigstellung des Buches.

Sven Seibold
Ruth Linssen

Inhaltsverzeichnis

1 Einleitung … 1
   1.1 Was Sie erwartet … 3
   1.2 Regeltreue ist lästig und wichtig zugleich … 5
   1.3 Regeln allein lösen keine Probleme … 9
   Literatur … 10

2 Meine Welt, Deine Welt, Regelwelt … 13
   2.1 Erst die Regel, dann der Verstoß … 13
   2.2 Früher war es auch nicht besser – oder sind Sie schon so alt? … 18
   2.3 Fehlsteuerung durch Regeln … 19
   2.4 Nicht über einen Kamm scheren – Regeln anschlussfähig gestalten … 22
   2.5 Gott, Moral und Regeln … 24
   Literatur … 26

3 Von Risiken und Nebenwirkungen … 29
   3.1 Die Zeit der Feigenblätter läuft ab … 30
   3.2 Tugendhaftigkeit überfordert … 32
   3.3 Glaubhaftigkeit lohnt sich auch im Geldbeutel … 34
   3.4 Organisationen haften für ihre Mitarbeiter … 35
   3.5 Das echte Problem lösen … 37
   3.6 Der Mensch ist keine Insel … 38
   3.7 Vertrauen ist schnell verspielt … 40
   3.8 Gute Regeln – schlechte Regeln … 42

	3.9	Keine Kultur ohne Regeln	43
	3.10	Kognition, Emotion und Verhalten	45
	Literatur		47

4 Der Kodex und das potemkinsche Dorf — 49
- 4.1 Verhaltenskodex – Kann das weg oder braucht man das? — 51
- 4.2 Von Gutwilligen und nicht so Gutwilligen — 52
- 4.3 Handeln anstatt reden — 54
- 4.4 Wie man einen Pudding an die Wand nagelt — 58
- 4.5 Ehrlich ist gefährlich — 60
- Literatur — 64

5 Menschen, Bilder, Emotionen — 65
- 5.1 Abwehrreflexe aushebeln — 67
- 5.2 Persönlicher Bezug und Handlungssicherheit — 70
- 5.3 Gute Geschichten erzählen — 73
- 5.4 Regeln einführen ist Nahkampf — 76
- Literatur — 80

6 Das Gute ist stets das Böse, das man lässt — 83
- 6.1 Ehrlichkeit, Eigennutz und Steuerhinterziehung — 85
- 6.2 Loyalität, Vertrauen und Schattenwirtschaft — 87
- 6.3 Für Sinn gibt es keinen Ersatz — 90
- 6.4 Regeltreue hat eine Halbwertszeit — 91
- 6.5 Entlang der persönlichen Schmerzgrenze — 94
- Literatur — 95

7 Regelbrüche aus guten und aus schlechten Gründen — 97
- 7.1 Schussel oder Toxiker — 98
- 7.2 Zu streng mit anderen und zu milde mit sich selbst — 100
- 7.3 Das Wer bestimmt das Warum — 102
- 7.4 Fehler ohne Reue — 104
- 7.5 Der Bumerang-Effekt — 109
- 7.6 Leiser Widerstand und berechtigter Widerstand — 111
- 7.7 Keine Regel ist perfekt – deshalb gibt es Ausnahmen — 114
- 7.8 Brauchbare Illegalität — 117

7.9	Ist doch nicht so schlimm	120
7.10	Wissenschaftliche Handlungsmodelle – ein kurzer Ausflug	126
	Literatur	130

8 Strafen, Kontrollieren, Ignorieren – Umgang mit Regelbrüchen — 133
- 8.1 Zuerst die Ursache des Regelbruchs klären — 133
- 8.2 Wie man richtig bestraft — 139
- 8.3 Kontrollieren ist nichts für Anfänger — 142
- 8.4 Effizienz von Kontrollen — 147
- 8.5 Trügerische Kontrollüberzeugungen — 151
- 8.6 Schädliche Belohnung — 155
- Literatur — 158

9 Vorbilder müssen integer sein, nicht perfekt — 161
- 9.1 Alle sind gleich, aber manche sind gleicher — 162
- 9.2 Macht heißt Verantwortung — 165
- 9.3 Die Botschaft hör ich wohl, allein mir fehlt der Glaube — 166
- 9.4 Von morschen Bäumen und knackigen Äpfeln — 172
- 9.5 Vertrauen schafft Integrität — 174
- Literatur — 176

10 Quintessenz und Praxistipps — 179
- 10.1 Weniger ist mehr — 179
- 10.2 Kosten zugeben — 180
- 10.3 Widerstand nicht wegbügeln — 181
- 10.4 Kein Wischiwaschi — 182
- 10.5 Die Dosis macht das Gift — 183
- 10.6 Anschluss bekommen — 183

Stichwortverzeichnis — 185

Über die Autoren

Sven Seibold ist Professor für Wirtschaftspsychologie an der Hochschule Hannover mit dem Forschungsschwerpunkt empirische Sicherheitsforschung. Er hat viel Erfahrung in der Beratung von Menschen in kritischen Situationen.

Ruth Linssen ist Professorin für Soziologie und Recht an der Fachhochschule Münster mit dem Forschungsschwerpunkt Compliance und Korruption. Sie berät und schult Behörden und Unternehmen zu Compliance und Korruptionsprävention.

1
Einleitung

In diesem Kapitel zeigen wir, warum das Einhalten von Regeln sowohl wichtig wie zugleich lästig ist. Wir zeigen auf, warum Regelakzeptanz für Regeltreue (Compliance) entscheidend ist und auch, weshalb man bei der Einführung und Durchsetzung von Regeln einen langen Atem braucht. Wir zeigen, weshalb, wo und für wen Regeln wichtig sind und wann es sich lohnt, diesen langen Atem aufzubringen.

Ab ins Geisterhaus

Die Welt ist bunt. Entsprechend variantenreich sind die Versuche, Regeln durchzusetzen. So ging man mit Regelbrechern in der Corona-Zeit beispielsweise in der Provinz Aceh (Indonesien) um (ntv, 2020): Die Bewohner mussten bei Verstößen gegen Corona-Regeln Passagen aus dem Koran rezitieren. Klingt ungewohnt, aber es hätte schlimmer kommen können. Und es kam schlimmer: In der indonesischen Hauptstadt Jakarta wurden Regelbrechern Putzdienste in öffentlichen Gebäuden auferlegt – dabei mussten sie Westen tragen, die sie schon von Weitem als Regelbrecher kennzeichneten. In einer anderen Provinz Indonesiens war man noch kreativer: Regelbrecher wurden in verlassenen Häusern festgesetzt, in denen es angeblich spukt. Das funktioniert natürlich nur, wenn man an Geister glaubt – zielgruppenspezifisch eben. Betrachten wir etwa das Putzen in öffentlichen Gebäuden mit Signalweste. Mit dem Tragen einer Signalweste können alle anderen erkennen: Diese Person hat eine Regel gebrochen. Das zielt auf das Schamgefühl und soll von weiteren Regelbrüchen abhalten. Eine solche Stigmatisierung ist aus historisch-kulturellen in anderen Ländern schwer vorstellbar.

Regeln strengen an
Die Beispiele aus Indonesien zeigen, wie unterschiedlich man mit Regelbrüchen umgehen kann. In Deutschland wählte man andere Mittel. Allerdings musste man vor allem zu Beginn der Covid-19-Pandemie aufgrund der Zuständigkeit der 16 Bundesländer eine Kakofonie von Regeln und unterschiedlichen Strafen für Regelbrecher ertragen. Selbst eine weltweite Pandemie hat nicht zu einer Abkehr von Sonderwegen einzelner Bundesländer geführt – die Mechanismen sind zu eingeschliffen. Und genau an dieser Stelle gibt es eine Verbindung zur Regeleinhaltung im Allgemeinen. Menschen sollen eine Vielzahl von Regeln einhalten, die ihnen im Alltag beschwerlich erscheinen, und diese Mühen zum Nutzen anderer Menschen oder der Gemeinschaft insgesamt auf sich nehmen. Es ist also bei Phänomenen wie der Covid-19-Pandemie, ebenso wie bei anderen Regeln ein Kampf gegen Bequemlichkeit, Nachlässigkeit, Ignoranz und Egoismen von Menschen. Dieser Kampf wird in der Gesellschaft formell von Ordnungsämtern, Polizei und Gerichten geführt sowie informell von uns allen, beispielsweise wenn der Nachbar um 2 Uhr morgens zu laut Musik hört. Wobei der Begriff *Kampf* in die Irre führt – Marathonlauf trifft es besser. Regeln kann man nicht auf die Schnelle mit einer Brechstange durchsetzen, sondern muss sowohl Zeit als auch Konsequenz mitbringen. Und wie bei einem Marathonlauf hilft auch beim Regeldurchsetzen ein Quantum Leidensfähigkeit.

Sind sie noch anständig oder brauchen Sie schon Regeln?
Das Befolgen von Regeln, man spricht auch von Regeltreue oder Compliance, ist also kein Selbstläufer. Wer noch den Begriff Anstand kennt, mag sich verwundert fragen, warum man sich um etwas so Selbstverständliches wie Regeltreue überhaupt kümmern muss und weshalb das einen englischen Namen benötigt. Compliance wurde als Fachwort eingebürgert. Und dass Regeltreue eben nicht selbstverständlich ist, wird plausibel, wenn man bedenkt, dass Menschen durch Regeln immer eingeschränkt sein werden und nicht einfach tun können, was sie wollen.

Regeln durchsetzen – formell und informell
In Organisationen nennt man das Einwirken auf die Regeltreue der eigenen Mitarbeiter Compliance-Management (Heißner, 2014, S. 108). Damit verbunden ist eine Zentralisierung der formellen Regelüberwachung (Kette & Barnutz, 2019, S. 10). Zentralisierung meint praktisch den Aufbau einer Struktur, beispielsweise einer Stabsstelle oder einer Abteilung. Mit der Einführung einer formell zuständigen Instanz wird kein gelobtes Land betreten,

sondern die ansonsten innerhalb einer Organisation verteilte Regelüberwachung wird gebündelt und damit potenziell vereinheitlicht. Das bedeutet indes nicht, dass durch Zentralisierung alles besser wird. Man sollte nicht erwarten, mit einem solchen Vorgehen jegliches Fehlverhalten unterbinden zu können (Heißner, 2014, S. 108–109). Viele Regeln werden von Eltern, Freunden oder Nachbarn und in Organisationen von Kollegen etabliert und durchgesetzt, nicht von formell zuständigen Instanzen.

> **Wichtig** Regeln sind nur wirksam, wenn sie zu der Situation und zu denjenigen Menschen passen, die sie einhalten sollen.

Schlüsselfaktor Akzeptanz
Regeln brauchen Akzeptanz und Akzeptanz setzt Vertrauen voraus. Wenn die Verantwortung, zumindest teilweise, von der Gesellschaft auf eine Zentralstelle übertragen wird, schrumpft der Spielraum der Menschen vor Ort. Finden die Menschen das gut, weil sie entlastet werden? Oder finden die Menschen das eher schlecht, weil sie weniger Spielraum haben? Von der Antwort auf diese Frage wird abhängen, ob Regeln akzeptiert werden oder nicht. Sicher ist, dass Kontrollen Geld kosten und deshalb sollte man Regeln so erfolgreich wie möglich gestalten. Erfolg hängt dabei weniger von einer formellen Struktur zur Regeldurchsetzung ab, sondern eher davon, was die Menschen von einer Regel halten und was sie im Alltag tatsächlich tun. Die Akzeptanz einer Regel ist also deshalb so wichtig, weil sie Kontrollen zumindest nahezu überflüssig macht und weil sie der zentrale Faktor ist, weshalb eine Regel wirkt. Mit diesem Buch helfen wir zu verstehen, wann Regeln akzeptiert werden, wie Regeln wirken oder auch nicht wirken. Dabei gehen wir von der Welt aus, wie sie ist und nicht davon, wie die Welt nach Ansicht strenger Idealisten sein sollte.

1.1 Was Sie erwartet

Bevor man eine neue Regel fordert, sollte man überlegen, was man damit erreichen will und welche psychologischen, soziologischen und betriebswirtschaftlichen Kosten mit einer neuen Regel einhergehen, siehe hierzu Kap. 2 *Meine Welt, Deine Welt, Regelwelt*. Jede Regel kostet etwas, oft ist nur unklar, wie viel und wer genau die Zeche zahlen wird. In den Kap. 3 *Von Risiken und Nebenwirkungen* sowie 4 *Der Kodex und das potemkinsche Dorf* wird beschrieben, welche Risiken und Nebenwirkungen Regeln haben und wo die Grenzen von Regeln liegen. Oft konzentriert man sich bei der Aufstellung von Regeln vor allem auf die formelle und inhaltliche Korrektheit. Ob eine Regel tatsächlich verstanden und akzeptiert wird, gerät dabei mitunter aus dem Blick. Unglücklicherweise, zumindest für Perfektionisten, hat man es beim Thema Regeleinhaltung mit Menschen zu tun, nicht mit Maschinen, die nur korrekt programmiert sein müssen, um zu funktionieren. Menschen wollen verstehen, warum sie etwas tun sollen, und sie wollen verstehen, wie das gehen soll und sie werden sich sträuben, wenn es zu anstrengend wird oder unsinnig erscheint. Wir haben Eckpfeiler formuliert, die es einfacher machen, Regeln zu verstehen und zu akzeptieren (Kap. 5 *Menschen, Bilder, Emotionen*). Aber selbst wenn der Regelzweck unbestritten ist, die Regel perfekt formuliert und mustergültig erklärt wurde – es gibt immer Menschen, die sich trotz alledem nicht an eine Regel halten. Das ist einen genauen Blick wert.

In Kap. 6 *Das Gute ist stets das Böse, das man lässt* und 7 *Regelbrüche aus guten und aus schlechten Gründen* wird erklärt, wann und warum Menschen sich an Regeln halten oder warum sie das nicht tun. Zwar kann man Rahmenbedingungen und die Motivation von Menschen beeinflussen, um regelkonformes Verhalten wahrscheinlicher und Regelbrüche unwahrscheinlicher zu machen. Aber eine Erfolgsgarantie gibt es leider nicht. Vielleicht haben Sie schon einmal bei sich selbst geprüft: Wann sind Sie einmal über eine rote Fußgängerampel gegangen und wann würden Sie das auf keinen Fall tun? Ihnen fallen bestimmt Bedingungen ein, unter denen Sie selbst geneigt sind, Regeln zu verletzen. Nein? Dann denken Sie bitte noch einmal nach. Solche Selbstreflexionen sind hilfreiche Anhaltspunkte zum Verständnis anderer Menschen. Denn so unterschiedlich verhalten sich Menschen gar nicht, wenn es um Regeleinhaltung geht. Wenn Menschen es ganz besonders eilig haben, den Bus noch bekommen wollen, der gerade auf der anderen Straßenseite hält, dann wird die rote Ampel schon einmal ignoriert. Wenn Menschen dagegen beim entspannten Einkaufsbummel sind oder gar ihr Kind zur Schule bringen, kommen nur besonders rüpelhafte Artgenossen auf die Idee, bei Rot die Straße zu überqueren.

Wie man mit Regelbrüchen sinnvoller Weise umgeht, wird in Kap. 8 *Strafen, Kontrollieren, Ignorieren – Umgang mit Regelbrüchen* beschrieben. Wenn man Regelbrüche ignoriert, schwächt man Regeln und kann neue Regeln nur noch sehr schwer etablieren. Bevor man also eine Regel einführt, sollte man sich sehr genau überlegen, wie man mit Regelbrüchen umgehen wird. Ein Negativbeispiel war die Einführung eines Mund-Nasen-Schutzes in öffentlichen Verkehrsmitteln ohne Sicherstellung von Kontrollen zu Beginn der Covid-19-Pandemie im Frühjahr 2020 in Deutschland. Die

Betreiber öffentlicher Verkehrsmittel wollten nicht kontrollieren, was man angesichts der aggressiven Reaktionen einiger Maskenverweigerer sogar verstehen konnte. Und die Polizei und die Ordnungsbehörden waren dazu in der Breite wegen fehlender Kapazitäten zunächst nicht in der Lage. Der Fehler (fehlende Kontrollen) wurde später korrigiert, aber da war schon Schaden angerichtet.

In Kap. 9 *Vorbilder müssen integer sein, nicht perfekt* zeigen wir, dass Vorbilder unersetzlich sind. Man kann nicht von anderen Menschen fordern und selbst nicht liefern. Aus diesem Grund zerstören Politiker und andere in der Öffentlichkeit stehende Menschen, die sich nicht an Regeln halten, das Bemühen, Regeleinhaltung zu erreichen. Da hilft auch keine Entschuldigung. Beispielsweise hatte der Hamburger Innensenator, ausgerechnet der für die innere Sicherheit zuständige Minister Andy Grote (SPD), mit einem Stehempfang gegen Corona-Regeln verstoßen. Sein neues Ministeramt hatte er in einer Bar gefeiert. Andy Grote hat 1000 € Bußgeld bezahlt. Seiner Ansicht nach hat er nicht gegen die Regeln verstoßen. Die Strafe hat er dennoch bezahlt und sich auch entschuldigt. Dabei geht es weder um den exakten Abstand beim Umtrunk auf Distanz, noch um Herrn Grote oder Hamburg, sondern um die hinter diesem Verhalten stehende Haltung. Ohne Vorbild ist alles nichts, besonders, wenn man für die Regeleinhaltung zuständig ist, sei es als Politiker oder als Elternteil gegenüber den eigenen Kindern. In Kap. 10 *Essentials und Praxistipps* werden Fallstricke wie dieser dargestellt. Man muss nicht jeden Fehler selbst machen. Dort werden die wichtigsten Empfehlungen kompakt zusammengefasst. Eilige Leser können daher direkt in Kap. 10 *Essentials und Praxistipps* einsteigen.

1.2 Regeltreue ist lästig und wichtig zugleich

Ist Regeltreue (Compliance) nun wichtig oder lästig? Sowohl als auch. Regeltreue ist lästig, weil Prozesse langsamer werden, weil zusätzliche Schnittstellen Komplikationen verursachen oder weil das Einhalten von Regeln lukrative Geschäfte oder bequeme Abkürzungen verhindern kann. Regeltreue ist nicht nur für einzelne Menschen wichtig, sondern auch für Organisationen insgesamt, weil die Sensibilität gegenüber Regelbrüchen zugenommen hat. Im Extremfall kann das Ansehen einer Organisation irreparabel beschädigt werden, wenn sie sich nicht in dem gesellschaftlich definierten sozialen und ökologischen Rahmen bewegt. Das Einhalten von Regeln durch Unternehmen kann als Wettbewerbsfaktor eingestuft werden (Femers-Koch, 2018,

S. 2). Das belegt ein Blick in den Rückspiegel: Das US-Unternehmen Enron verschwand 2001 nach Bilanzfälschungen vom Markt, Siemens kostete der Korruptionsskandal in den Jahren 2006 bis 2008 eine Milliardensumme, Wirecards Aktienkurs ähnelte lange dem einer Achterbahn, weil immer wieder Zweifel an einer einwandfreien Bilanzierung auftauchten. Im Fall von Wirecard, einem Zahlungsdienstleister, wurde zunächst nicht unterstellt, dass Luftbuchungen gemacht wurden, sondern dass Buchungen nicht nachvollziehbar belegt wurden. Inzwischen ist Wirecard insolvent, weil es knapp zwei Milliarden Euro, die in der Bilanz aufgeführt wurden, gar nicht gab. Die Staatsanwaltschaft ermittelt gegen Wirecard und auch gegen die verantwortlichen Wirtschaftsprüfer von Ernst & Young (EY). Die juristische Aufarbeitung dieses Falls wird noch Jahre dauern und hat die politische Ebene erreicht. Bei Wirecard wurde offenkundig zu wenig oder zu schlecht kontrolliert, wie man im Abschlussbericht des einschlägigen Untersuchungsausschusses des Deutschen Bundestag nachlesen kann (Deutscher Bundestag, 2021, S. 1588–1593 und 1673–1674).

Ohne geht es nicht
Ohne Regeln funktioniert weder die Gesellschaft insgesamt noch (ihre) Teilsysteme, wie Unternehmen, Behörden oder Vereine. Dabei sind drei Aspekte (Hein, 2016, S. 13) wichtig:

- Regeln können als Gesetz, Verordnung, Unternehmensrichtlinie oder Familiengewohnheiten wirksam werden. Es gibt also verschiedene Stufen von Regeln, die unterschiedlich verbindlich sind.
- Regeln beziehen sich auf alle Menschen, nicht nur auf die für Regeleinhaltung zuständigen Instanzen wie Ordnungsämter, Polizei, Staatsanwaltschaften, Gerichte oder auch Revisions- oder Compliance-Abteilungen in Unternehmen.
- Regeln sollten in den Alltag integriert werden. Man sollte beispielsweise selbst dann nicht klauen, wenn gerade niemand kontrolliert.

Bei einigen Regeln wird die Einhaltung vehement und zum Teil durch formelle Kontrollinstanzen eingefordert, während andere Regeln, etwa solche des sozialen Umgangs, eher informell eingefordert werden. Verstöße führen möglicherweise zu sozialem Ausschluss. Man spricht auch von Kann-, Soll- und Muss-Regeln (Dahrendorf, 2010). Es macht einen Unterschied, ob ich den Chef nur nicht grüße oder dessen Brieftasche klaue.

Manchen Menschen sind Regeln besonders wichtig

Manchen Menschen sind Regeln ganz besonders wichtig. Sie unterscheiden nicht zwischen Kann-, Soll- und Muss-Regeln und setzen, auch ohne entsprechende Legitimation, jegliche Regel mit Vehemenz durch. Woher kommt das? Warum sind diesen Menschen Regeln so wichtig? Kann man sich durch einen Regelbruch, der einen nicht selbst betrifft, persönlich beeinträchtigt fühlen? Warum fühlen sich Einzelne dafür verantwortlich, dass andere Menschen Regeln einhalten? Wenn Menschen persönlich beeinträchtigt sind, wie etwa beim Nichtraucher im Bus, dem es stinkt, wenn sich jemand eine Zigarette anzündet, und der sich darüber beschwert, mag das nachvollziehbar sein. Aber ansonsten? Da es in vielen Situationen üblich ist, wegzusehen und selbst nicht aufzufallen anstatt andere auf Regeln hinzuweisen, fällt es schon auf, wenn jemandem Regeln besonders wichtig sind.

> **Beispiel Die verliebte Elena**
>
> Stellen Sie sich folgende Situation vor, etwa in Münster, einer der fahrradfreundlichsten Städte Deutschlands: Die 19-jährige Elena fährt etwas verträumt mit ihrem Fahrrad durch die Stadt. Sie genießt die Frühlingssonne und dass sie frisch verliebt ist. Um dem temporeichen Fahrradverkehr in der Stadt zu entkommen, wechselt sie mit dem Fahrrad auf den Fußgängerweg und fährt im Schritttempo. Der Fußgängerweg ist breit, ihr kommt ein älteres Paar entgegen. Elena fährt an den beiden vorbei, ohne ausweichen zu müssen und ohne Gefahr, sie zu touchieren, selbst in Corona-Zeiten hätte der Abstand ausgereicht. Dennoch schimpft der Mann wütend hinter ihr her: „Das ist doch hier kein Radweg! Benutz gefälligst die Straße! Kann man hier nicht mal in Ruhe spazieren gehen? Eine Unverschämtheit, sowas!"

Was regte den Mann so auf, dass er seine gute Erziehung vergaß und lauthals hinter Elena herbrüllte? Natürlich hat Elena eine Regel verletzt: Ein Fahrrad gehört nun mal auf den Fahrradweg und nicht auf den Fußweg. Aber Elena war weder schnell noch rücksichtslos unterwegs, ihr Tempo entsprach dem eines Fußgängers und sie hat das Paar in keiner Weise beeinträchtigt. Viele hätten gar nichts gesagt, dieser Mann reagierte heftig. Warum reagiert der Mann derart wütend auf Elenas Regelbruch?

Psychische Kosten – Mühe muss sich lohnen

Regeln zu befolgen kostet uns alle mehr oder weniger viel Mühe. Sei es, weil wir an etwas Anderes gewöhnt sind oder einfach nur, weil die Regel unseren Verhaltensspielraum einengt. Regeleinhaltung ist – mal mehr, mal weniger – mühsam. Eine Belohnung für solche Mühen besteht in Bestätigung. Einmal in der Bestätigung sich selbst gegenüber, das Richtige zu tun. Wir fühlen uns besser mit dem Wissen, das Richtige zu tun, als mit dem Wissen, etwas Verbotenes oder Falsches zu tun. Zum anderen werden wir von unserer Umwelt bestätigt. Denn die Menschen um uns herum kostet es ebenfalls Mühe, sich an die Regeln zu halten und sie tun es dennoch – jedenfalls viele. So bestätigt man sich im sozialen Kontext gegenseitig durch regelkonformes Verhalten. Wir erwarten von anderen, dass sie sich ebenfalls an die Regeln halten, an die wir uns gebunden fühlen. Radelt nun aber jemand wie Elena daher, die nicht wie wir die Mühe aufwendet und die Regeln einhält, so ärgert uns das. Wir ärgern uns darüber, dass wir uns scheinbar umsonst abmühen mit der Regel. Denn es ist offensichtlich auch möglich, die Regel einfach zu ignorieren und sich die Mühe zu sparen. Je mehr sich ein Mensch anstrengen muss, Regeln einzuhalten, desto mehr irritiert ihn das Nichteinhalten von Regeln durch andere. Dies gilt umso mehr, wenn er die Regel für sinnvoll hält. Und dieser Irritation Ausdruck zu verleihen ist auf Augenhöhe besonders wirksam – man muss sich halt trauen und die richtige Form finden. Diese Art der sogenannten sozialen Kontrolle ist hilfreich, weil ein Hinweis auf einen Regelbruch bei vielen Menschen Unbehagen auslöst, eine Beschämung im positiven Sinne. Eine Beschämung führt bestenfalls sogar zur Handlungskorrektur. Braithwaite (1989) jedenfalls geht davon aus, dass Beschämung, etwa durch Kollegen oder Freunde, dazu beiträgt, in Zukunft die Regeln eher einzuhalten. Scham ist unangenehm, und die meisten wollen eine erneute Beschämung wegen eines Regelbruches vermeiden. Beschämung erhöht die psychischen Kosten eines Regelbruches und reduziert dessen Nutzen.

Zweck im Auge behalten
Problematisch wird es dann, wenn man es mit überaus gewissenhaften oder überaus ängstlichen Menschen zu tun bekommt, für die ein Regelbruch nicht nur störend ist, sondern eine regelrechte Bedrohung darstellt. Für solche Menschen ist es letztlich irrelevant, ob Elena den Mann tatsächlich beeinträchtigte, etwa dadurch, dass er ihr ausweichen musste. Es ist auch irrelevant, dass die Regel „keine Radfahrer auf dem Fußweg" eigentlich dafür erdacht wurde, dass (schnelle) Radfahrer nicht die (langsameren) Fußgänger beeinträchtigen. Wenn solche Menschen sich über Regelbrüche ärgern, geht es um die Regeleinhaltung an sich und nicht mehr um die Frage, welchen Sinn eine Regel hat und ob die Regel auf eine konkrete Situation anwendbar ist. Man könnte auch sagen: Es geht um das Prinzip.

Wichtig Wenn es erst einmal um das Prinzip geht, ist eine zielführende Lösung in weite Ferne gerückt.

Wessen Weltbild stark auf Prinzipien basiert, dessen Reaktion auf einen Regelbruch wird härter ausfallen. Solche Menschen können nicht immer unterscheiden zwischen absichtsvollem und – wie im Fall von Elena – versehentlichem Regelbruch. Daher reagieren solche Menschen auf versehentliche und absichtliche Regelbrüche gleich stark und bei versehentlichem Regelbruch ist das zu stark. Im Volksmund werden solche kontrollfixierten Personen mitunter als *Blockwart* tituliert, weil sie aus Sicht der Mehrheit der Menschen, die sich überwiegend, aber nicht immer, regelkonform verhalten, das Bestehen auf Regeleinhaltung übertreiben. Im Extremfall setzt ein solcher Mensch Regeln auch dann noch durch, wenn sie dem ursprünglichen Ziel zuwiderlaufen. Wir empfehlen, Menschen mit einer solchen Haltung nicht mit der Regelüberwachung zu betrauen, weil solche Menschen bei anderen unnötigen Widerstand auslösen und damit letztlich regelkonformes Verhalten eher verhindern als fördern.

1.3 Regeln allein lösen keine Probleme

Man kann als Ideal anstreben, dass alle Regeln funktional und zielorientiert ineinandergreifen – erwarten sollte man das nicht. Die Regeln von Organisationen sind organisch gewachsen, es kommen neue Regeln hinzu, ohne dass die Zeit bleibt, alle alten Regeln darauf zu prüfen, ob sie vollständig mit den neuen Regeln harmonieren. Viele Organisationen sind so komplex, dass es schlicht nicht möglich ist, alle Regeln aus allen Bereichen im Blick zu behalten. Man muss nicht gleich auf das Steuerrecht verweisen, um das deutlich zu machen. Kennen Sie alle Regeln Ihres Arbeitgebers? Auch die für Arbeitsschutz? Nun ja; vielleicht seit der Covid-19-Pandemie, aber auch die zum ergonomischen Sitzen am Arbeitsplatz? Wissen Sie auch, ab welcher Greifhöhe in einem Regal Sie eine Leiter benutzen müssten? Jedenfalls sollte man sich vor Einführung neuer Regeln Rückmeldungen von denjenigen Menschen einholen, die die Regeln später befolgen sollen. Dazu bedarf es eines kommunikativen Grundverständnisses (Hein, 2016, S. 14): Man muss sich für andere Menschen interessieren und sie nach deren Meinungen und Alltagsnöten fragen. Das gilt für Unternehmen und andere Organisationen ebenso wie für die Gesellschaft insgesamt.

> **Wichtig** Es reicht nicht, eine Regel in die Welt zu setzen, bei Nichteinhaltung mit Strafe zu drohen, ansonsten zur Tagesordnung überzugehen und zu hoffen, dass es schon irgendwie gut gehen wird. Man muss sich für Menschen interessieren, die eine Regel befolgen sollen, und man sollte diese Menschen in die Regelentwicklung einbinden.

Probezeit für Regeln
Zunächst sollte man prüfen, ob man eine neue Regel wirklich braucht. Wenn es in einem einzigen Fall ein Problem gibt, liegt kein systematisches Fehlverhalten vor. Erst wenn man systematisches Fehlverhalten entdeckt, kann man über Regeln nachdenken. Wenn eine Regel erforderlich ist, muss man überlegen, wie man diese in bereits bestehende Abläufe einbaut. Zusatzprozesse wegen neuer Regeln sind schwer durchzusetzen und noch schwerer durchzuhalten. Und nach einiger Zeit sollte man die Wirkung einer neuen Regel prüfen. Hat die Regel nichts gebracht, sollte man sie wieder abschaffen. Hilfreich kann die zeitlich befristete Einführung von Regeln sein. So etwas wie eine Probezeit für neue Regeln. Tipp: Legen Sie einen solchen Überprüfungszeitraum vorab fest, ansonsten gerät das im Alltagsgetümmel gerne mal aus dem Blick.

> **Zusammenfassung**
> Regeln sind ein notwendiger und zugleich lästiger Bestandteil unseres Zusammenlebens. Es gibt unterschiedliche Arten von Regeln und Verbindlichkeiten. Neue Regeln sollten sich in ein bestehendes Regelgefüge einfügen lassen und in regelmäßigen Abständen daraufhin überprüft werden, ob sie noch denjenigen Zielen dienen, um deren Willen sie einmal eingeführt worden waren. Selbst wenn eine Regel einmal sinnvoll war, muss sie es nicht auf Dauer bleiben.

Literatur

Braithwaite, J. (1989). *Crime, shame and reintegration*. Cambridge University Press.
Dahrendorf, R. (2010). *Homo sociologicus*. VS Verlag.
Deutscher Bundestag. (2021). *Beschlussempfehlung und Bericht des 3. Untersuchungsausschusses der 19. Wahlperiode gemäß Artikel 44 des Grundgesetzes*. Deutscher Bundestag. https://dserver.bundestag.de/btd/19/309/1930900.pdf. Zugegriffen: 12. Aug. 2021.

Femers-Koch, S. (2018). *Compliance-Kommunikation aus wirtschaftspsychologischer Sicht*. Springer Fachmedien.

Hein, R. (2016). *Erfolg im Compliance Management*. Springer Gabler.

Heißner, S. (2014). *Erfolgsfaktor Integrität*. Springer Gabler.

Kette, S., & Barnutz, S. (2019). *Compliance managen*. Springer VS.

ntv. (2020). *Bei Verstößen Toilette putzen. In Indonesien drohen bizarre Corona-Strafen.* ntv. https://www.n-tv.de/panorama/In-Indonesien-drohen-bizarre-Corona-Strafen-article21813072.html. Zugegriffen: 12. Aug. 2021.

2

Meine Welt, Deine Welt, Regelwelt

Wir zeigen in diesem Kapitel, was es braucht, damit neue Regeln, beispielsweise in Unternehmen oder anderen Organisationen, überhaupt wirksam werden können. Eine neue Regel einzuführen dauert länger als man es sich wünscht, man braucht Geduld und Konsequenz. Geduld und Konsequenz sind anstrengend und lohnen sich nur dann, wenn eine Regel unverzichtbar ist. Und wir erklären, warum Ausnahmen von einer Regel problematisch sein können und was Compliance-Psychologie ist.

2.1 Erst die Regel, dann der Verstoß

Der Trend geht hin zu noch mehr Regeln (Fissenewert & Wendt, 2019, S. 1). Wir halten das nicht für vielversprechend, werden den Prozess aber nicht aufhalten können. Aber wenn schon eine Regel eingeführt wird, dann bitte eine möglichst gelungene. Hinter dem Wunsch zu regeln steht, meist unausgesprochen, die Haltung (Kette & Barnutz, 2019, S. 25), dass man Menschen gut steuern kann, wenn man Regeln eng formuliert und konsequent kontrolliert.

Das führt zu der Frage: Welche Regeln führt man ein und warum? Einige Regeln muss man einfach einhalten, weil es per Gesetz oder Verordnung vorgeschrieben ist. Andere Regeln befolgt man freiwillig. Das gilt für uns Menschen ebenso wie für Organisationen insgesamt. Hinsichtlich Organisationen sind wir nicht so uneingeschränkt optimistisch wie Heißner (2014, S. 3), der davon ausgeht, dass Governance- und Compliancethemen nicht mehr ausgesessen werden können. Das mag auf der formellen

Seite gelten und wegen der Strafverfolgung bei Gesetzesverstößen in Organisationen auch eine ganz alltagspraktische Wirkung haben. Schließlich geben sich die meisten Menschen mehr Mühe, wenn es um den eigenen Geldbeutel oder die eigene Existenz geht. Wir denken, dass man über formelle Regeln hinaus, in Organisationen insgesamt ebenso wie bei einzelnen Menschen, eine bestimmte Haltung fördern sollte, die man Integrität nennt.

> **Definition** Man bezeichnet Menschen als integer, die vertrauenswürdig, anständig und ehrlich sind (Neyer & Asendorpf, 2018, S. 111, 147). Bei integren Menschen stimmen Wort und Tat überein. Nach Schöttl (2018, S. 67) besteht Integrität aus dem Bekenntnis zu moralischen Werten und zeigt sich in den eigenen Handlungen.

Spannungsfelder verstehen
Wenn Regeln selbstverständlich von allen Menschen eingehalten würden, könnte man das Geld für teure Kontrollen einsparen und sinnvoll an anderer Stelle investieren. Ganz offenkundig genügt es nicht, eine Regel als wichtig zu postulieren, einzuführen und mit Strafen zu drohen. Man muss sich die Mühe machen, zu verstehen, wie Menschen denken und handeln, welche anderen Anforderungen es neben der Regel gibt und wie man widersprüchliche oder konkurrierende Anforderungen unter einen Hut bringt. Und man sollte verstehen, warum es gegen manche Regeln mehr Widerstand gibt als gegen andere und warum manche Menschen mehr Widerstand leisten als andere. Und bei aller Regeltreue müssen beispielsweise Unternehmen am Ende des Tages Geld verdienen und Organisationen ihre Aufgaben erledigen. In diesem Spannungsfeld muss man einen Weg finden, der andere berechtigte Interessen mit Regeleinhaltung verbindet. Niemand sagt, das sei leicht. Es ist mühsam, weil man sich mit allen möglichen Interessen, Sichtweisen, alten Regeln und eingeschliffenen Prozessen herumplagen muss. Nur – einen anderen Weg sehen wir nicht. Und weil es so mühsam ist, sollte man Regeln nur dann einführen, wenn es wirklich nötig ist.

> **Wichtig** Führen Sie eine neue Regel nur aus triftigem Grund ein und wenn Sie bereit sind, Zeit, Geld und Schweiß zu investieren.

Nur aus guten Gründen

Nicht sinnvoll ist es, Regeln wegen einzelner, vermeintlich wichtiger Personen einzuführen oder zu verändern. Das hat eine fatale Wirkung. Hierzu ein Beispiel aus einem gesellschaftlichen Bereich, der von vielen wichtiger genommen wird als er ist: dem Fußball.

> **Beispiel FC Bayern München**
>
> Der FC Bayern München beschloss im Jahr 2014 auf der Jahreshauptversammlung laut der TZ (2016) eine Satzungsänderung. Bis dahin habe es in Artikel 7 geheißen, als Mitglied können nur unbescholtene Personen aufgenommen werden. Seit der öffentlich beschlossenen Änderung laute der Passus nun, dass jede natürliche Person Mitglied werden könne, die die Ziele des Vereins unterstützt.

Im Zusammenhang mit der Satzungsänderung betonte der zweite Vizepräsident des FC Bayern München bei der Jahreshauptversammlung 2014, dass die Satzungsänderung nichts mit der Rückkehr von Uli Hoeneß zu tun habe (TZ, 2016). Natürlich kann diese Änderung der Vereinssatzung viele Gründe haben. Sollte sie tatsächlich andere Gründe als die Rückkehr von Uli Hoeneß gehabt haben, wäre der Zeitpunkt ungeschickt gewählt. Der zeitliche Zusammenhang zur Haftstrafe des ehemaligen Bayern-Präsidenten Uli Hoeneß und zur Vorstrafe des Vorstandchefs Karl-Heinz Rummenigge, jeweils wegen Steuerhinterziehung, lässt aufhorchen. Hoeneß sollte im Rahmen seiner Resozialisierung wieder aktiv beim Verein einsteigen, Rummenigge hatte sein Amt wegen einer Straftat gar nicht erst aufgegeben (Handelsblatt Online, 2013).

Nicht jede Ausnahme bestätigt die Regel

Falls es doch so gewesen wäre, dass die Satzungsänderung beim FC Bayern etwas mit den Personalien Hoeneß und Rummenigge zu tun gehabt hätte, hätte es sich der Klub ja auch einfacher machen können. Man hätte nur eine Ausnahme einführen müssen von der Regel. Doch Vorsicht. Ausnahmen sind für die Regeleinhaltung mitunter problematisch. Denn Regeln müssen eingehalten werden. Dennoch gibt es kaum eine Regel ohne Ausnahmen. Wann sind Ausnahmen hilfreich und wann unterhöhlen sie eine Regel? Ausnahmen werden nötig, wenn man nicht alle Auswirkungen neuer Regeln bedacht hat, wenn die Einhaltung der Regel der Absicht der Regelung zuwiderläuft oder die Zielgruppe heterogen ist. Das kann immer mal wieder passieren.

Die Ausnahme nicht zur Regel machen
Auf der anderen Seite darf es nicht mehr Ausnahmen als Regelfälle geben. In solchen Fällen taugt die Regel nichts. Hier ein Beispiel.

> **Beispiel Abschlussarbeiten**
>
> An einer Hochschule in Nordrhein-Westfalen haben Studierende laut Prüfungsordnung zwei Monate Zeit zum Schreiben ihrer Abschlussarbeit. Die Prüfungsordnung sieht vor, in begründeten Ausnahmefällen, wie etwa einer länger andauernden Erkrankung, die Bearbeitungszeit um bis zu vier Wochen verlängern zu können. In den letzten Semestern lag der Anteil der um vier Wochen verlängerten Bearbeitungszeiten bei etwa zwei Drittel aller Abschlussarbeiten.

Natürlich legten alle Studierenden, denen eine Verlängerung gewährt wurde, ein Attest vor. Dennoch darf angezweifelt werden, dass dieser außergewöhnlich hohe Anteil von Erkrankungen, die ausgerechnet in die Zeit der Abschlussarbeit fielen, ein Zufall ist. Ebenso kann man bezweifeln, ob alle diese Atteste zu Recht ausgestellt worden waren. Die Prüfungsämter der Hochschulen in Nordrhein-Westfalen haben allerdings keine Möglichkeit, ärztliche Atteste überprüfen zu lassen. In anderen Bundesländern ist das teilweise anders geregelt. In Nordrhein-Westfalen wurde die Ausnahme von der Mehrheit der Studierenden in Anspruch genommen und damit wurde die Ausnahme zur Regel. Studierende, die ihre Abschlussarbeit in den vorgesehenen zwei Monaten erstellten, mussten sich vorkommen wie ein ehrlicher Depp, während die anderen sich einen Extramonat gönnten. Aus dem Ziel, Härtefälle zu vermeiden, wurde eine Ungleichbehandlung der ehrlichen Studierenden.

Ziel und Zweck
Zugleich ereignete sich an derselben Hochschule der folgende Fall:

> **Beispiel Palliativstation**
>
> Ein Student, der schon jung Vater geworden war, hatte ein schwer erkranktes Kind, das auf der Palliativstation eines Krankenhauses im Sterben lag. Er bat für seine Abschlussarbeit um eine Verlängerung, um in der akuten Situation Zeit für seine Familie zu haben. Eigentlich sah die Prüfungsordnung aber nur eine Verlängerungsmöglichkeit bei eigener Erkrankung vor, nicht bei der eines Kindes.

Wäre es hier sinnvoll, auf die Prüfungsordnung zu bestehen und keine Verlängerung zu gewähren? Formell gesehen ja, vom Regelungszweck her natürlich nicht. Der Vater hat einen zusätzlichen Monat erhalten, weil das Ziel der Regel war, in solchen Fällen unnötige Härten zu vermeiden. Umgekehrt wäre es sinnvoll, den Missbrauch der Ausnahmeregeln durch vorgeschobene Erkrankungen zu unterbinden.

Man kann nicht alle Eventualitäten regeln
Die Beispiele zeigen, dass Regeln nicht alle Eventualitäten und Besonderheiten des realen Lebens berücksichtigen (können). Das schafft selbst die beste Regel nicht. Deshalb können Ausnahmen sinnvoll sein:

- Regeln sind meist für homogene Gruppen und standardisierte Bedingungen gemacht. Ausnahmen braucht man bei heterogenen Zielgruppen oder um ziel- und situationsangepasst zu regeln. Das macht Regeln aber kompliziert und mühsam sowie fehleranfällig in der Handhabung.
- Ausnahmen dürfen nicht zur Regel werden. Wenn das geschieht, muss man die Regeln ändern oder abschaffen. Sonst werden die Ehrlichen zu den Dummen.

Die Wirkung von Regeln wird oft überschätzt. Mit Regeln kann man nicht für alle Situationen klug vorsorgen.

Compliance und Psychologie
In Unternehmen wird Regeltreue oder Compliance mitunter einfach als eine weitere Managementaufgabe verstanden, die abgearbeitet werden muss. Das hilft jedoch nicht weiter. Auch wenn eine bestimmte Regel wegen neuer Gesetze oder Vorgaben des Vorstands eingeführt werden muss, bedeutet das nicht, dass plötzlich alles funktioniert. Man muss verstehen, wie Menschen mit Regeln umgehen, inwiefern sich Menschen im Umgang mit Regeln unterscheiden und wie man Regeln mit Menschen macht, statt gegen sie. Dieser Ansatz, wir nennen das vereinfachend Compliance-Psychologie, ist die Voraussetzung, um Regeln im alltäglichen Verhalten von Menschen auf Dauer zu verankern, ohne ständig mit Kontrollen und Strafen drohen zu müssen. Ansonsten erreicht man nur eine Scheinanpassung an Regeln, um Sanktionen zu vermeiden, und unter dem Radar macht man so weiter wie zuvor. Das ist ein gefährlicher Zustand, weil oberflächlich alles optimal aussieht, darunter aber keineswegs alles optimal ist. Früher oder später fällt

eine Abweichung zwischen Sein und Schein auf und dann kostet es die Verantwortlichen mindestens die Glaubwürdigkeit. Compliance-Psychologie funktioniert auch im Alltag, jenseits großer Organisationen.

2.2 Früher war es auch nicht besser – oder sind Sie schon so alt?

Falls es etwas tröstet und Sie schon in dem Alter sind, im dem früher alles besser war: Regeln sind keine neue Erfindung. Regeln sind bereits für die frühen Hochkulturen in der Menschheitsgeschichte überliefert. Und doch weist der Compliance-Boom im beruflichen Bereich auf ein erstarkendes Bedürfnis nach formeller Kontrolle im letzten Jahrzehnt hin. Sei es seitens der Gesellschaft, weil man den Organisationen oder den Menschen nicht so richtig traut. Sei es seitens der Führungskräfte, weil man den eigenen Mitarbeitern nicht (mehr) traut. Oder sei es nach einem Skandal, um Tatkraft zu demonstrieren und eine Rufschädigung abzumildern.

Dynaxität
Man sollte der Versuchung widerstehen, die wachsende Dynamik und Komplexität der Welt – Kastner (2017, S. 23) hat für diese Entwicklung den treffenden Begriff *Dynaxität* verwendet – mit Regeln einhegen zu wollen. Die Veränderungsgeschwindigkeit, die rasche Veränderung der Richtung und die zunehmende Komplexität sind zentrale Herausforderungen für Organisationen und die Gesellschaft insgesamt, die eher akzeptiert (Kastner, 2017, S. 23–24) als bekämpft werden sollten. Ängstliche Menschen könnten dem Impuls nachgeben, die für sie besonders bedrohliche Dynaxität durch Regeln in den Griff bekommen zu wollen. Das ist keine gute Idee. Ein zielführender Umgang mit Dynaxität liegt in einer starken Selbstverantwortung einzelner Menschen und Organisationen sowie im Gewähren größerer Spielräume, um auf Veränderungen situativ angemessen und schnell reagieren zu können. Nach Kastner (2017, S. 25) ist ein System umso schwerer zentral steuerbar, je dynaxischer es ist.

Kein komplexes System kann gesteuert und natürlich auch nicht vollständig von zentral erlassenen Regeln kontrolliert werden. Sinnvoller, als dieses Rennen sicher zu verlieren, ist es, zunehmende Dynaxität zu akzeptieren und gängige Denkfallen zu vermeiden, wie beispielsweise die Selbstüberschätzung der eigenen Fähigkeiten, einer Kontrollillusion zu unterliegen oder Koinzidenzen mit Kausalitäten zu verwechseln (Kastner, 2017, S. 28-29).

Spurensuche
Statt bei einem Fehlverhalten eines Vertriebsmitarbeiters gleich eine neue Regel einzuführen, sollte man die Sachlage analysieren. War das ein einmaliges Fehlverhalten oder ist das Fehlverhalten schon typisch geworden und wurde wegen laxer Kontrollen bislang übersehen? Ist es nur dieser eine Mitarbeiter, der Regeln bricht, oder machen das die anderen auch? Um mit Dynaxität sinnvoll umzugehen, sollte man Rückkopplungen beachten und eher Iterationen (schrittweise Annäherungen) als Hauruck-Direktlösungen versuchen (Kastner, 2017, S. 31-32). Im Alltag bedeutet das für den Umgang mit Regeln, nicht nur im beruflichen Umfeld: Auf Einzelfehler nicht mit neuen Regeln reagieren, Neben- und Langfristwirkungen von Regeln beachten, Regeln verändern, wenn sie nicht funktionieren und von vorneherein nicht damit rechnen, mit einer neuen Regel ein Problem oder einen Missstand vollständig und für alle Zeiten gelöst zu haben.

> **Wichtig** Die soziale Welt ist so vielfältig, komplex und widersprüchlich, dass sie nicht mit starren zentralen Regeln beherrschbar ist (Kühl, 2020, S. 17).

2.3 Fehlsteuerung durch Regeln

Wenn eine Versicherung beispielsweise für jeden neuen Abschluss eine hohe Provision bei eher schmalem Grundgehalt bezahlt, erhöht das den Druck auf die Vertriebsmitarbeiter, viele neue Versicherungen abzuschließen – koste es, was es wolle. Damit steigt das Risiko, dass dem ein oder anderen Kunden schon mal eine Versicherung zu viel verkauft wird, vorzugsweise solchen Kunden, die Versicherungsvertretern noch trauen und die sich nicht ausreichend vorab schlau gelesen haben. Hier würde es schon helfen, neben den Vertragsabschlüssen auch die Stornierungsquote, das ist der Anteil derjenigen Kunden, die Verträge kurz nach Abschluss auflösen, mit in die Provisionsberechnung einzubeziehen. Viele Versicherungen tun das auch.

Hochschulen und die Politik
Unsinnige Regeln gibt es nicht nur in Unternehmen, sondern auch im öffentlichen Sektor, etwa an Hochschulen. Seitdem betriebswirtschaftliche Steuerungsversuche Einzug in die Politik gehalten haben, werden auch Hochschulen immer häufiger mit Regeln drangsaliert, die gut klingen, es aber nicht sind. Davon sind nicht nur Hochschulen betroffen, das

folgende Beispiele können Sie auf viele andere Bereiche übertragen. Auf den ersten und sehr oberflächlichen Blick mag es plausibel klingen, dass Hochschulen dann mehr Geld bekommen, wenn sie mehr Absolventen hervorbringen. Schauen wir uns das genauer an. Zunächst einmal könnte man fragen, warum Politiker eine solche Regel, mehr Geld bei mehr Abschlüssen, überhaupt für nötig halten. Offenkundig wird den Hochschulen nicht zugetraut, dass sie von sich aus möglichst gute Arbeit leisten wollen. Aus Sicht der Hochschulleitungen muss die Hochschule folglich zunehmend mehr Abschlüsse produzieren, um genügend Geld für Renovierungen, Digitalisierung der Lehre und so weiter zu erhalten. Daher wird der subtile Druck steigen, für mehr Abschlüsse zu sorgen. Aus Sicht der Lehrenden kann das als Druck von oben auf eine Absenkung der Leistungsstandards erlebt werden. Das wird öffentlich natürlich vehement bestritten.

> **Beispiel Mathematikprofessorin**
>
> Stellen Sie sich vor Sie wären eine Professorin, die mathematische Grundlagen lehrt und sich damit konfrontiert sieht, dass Erstsemesterstudenten oft nicht diejenigen mathematischen Fähigkeiten mitbringen, die sie nach den offiziellen Schullehrplänen mitbringen müssten. Was tun? Nun, Sie können das Leistungsniveau unverändert lassen, was zu wachsenden Durchfallquoten führen wird. Eine wie hohe Durchfallquote halten Sie auf Dauer durch? Was vermuten Sie? Das hängt natürlich von Ihrer Hartleibigkeit, der Einstellung der Kollegen, dem Anspruch der Hochschule und so weiter ab. Unserer Erfahrung nach gibt es früher oder später, ab Durchfallquoten von über 50 % eher früher richtig Ärger – das wird natürlich anders verpackt, beispielsweise als Hilfe bei der Weiterentwicklung der didaktischen Kompetenzen der Professorin. Formell kann niemand Sie zu einem Absenken des Leistungsniveaus zwingen, dem Grundgesetz sei Dank, das Lehrfreiheit garantiert. Das läuft subtiler: Werte Kollegin, wie wäre es denn mal mit einer didaktischen Fortbildung? Oder: Könnten Sie ein Tutorium für die Vorlesung einrichten, so als Nachhilfe? Wenn die Durchfallquote hoch bleibt, wird der Druck steigen. Aller Wahrscheinlichkeit nach werden Sie irgendwann aufgeben und das Leistungsniveau senken. Und schon geht die Sonne wieder auf. Die Studierenden beschweren sich nicht mehr über die aus ihrer Sicht zu hohen Leistungsstandards, der Studiendekan sieht keine Notwendigkeit mehr für eine didaktische Fortbildung und die Hochschulleitung ist ganz und gar erfreut, Sie an der Hochschule zu haben – was sich auch in den regelmäßigen Zulagenverhandlungen positiv niederschlagen könnte. Ihr Leben ist wieder schön.

Mit anderen Worten, die Regel „mehr Geld bei mehr Abschlüssen" sorgt schon für mehr Abschlüsse, allerdings möglicherweise bei niedrigerem Niveau. Das war nicht das Ziel dieser Regel, ist aber eine mögliche

Nebenwirkung. Ist die Regel nun sinnvoll oder ist sie es nicht? Das hängt davon ab, wie man formelle Zahlenerfüllung mit echten Leistungen abwägt.

Wunsch und Wirklichkeit

Es gibt noch eine weitere unerwünschte Nebenwirkung: Wenn man es sich als Hochschule leisten kann, beispielsweise, weil man sehr viel mehr Bewerbungen erhält als man Studienplätze hat, selektiert man strenger. Werden nur talentierte Studierende zugelassen, bestehen von diesen mehr die Abschlussprüfungen, auch ohne Absenkung von Leistungsstandards, und man muss weniger Aufwand für leistungsschwache Studierende betreiben. Je besser die Reputation einer Hochschule ist, desto eher kann sich eine Hochschule die besten Studierenden aussuchen. Etwas überspitzt zusammengefasst führt das zu folgender Lage: Hochschulen mit gutem Ruf ziehen viele gute Studierende an, die das Studium schnell und ohne ständige Nachhilfeaktionen der Hochschule abschließen. Dafür erhält die Hochschule mehr Geld und die Hochschule kann Gebäude renovieren, Lehre digitalisieren, attraktive Stipendien vergeben und so weiter und so fort. So wird der Ruf der Hochschule noch besser, was noch mehr Studierende anzieht, und so weiter und so fort. Dummerweise gibt es da noch die anderen Hochschulen, die ihre Studierenden nicht so stark selektieren können, die deshalb auch mehr Geld in Nachhilfeveranstaltungen investieren müssen und deren Studierende trotz aller Anstrengungen länger studieren und das Studium häufiger abbrechen – also gibt es weniger Geld. Eine Hochschule braucht mehr Geld für einen Studierenden, je weniger Talent dieser hat und je schlechter sein Wissenstand zu Studienbeginn ist. Fair wäre ein Vergleich des Leistungsniveaus der Studienanfänger mit dem Leistungsniveau der Absolventen – diesen Unterschied könnte sich eine Hochschule als Leistung auf die Fahnen schreiben. Stattdessen gilt: Mehr Geld für mehr Abschlüsse. Wir sehen: Dysfunktionale Regeln gibt es nicht nur in Unternehmen.

Lesen Sie schon oder handeln Sie noch?

Thomas R. Fischer, ehemaliger Vorstand der Deutschen Bank und von 2004 bis 2007 Vorstandsvorsitzender der WestLB, sagte in einem Interview (Nolte & Heidtmann, 2009, S. 67), dass die meisten Menschen zu viel arbeiten um Bücher zu lesen. Gefragt wurde nach Ratgeberliteratur für Unternehmensführung. Auf die Nachfrage, ob sich Unternehmensführung mit Intellektualität vertrage, antwortete er, dass es einen langsamer macht, kritisch zu hinterfragen und die Sinnfrage zu stellen. Ein solcher Manager wirke zögerlich und nicht entscheidungsfreudig.

Denken hindert am Handeln
Sehen Sie das genauso? Natürlich kann Nachdenken an schnellem Handeln hindern, übrigens auch am vorschnellen Handeln. Nur der Vollständigkeit halber: Thomas R. Fischer wurde im Jahr 2007 entlassen, nachdem eine Wirtschaftsprüfungsgesellschaft gravierende Fehler bei der Risikokontrolle gefunden hatte (Pauly, 2007). Das Interview mit Thomas R. Fischers (Nolte & Heidtmann, 2009) finden wir lesenswert, weil er kein Blatt vor den Mund nimmt und mit klaren Argumenten eine Position bezieht.

2.4 Nicht über einen Kamm scheren – Regeln anschlussfähig gestalten

Bislang haben wir fast so getan, als könnte man alle Regeln über einen Kamm scheren. Das war vereinfacht. Hilfreich ist die folgende Unterscheidung: Man kann zwischen sanktionierenden Normen wie Gesetzen, gesellschaftlich akzeptierten Normen wie Moral und Werten sowie persönlichen Normen wie Haltung, Maxime oder Einstellung unterscheiden. Regeln wirken dann moralisch, wenn sie von der Mehrheit akzeptiert werden und wenn sie einen wertenden Charakter haben, also Verhalten in gut oder schlecht unterscheiden (Holzmann, 2019, S. 3-4). Moralorientierte Regeln können von Menschen akzeptiert oder abgelehnt werden, ein Verstoß führt nicht zu unmittelbaren Sanktionen wie bei Gesetzesverstößen. Wir haben dies im Abschn. 1.2 *Regeltreue ist lästig und wichtig zugleich* bereits unter dem Begriff Kann-, Soll- und Muss-Regeln angesprochen (Dahrendorf, 2010). Viele Regeln gelten nur in einem bestimmten Rahmen, etwa einem Unternehmen oder einer Organisation, also weder nur für Einzelne, wie bei einer persönlichen Haltung, noch übergreifend für die Gesellschaft, wie bei einem Gesetz.

Persönlicher Bezug
Regeln sind dann wirksam, wenn sie beispielsweise in einer Organisation dauerhaft etabliert werden. Dazu müssen diese Regeln sich im Rahmen der Gesetze bewegen und zu den Haltungen (Einstellungen) der Mitarbeiter passen. Nur wenn Regeln anschlussfähig sind, können sie etabliert werden. Mit anschlussfähig ist hier gemeint, dass die Mitarbeiter einen Bezug zu den Regeln und deren Sinn herstellen können. Die Regeln müssen mit Arbeitsprozessen und Anforderungen vereinbar sein. Wenn Regeln ‚plötzlich vom Himmel fallen', zumindest aus Sicht der Mitarbeiter, wird die Bereitschaft,

sie zu befolgen, nur schwer herzustellen sein. Auch Regeln, die den bisherigen Gepflogenheiten der Mitarbeiter stark zuwiderlaufen, sind aus diesem Grund nur schrittweise oder mit sehr dezidierten, oft wiederholten und umfassenden Begründungen umsetzbar. Eine Regel muss also auf gewisse Weise auch zu den Mitarbeitern passen. Das heißt nicht, dass man nur Regeln macht, die den Mitarbeitern passen. Es soll aber heißen, dass Regeln zumindest einsehbar und verstehbar sein sollten, wenn man erwartet, dass sie befolgt werden. Auch zur Organisation und zu deren Kultur selbst müssen die Regeln anschlussfähig sein.

Raus aus der Nische
Wenn man Regeln und Regeltreue anwendungsorientiert denkt, kann man den Begriff der *Governanceethik* heranziehen. Das Wort Governance kann aus dem lateinischen Wort gubernare hergeleitet und mit Steuerung oder Lenkung übersetzt werden (Holzmann, 2019, S. 84).

> **Definition** Governanceethik meint ein System, eine Organisation oder einzelne Menschen zu lenken (Holzmann, 2019, S. 84).

Und selbstverständlich spielen auch hier die alten Bekannten eine wichtige Rolle:

- individuelle Haltung (Gewissen)
- informelle gesellschaftliche Grundüberzeugungen (Moral)
- formelle Regeln (Gesetze)
- organisatorische Steuerungsmaßnahmen

Bei der Governanceethik geht es um eine moralische Organisationssteuerung (Corporate Governance) (Holzmann, 2019, S. 86). Damit wird auch das Grundproblem deutlich: Das ist ein Balanceakt und Governanceethik muss auf die Organisation, deren Kultur und deren Mitarbeiter zugeschnitten sein.

> **Wichtig** Man kann individuellen und informellen Mechanismen nicht rückhaltlos vertrauen und darf auf der anderen Seite durch rigides Festhalten an formellen Regeln das Funktionieren einer Organisation nicht gefährden (Holzmann, 2019, S. 86). Diese beiden Sichtweisen zu integrieren ist schwer. Also muss man eine Balance finden. Mit anderen Worten: Man muss anschlussfähig sein.

2.5 Gott, Moral und Regeln

Wenn man über Regeln und über Ethik spricht, schwingt die Moralfrage im Hintergrund mit. Regeln ohne Moral sind nicht denkbar.

> **Definition** Nach Hurna (2017, S. VIII) versucht man mit Moral das Zusammenleben zu ordnen. Ihm zufolge besteht Moral aus den Ordnungsinstrumenten Normen und Sanktionen.

Moral ist ein Werk von Menschen und kann erodieren (Hurna, 2017, S. VII). Dennoch rät Hurna, nicht von moralischen Krisen zu sprechen, weil eine Gesellschaft und damit auch deren Moral immer in Bewegung sei. Eine Krise wird nur von denjenigen ausgerufen, denen die Moralentwicklung nicht nutzt. Wir ergänzen: Moral befindet sich nicht im Dauerverfall, das mag allenfalls den jeweils Älteren so vorzukommen, weil sie Änderungen in der Moral nicht mehr verinnerlichen können oder das zumindest sehr anstrengend für sie ist.

Moralgewinnler
Nach Hurna (2017, S. 1) sollte man danach fragen, wer eine bestimmte Moral zu welchem Zweck etabliert hat. Wann immer man eine Regel einführt, beschneidet man die Freiheit anderer. Und damit stellen sich weitere Fragen: Ist eine solche Lenkung oder gar Freiheitseinschränkung berechtigt? Überwiegt der Nutzen den Schaden? Für wen überwiegt der Nutzen und für wen überwiegt der Schaden? Und wer entscheidet letztlich darüber, ob ein Anliegen, damit auch eine entsprechende Regel, legitim ist oder nicht? Was darf man wem verbieten, um beispielsweise die Umwelt oder die Gesundheit zu schützen? Mit wie viel Widerstand ist zu rechnen? Wie wird mit Widerstand umgegangen? Die Frage hinter diesen Detailfragen lautet: Wem nutzt die Moral?

Wer die Regeln macht
Hilfreich für das Verständnis der Mühen einer Regeleinführung ist die ironische Zuspitzung von Dusse (2015). Er unterscheidet nicht kritisierbare Regeln von einem unfehlbaren Wesen (kein Mensch), ebenfalls nicht kritisierbare Regeln von unfehlbaren Menschen sowie kritisierbare Regeln von normalen fehlbaren Menschen (Dusse, 2015, S. 23).

Unfehlbarkeit

Ein unfehlbares Wesen außerhalb der Menschheit, beispielsweise Gott, wird gerne dann herangezogen, wenn machtorientierte Menschen ihre Interessen durchsetzen wollen, aber nicht das Rückgrat haben, das öffentlich zuzugeben (Dusse, 2015, S. 23). Man möchte etwas durchsetzen, ohne es anschließend gewesen zu sein. Verantwortlich ist nicht man selbst, sondern Gott. Andere Menschen sollen dieses tun und jenes lassen, weil Gott es angeblich so will. Eine weitere Begründung ist dann nicht nötig, schließlich will es Gott so. Wer nach einer Begründung fragt, gilt als Zweifler. Wer penetrant nach einer Begründung fragt, gilt als Ketzer. Und Ketzer werden, je nach Gott und Jahrhundert, gefoltert, verbrannt, ausgegrenzt oder werden in Boulevardzeitungen und sozialen Medien vorgeführt. Vor allem als Abschreckung für andere Zweifler und Ketzer. Wir wollen nicht ausschließen, dass vereinzelt auch im Mitteleuropa des 21. Jahrhunderts nach diesem Prinzip verfahren wird – zumindest hinsichtlich der Ausgrenzung.

Selbstüberschätzung

Kommen wir zu Variante zwei, dem unfehlbaren Menschen. Dusse (2015, S. 24) bringt das augenzwinkernd so auf den Punkt: Ein unfehlbarer Mensch ist ein Chef, der sich selbst super findet und das auch deutlich zeigt. Man könnte an die Alleinherrscher in Nordkorea oder in Weißrussland denken. Die Legitimation für eine Regel kommt nicht von Gott, sondern von demjenigen Menschen, der sich unfehlbar findet. Die Regel ist so, weil der unfehlbare Mensch sie gut findet. Und als fleißiger Diktator bestimmt ein solcher Mensch die Regeln nicht nur, er setzt sie auch durch und bestraft Fehlverhalten – mittels uniformierter Hilfskräfte (Dusse, 2015, S. 24). Das mag es so oder so ähnlich auch in der einen oder anderen Organisation geben. Natürlich nicht mit den drastischen Folgen wie in Nordkorea oder in Weißrussland, aber durchaus mit erheblichen persönlichen Nachteilen bei unbequemen Nachfragen oder anderen Formen von Unbotmäßigkeit. Oder kennen Sie Organisationen, in denen Mitarbeiter, die ganz anders als die Führungsebene denken, Karriere machen? Unserer Erfahrung nach werden zwar von vielen Organisationen innovative Menschen gefordert, dann aber im Alltag nicht ertragen. Einfach, weil das innovative und damit auch andere Denken sich auch gegen eingefahrene Prozesse oder die Führungsspitze richten kann. Kritik wird oft nicht als Beitrag zur Verbesserung begrüßt, sondern als Illoyalität bekämpft.

Verhandlung

Kommen wir zur dritten Variante der Regeleinführung. Das sind Regeln, die wir in diesem Buch behandeln: Regeln, die von fehlbaren Menschen gemacht werden. In dem Fall müssen Regeln mit anderen Menschen verhandelt werden, die im Übrigen genauso fehlbar sind, wie diejenigen, die Regeln machen. Da es keinen Gott gibt und auch keinen unfehlbaren Menschen, muss man Regeln jetzt plötzlich begründen, muss penetrante Nachfragen ertragen – und mit einem Mal wird es anstrengend. Auf der anderen Seite wird man nicht gleich verbrannt oder verbannt, wenn man eine Regel anzweifelt. Wenn Sie, wie wir, lieber in einem solchen System leben, müssen Sie damit leben, dass Regeln einzuführen, durchzusetzen und Fehlverhalten zu bestrafen ein mühsamer Aushandlungsprozess ist. Sollte Ihnen das zu mühsam sein, bleibt nur Variante 1 (Gott) oder Variante 2 (Alleinherrscher). In dem Fall wünschen wir einen guten Umzug und viel Glück beim Einleben. Zurück zum Thema: Widerstand gegen Regeln ist üblich. Das anzuerkennen, statt sich darüber zu ärgern, macht es leichter, mit Widrigkeiten umzugehen.

> **Zusammenfassung**
>
> Führen Sie nur dann eine Regel ein, wenn es dafür einen wirklich triftigen Grund gibt. Einmaliges Fehlverhalten ist kein triftiger Grund. Und generalisiertes Misstrauen ist ebenfalls kein triftiger Grund. Stellen Sie sich auf Nachfragen und auf Widerstand ein, wenn Sie eine Regel einführen. Eine Regel zu etablieren kostet Zeit, Geld und Nerven. Überlegen und entscheiden Sie vorab, wie mit Regelbrüchen umgegangen werden wird. Legen Sie fest, wer die Regeln wie und mit welchen Folgen prüfen wird. Verlieren Sie dabei den ursprünglichen Regelzweck nicht aus den Augen. Seien Sie dankbar, dass das Einführen von Regeln so mühsam ist. Das liegt daran, dass wir in einer Demokratie leben und alle Menschen die gleichen Rechte haben und auch das gleiche Recht, zu zweifeln. Und ja, manche dieser Zweifel sind anstrengend und mitunter gibt es Querulanten, die einem den letzten Nerv zu rauben drohen. Gehen sie davon aus, dass Regeln begründet, verteidigt und angepasst werden müssen und bitte auch, dass nicht alle etwas gegen Sie persönlich haben, wenn sie Ihre neuen Regeln und Sie ganz persönlich nicht sofort ins Herz schließen.

Literatur

Dahrendorf, R. (2010). *Homo Sociologicus*. VS Verlag.
Dusse, K. (2015). *Halbwissen eines Volljuristen*. Piper.

Fissenewert, P., & Wendt, M. (2019). *Compliance Management in der Immobilienwirtschaft*. Springer Gabler.

Handelsblatt Online. (2013). Rummenigge ist jetzt vorbestraft. https://www.handelsblatt.com/sport/fussball/uhren-nicht-verzollt-rummenigge-ist-jetzt-vorbestraft/9056484.html?ticket=ST-3558479-ofS6enNAMvdtxi7AL0tv-ap2. Zugegriffen: 9. Aug. 2021.

Heißner, S. (2014). *Erfolgsfaktor Integrität*. Springer Gabler.

Holzmann, R. (2019). *Wirtschaftsethik* (2. Aufl.). Springer Gabler.

Hurna, M. (2017). *Was ist, was will, was kann Moral?* Springer VS.

Kastner, M. (2017). Dynaxität – Die schnelle und komplexe neue Welt der Führungskräfte. In K. Häring & S. Litzcke (Hrsg.), *Führungskompetenzen lernen* (2. Aufl., S. 23–43). Schäffer-Poeschel.

Kette, S., & Barnutz, S. (2019). *Compliance managen*. Springer VS.

Kühl, S. (2020). *Brauchbare Illegalität. Vom Nutzen des Regelbruchs in Organisationen*. Campus.

Neyer, F. J., & Asendorpf, J. B. (2018). *Psychologie der Persönlichkeit* (6. Aufl.). Springer.

Nolte, B., & Heidtmann, J. (2009). *Die da oben. Innenansichten aus deutschen Chefetagen*. Suhrkamp.

Pauly, C. (2007). *WestLB-Aufsichtsrat will gesamten Vorstand entlassen*. Der Spiegel. https://www.spiegel.de/wirtschaft/bafin-bericht-westlb-aufsichtsrat-will-gesamten-vorstand-entlassen-a-496302.html. Zugegriffen: 11. Aug. 2021.

Schöttl, L. (2018). *Integrität in Unternehmen*. Springer Gabler.

TZ. (2016). *Uli Hoeneß: Fragen und Antworten zur Rückkehr beim FC Bayern München*. München: Merkur tz Redaktion. https://www.tz.de/sport/fc-bayern/uli-hoeness-rueckkehr-fc-bayern-muenchen-jhv-2016-6586855.html. Zugegriffen: 12. Aug. 2021.

3

Von Risiken und Nebenwirkungen

In diesem Kapitel zeigen wir, wie wichtig es ist, vorab zu klären, warum eine Regel eingeführt werden soll. Wir entlarven Feigenblätter und Regeln, die Widerstände provozieren. Wir zeigen, dass keine Regel ohne Nebenwirkung ist, einfach deshalb, weil sich durch die Etablierung einer Regel Verhalten verändert. Und das hat neben den erwünschten auch unerwünschte Verhaltensfolgen. Auch hier beziehen wir uns vornehmlich auf berufliche Kontexte, auf Unternehmen und Organisationen, verwenden jedoch Beispiele, die ins Private übertragbar sind.

Egoismus und Gemeinsinn

Die gesellschaftliche Individualisierung nimmt zu und damit sinkt die Bereitschaft des Einzelnen, sich zugunsten anderer an Regeln zu halten. Das war schon vor der Covid-19-Pandemie so, es fiel nur nicht so deutlich auf, weil die Folgen von Fehlverhalten nicht so gut erkennbar waren und auch nicht so viele andere Menschen betrafen. Eine globale Tendenz zur Individualisierung in fast allen Lebensbereichen ist seit Jahrzehnten unübersehbar (Kastner, 2017). Das hatte für viele Wirtschaftszweige, insbesondere konsumorientierte, große Vorteile. Man konnte beispielsweise teurere Lifestyle-Produkte verkaufen. Es ist schwierig, diesem Trend mittels Regeln plötzlich mehr Gemeinsinn entgegensetzen zu wollen. Mit Regeln sichert man in gewisser Weise nur einen Mindeststandard ab, der ohne Regeln nicht in gleicher Weise geteilt werden würde.

3.1 Die Zeit der Feigenblätter läuft ab

Mit Regeln möchte man Konflikte entschärfen und Verhalten vorhersehbar machen. Klingt so einfach, ist es aber nicht. Dazu ein Beispiel.

> **Beispiel Korruption**
>
> Stellen Sie sich vor, Sie sind die Geschäftsführung eines Unternehmens. Würden Sie einen Auftrag annehmen, wenn die vergebende Stelle eine sogenannte Bearbeitungsgebühr in Höhe von 0,1 % des Auftragswertes verlangt? Ist das Korruption? Ja, ist es, auch wenn man statt Bestechungsgeld den Begriff Bearbeitungsgebühr verwendet. Würden Sie eine solche Bearbeitungsgebühr in jedem Fall ablehnen? Auch dann, wenn ansonsten der Auftrag an ein anderes Unternehmen ginge und 50 Menschen ihren Arbeitsplatz verlören? Natürlich kann man bequem aus einer Wohlstandsblase heraus immer noch beharren: Nein, natürlich nicht, würde ich nie tun. Korruption ist schädlich, was natürlich stimmt. Dann noch genauer: Wie wäre es, wenn die 50 Menschen das Gehalt bräuchten, um ihre Familien zu ernähren oder um eine Krankenbehandlung zu bezahlen?

Sind Sie wirklich sicher, dass es vertretbarer ist, ein Familienmitglied zu verlieren als einen hehren Grundsatz aufzugeben? Das Beispiel ist fiktiv und es ist zugespitzt, legt aber die Denkfaulheit eines selbstgerechten Wohlstandsmoralismus offen. Es ist leicht, Regeln einzuhalten, wenn es einem an nichts mangelt. Man könnte zugespitzt fragen: Wo liegt Ihre persönliche Schmerzgrenze bei der Regeleinhaltung? Und natürlich auch: Wo liegt die persönliche Schmerzgrenze bei Ihrem Partner oder Ihrer Nachbarin? Um solch Fragen beantworten zu können, muss man die Perspektive wechseln.

Regeln können entlasten
Keine Sorge, wir wechseln nicht auf die dunkle Seite der Macht. Wir möchten aber aufrütteln und zeigen, dass man sich den tatsächlichen Konsequenzen stellen muss, wenn man über Regeln entscheidet. Und dass man die Perspektive derjenigen Menschen einnehmen sollte, die den Preis für eine Regeleinführung bezahlen. Stellen Sie sich vor, Sie sind derjenige Manager, der entscheiden muss, ob der Auftrag im Gegenzug zu 0,1 % Bearbeitungsgebühr angenommen wird oder nicht. Die Entscheidung ist leichter, wenn es eine klare Regel gibt, dass ihr Unternehmen so etwas nicht tut – darauf könnten Sie sich dann zurückziehen und wären letztlich nicht schuld an den Folgen für die Mitarbeiter. Gäbe es keine Regeln, läge die Verantwortung für die Folgen ganz alleine auf Ihren Schultern. Regeln können entlasten.

Feigheit von Führungskräften
Nicht mehr so leicht ist es, wenn der Eigentümer sagen würde: „Natürlich sollten Sie sich an die Regeln halten. Aber die Zahlen müssen auch stimmen." Schlau, oder? Jetzt haben Sie das Problem an der Backe und die Regel hilft ihnen nicht wirklich weiter. Der Eigentümer hat schließlich nicht gesagt, nehmen Sie den Auftrag an und zahlen Sie die Bearbeitungsgebühr. Er hat Sie aber für die Folgen der regelkonformen Entscheidung, den Auftrag nicht anzunehmen, in Haftung genommen. In dem Fall hat die Regel nur eine Feigenblattfunktion. Das Beispiel illustriert etwas, was wir häufiger beobachtet haben als uns lieb ist: Feigheit von Entscheidungsträgern.

Widerstand kann aus guten Gründen erfolgen
Wenn Regeln nur wegen einer Feigenblattfunktion eingeführt werden, leisten die Menschen zu Recht Widerstand. Letztlich wird die Verantwortung, für die eine Organisationsleitung oder die politische Führung bezahlt wird, auf den einzelnen Mitarbeiter abgewälzt. Möglicherweise sollen Regeln nicht nur intern als Feigenblatt dienen, sondern werden auch öffentlichkeitswirksam auf der Homepage oder in den Medien platziert. Schaut mal alle her, wie moralisch hochstehend und einwandfrei wir sind, siehe hierzu auch Kapitel *4 Der Kodex und das potemkinsche Dorf*. Man kann schon darüber sprechen, dass man Gutes tut. Allerdings sollte man zuvor tatsächlich Gutes getan haben und sich das nicht bloß vage und mit allerlei Ausnahmen für die Zukunft vorgenommen haben.

Vertrauen ist ein Wert für sich
Unternehmen, die unsere Umwelt schädigen, die Reputation für eine überschätzte Kategorie halten und Unternehmen, die nicht auf Änderungen in der Gesellschaft achten, in die hinein sie Produkte und Dienstleistungen verkaufen wollen, werden sich schwerer Kapital besorgen können und damit mittelfristig im Wettbewerb zurückfallen. Da Anleger zunehmend in Unternehmen investieren, die nachhaltig wirtschaften, bringt eine Regeleinhaltung handfeste finanzielle Vorteile. Wem man vertraut, der zahlt weniger für Kredite.

Auf den Punkt formuliert: Wer nicht anständig ist, dem kauft man nichts ab oder dem gibt man keinen Kredit. Unternehmen und andere Organisationen müssen zunehmend damit rechnen, dass einzelne Mitarbeiter, die Regelbrüche erkennen, das auch öffentlich anonym bekannt machen. Das Risiko, mit Fehlverhalten öffentlich unangenehm aufzufallen, wächst. Die Zeit der Feigenblätter geht zu Ende.

3.2 Tugendhaftigkeit überfordert

Man kann vor lauter Details im Umgang mit Regeln leicht aus den Augen verlieren, welchem Zweck Regeln dienen. Man will Verlässlichkeit und Vertrauen der Akteure untereinander herstellen. Akteure können einzelne Mitarbeiter, Abteilungen, Unternehmen, Vereine oder die Gesellschaft sein. Ein über die Wirtschaft hinaus bekannter Ansatz ist der des *ehrbaren Kaufmanns*.

Der ehrbare Kaufmann
Der ehrbare Kaufmann ist ein tugendhaftes Vorbild und lässt sich unter anderem durch Redlichkeit, Sparsamkeit, Ehrlichkeit, Fairness und Fleiß charakterisieren. Ein ehrbarer Kaufmann ist sich seiner wirtschaftlichen und sozialen Verantwortung bewusst. Wenn man dem Ansatz des ehrbaren Kaufmanns folgt, ist jeder Einzelne für ein gutes Zusammenarbeiten verantwortlich (Holzmann, 2019, S. 38). Wenn wir alle ehrbare Kaufmänner wären, bräuchten wir keine formellen Regeln. Warum klappt es mit dem ehrbaren Kaufmann nicht so richtig? Dafür gibt es mehrere Gründe: Man kann zwar leicht beschreiben, was ein ehrbarer Kaufmann ist, aber man tut sich schon deutlich schwerer, objektivierbare Regeln abzuleiten, um in Konflikten, beispielsweise zwischen Wirtschaftlichkeit und sozialer Verantwortung entscheiden zu können. Und was soll man einem ehrbaren Kaufmann raten, wenn er auf einen nicht ganz so ehrbaren Konkurrenten trifft? Soll er weiter ehrlich bleiben und untergehen? Oder wäre es nicht doch besser, wenn er ein Schiedsgericht anrufen und dem unehrlichen Konkurrenten Einhalt gebieten könnte? Und schon sind wir bei Regeln und Instanzen, die Regeln durchsetzen.

Ökonomische Ethik statt Tugendhaftigkeit
Der tugendhafte Ansatz des ehrbaren Kaufmanns kann den Einzelnen überfordern (Holzmann, 2019, S. 40). Mitunter übersieht er nicht alle Folgen seiner Entscheidung oder er kommt sich wirkungslos vor oder er ist bequem oder müde. Mit einem Appell an den ehrbaren Kaufmann alleine wird man im Alltag folglich nicht weit kommen. Die meisten Zuhörer nicken wohlwollend, wenn man vom ehrbaren Kaufmann spricht, nur um sich nach dem Vortrag auf dem Absatz umzudrehen und genauso weiterzumachen wie zuvor. Hilfreicher als wohlklingende und wirkungslose Moralappelle ist der Ansatz der ökonomischen Ethik, nach dem vier Punkte beachtet werden sollten (Holzmann, 2019, S. 73):

- Auch wenn man eigennützige Ziele verfolgt, kann dabei etwas für die Gesellschaft Positives herauskommen.
- Moral kann als Unterdrückungsmittel missbraucht werden.
- Moralische Vorleistungen, beispielsweise individueller Verzicht, können ausgebeutet werden.
- Selbstlosigkeit als permanente Forderung überfordert Menschen.

Klingt das aus Ihrer Sicht zu wenig ambitioniert? Dann herzlich willkommen in der Realität. Inwiefern Eigennutz hilfreich sein kann, zeigt ein Beispiel aus der Pharmaindustrie: Man kann kritisieren, dass Pharmaunternehmen gesundheitliche Not ausnutzen, um mit teuren Medikamenten Profit zu machen. Aber viele Medikamente sind derart teuer in der Entwicklung, dass sie ohne Aussicht auf Gewinne nie entwickelt worden wären. Nutzt die Pharmaindustrie mit einem teuren Medikament für eine seltene Krankheit also oder schadet sie? Das hängt wohl auch davon ab, wen man fragt und davon, ob man selbst erkrankt ist oder nicht (Holzmann, 2019, S. 73). Zumindest kann man festhalten, dass Eigennutz nicht a priori etwas moralisch Schlechtes ist. Genau wie umgekehrt Gemeinnutzen nicht a priori etwas moralisch Gutes ist.

Vom Fressen und von der Moral
Was folgt daraus? Man sollte nur solche Regeln einführen, die Moralität im gesellschaftlichen Handeln beachten und die angesichts der Grenzen von Menschen tatsächlich umsetzbar sind (Holzmann, 2019, S. 74). Bevor man eine Regel einführt, sollte man, wie das Holzmann (2019, S. 79) in einem anderen Kontext beschreibt, prüfen:

- Ist die hinter einer Regel stehende moralische Forderung gerechtfertigt?
- Welchen Einfluss hat die Einhaltung der Regel auf die Gesellschaft insgesamt?
- Wie kann man eine Regel mit wirtschaftlich erfolgreichem Handeln in Einklang bringen?

Am Ende muss sich die Gesellschaft die Sozialsysteme leisten und die Unternehmen müssen Steuern und Löhne bezahlen können. Dafür müssen Unternehmen zuerst einmal Gewinne erzielen. Eine andere Frage ist es, wie erzielte Gewinne zwischen Aktionären und der Gesellschaft verteilt werden.

Interessenkonflikte und Scheinsicherheit

In Organisationen einfach eine neue Regel über Mitarbeitern auszuschütten und sie dann den Konflikten zwischen neuer Regel und Funktionsansprüchen zu überlassen, ist gleichermaßen unverschämt wie erfolglos. Unverschämt, weil es an Arbeitsverweigerung grenzt, wenn nicht vorab geprüft wurde, welche Folgen eine neue Regel hat und wie mögliche Konflikte aufgelöst werden können. Erfolglos, weil die Mitarbeiter im Zweifel eher der Funktionslogik ihrer Arbeitsgebiete folgen. Daran werden die Mitarbeiter gemessen und dafür werden sie bezahlt. Von außen an Mitarbeiter herangetragene Regeln haben weniger Durchschlagskraft als alltägliche Prozesse und Zwänge. Allerdings können selbst bei einer guten Vorarbeit nicht alle Konflikte ausgeräumt oder gelöst werden. Daher ist ein Ziel zugleich zu vermitteln, dass Regeln nicht jegliche Unsicherheit auflösen können. Oft genug haben wir festgestellt, dass gerade ängstliche Menschen überhöhte Erwartungen an Regeln haben und entsprechend enttäuscht reagieren, wenn diese unrealistischen Erwartungen unerfüllt bleiben. Gibt man ängstlichen Menschen und deren mitunter penetranten Forderungen nach noch mehr und noch kleinteiligeren Regeln nach, schafft man eine Scheinsicherheit und zugleich ein Bürokratiemonster. Zudem können zu viele Regeln, man spricht von Normenflut, Regelbrüche erst provozieren (Dölling, 2007, S. 32). Man kann fehlende Normeninternalisierung und schwache Sozialkontrolle nicht vollständig durch formelle Regeln ersetzen, auch wenn manche sich genau das wünschen. Mit anderen Worten:

> **Wichtig** Die Wirkung von Regeln ist begrenzt. Viel hilft nicht viel.

3.3 Glaubhaftigkeit lohnt sich auch im Geldbeutel

Menschen haben ein Gespür dafür, wie ernst es den Entscheidern mit der Umsetzung einer Regel ist. Die Wirkung einer Regel wird entscheidend davon bestimmt, welchen Zweck die Regel für eine Organisation hat und wie sehr die wirklich Mächtigen zu der Regel stehen. Daher sollte man sich vor der Einführung selbstkritisch fragen, was genau mit einer neuen Regel erreicht werden soll: Geht es tatsächlich darum, die Einstellung von Menschen zu verändern? Das hieße zum Beispiel, nicht alles der Gewinnmaximierung unterzuordnen, sondern bestimmte moralische Grenzen zu setzen und diese auch in der Unternehmenskultur zu verankern. Daraus folgt dann aber auch, dass Gewinneinbußen vom Unternehmen einkalkuliert und getragen werden, wenn bestimmte Geschäfte wegen der gezogenen Grenzen nicht abgeschlossen werden können.

> **Beispiel Frosta**
>
> Wenn ein Unternehmen glaubhaft und konsequent handelt, kann das kurzfristig Negativfolgen haben: Als der Tiefkühlwarenhersteller Frosta sich selbst im Jahre 2003 die Regel auferlegte, bei allen Produkten des Unternehmens konsequent auf künstliche Zusätze und Aromen zu verzichten, erwirtschaftete das Unternehmen einen historischen Verlust (Kapalschinski, 2017). Frosta blieb dennoch bei dieser Produktionsregel, arbeitet inzwischen längst wieder profitabel und die Unternehmensführung hat ihre Glaubwürdigkeit bei Kunden und Mitarbeitern gestärkt. Das Beispiel zeigt: Glaubhafte Regeln können zunächst mit Kosten verbunden sein und sich dennoch langfristig lohnen.

Alternativ kann ein Unternehmen mit einer neuen Regel nicht die Einstellung der Mitarbeiter, sondern lediglich deren Verhalten ändern wollen. Dann könnte man stärker auf Kontrollen setzen statt auf Einstellungsänderung und eine Veränderung der Unternehmenskultur. Bei dynamischen Geschäftsmodellen oder hoher Mitarbeiterfluktuation ist das ein durchaus praktikabler Ansatz, denn Einstellungen und Unternehmenskultur zu verändern kostet immer Zeit. Am langen Ende sind Einstellungsänderungen natürlich wirksamer. Weil Einstellungsänderungen aber Zeit brauchen, funktioniert das nur bei einem stabilen Mitarbeiterbestand.

3.4 Organisationen haften für ihre Mitarbeiter

Manche Organisationen führen Regeln zur eigenen Absicherung ein. Man kann darauf verweisen, etwas getan zu haben, falls ein Vorfall bekannt wird. Diese Variante dient weniger der Förderung oder Verhinderung bestimmter Verhaltensweisen, als vielmehr der eigenen Absicherung. Dass ein solches Absicherungsverhalten der Glaubwürdigkeit nur wenig dienlich ist, erkennt man sofort. Dennoch werden Organisationen etwa durch die Gesetzgebung mitunter dazu angehalten, genau solche Absicherungsmechanismen zu installieren.

UK Bribery Act
Der UK Bribery Act (UKBA) reformierte 2011 das Korruptionsstrafrecht in Großbritannien und findet auch auf Unternehmen außerhalb des Vereinigten Königreiches Anwendung. Nach Art. 7 UKBA ist ein Unternehmen strafrechtlich verantwortlich, wenn eine mit dem Unternehmen assoziierte Person eine andere Person besticht, um einen Vorteil für das Unternehmen zu erlangen. Die Unternehmenshaftung tritt aber nur dann ein, wenn das Unternehmen keine Maßnahmen ergriffen hatte, um Korruption zu vermeiden. Dies zeigt, dass Unternehmen unter Umständen Regeln und Kontrollinstanzen einführen, um sich gegen eine solche Unternehmenshaftung abzusichern.

Gesetz zur Stärkung der Integrität in der Wirtschaft
In Deutschland wurde 2020 das *Gesetz zur Stärkung der Integrität in der Wirtschaft* auf den Weg gebracht. Es sieht unter anderem vor, dass Unternehmen, die durch ihre Organisation und Arbeitsweise Rechtsbrüche ihrer Mitarbeiter begünstigen, sanktioniert werden können. Kommt es zu Straftaten aufgrund strukturellen Versagens, soll das für das Unternehmen erhebliche Konsequenzen haben. Die Intention des Gesetzes ist nachvollziehbar. Werden in einem Unternehmen jedoch neue Regeln eingeführt und wird unter der Hand kolportiert, dass dies nur geschieht, um diesem Gesetz Genüge zu tun, so muss man sich nicht wundern, wenn die Bereitschaft zur Regeleinhaltung begrenzt ist. Eine solche Regel ist nicht glaubhaft, sondern beschränkt sich auf eine Feigenblattfunktion, und das merken Mitarbeiter. Gesetze können ein Anlass für unternehmensinterne Regeln sein. Der alleinige Grund für eine Regeleinführung sollten sie nicht sein.

Für eine Regel kämpfen
Mit der Einführung einer Regel hat die Arbeit erst begonnen. Danach muss man die Regel bekannt machen, für die Regel werben, für die Beachtung kämpfen, penetrante Verweigerer auf Linie bringen und so weiter. Schon wegen dieses erheblichen Aufwandes sollte man Regeln sparsam einsetzen. Zwar soll es noch vereinzelte Verantwortungsträger geben, die glauben, mit der Formulierung und Bekanntgabe einer Regel hätte man seine Arbeit getan, aber hilfreich ist eine solche Ansicht nicht. Erst wenn Sie benennen können, was durch die Einführung einer neuen Regel besser wird und mit welchem Aufwand das verbunden sein wird, sollten Sie eine Regel tatsächlich einführen. Wenn Sie nicht klar benennen können, was durch eine neue Regel besser wird, lassen Sie es sein.

3.5 Das echte Problem lösen

Man muss wissen, welches Problem mit einer neuen Regel gelöst werden soll. Und wie bei jeder Problemlösung empfiehlt es sich, strukturiert vorzugehen. Vorschläge zum besseren Problemlösen gibt es viele, wir empfehlen hier in aller Kürze ein leicht verändertes Vorgehen, wie es Horn (2014, S. 241–244) in Bezug auf Entscheidungen skizziert hat:

- Kern des Problems erfassen und nicht auf Scheinprobleme hereinfallen.
- Häufigkeit des Problems feststellen. Für seltene Einzelfälle braucht es keine neue Regel. Nur wenn man systematisches Fehlverhalten feststellt oder ernsthaft befürchtet, kann man über eine neue Regel nachdenken.
- Nebenwirkungen und Fernwirkungen bedenken. Eine wirksame Regel verändert Verhalten. Hierbei sind auch unerwünschte Veränderungen möglich.
- Dokumentation der Gründe, warum man eine neue Regel einführt. Die ursprünglichen Gründe für eine Regeleinführung werden im Lauf der Zeit meist vergessen. Eine Dokumentation ist später, nach Etablierung einer Regel, möglicherweise noch hilfreich. Auch bei einer späteren Entscheidung, ob eine Regel noch nötig ist oder wieder abgeschafft werden kann, hilft ein Blick auf die ursprünglichen Gründe und Ziele bei der Einführung einer Regel.
- Prüfung, ob das mit der neuen Regel angepeilte Ziel tatsächlich erreicht wurde. Gilt das Ziel auch nach einiger Zeit noch oder hat sich die Situation grundlegend verändert? Falls ja, Regel anpassen oder abschaffen. Latenzzeiten beachten: Eine Regel wirkt nicht ab Stunde Null ihrer Einführung.
- Alternativen zur Einführung einer weiteren Regel prüfen: schwarzen Schafen mit anderen Mitteln Einhalt gebieten, beispielsweise Selbstkontrollkräfte stärken oder eine Kulturveränderung einleiten.

Wenn man Verstöße duldet oder nicht angemessen ahndet, nützt die beste Regel nichts (Möhrle, 2012, S. 876). Regeln können davor bewahren, dass Fehlverhalten zu einer gefühlten Normalität wird. Fehlverhalten fällt meist nur dann als systematisch auf, wenn kontrolliert wird. Fängt man also an, sagen wir ab dem 1. Januar 2023 zu kontrollieren, wird man im Jahr 2023 im Vergleich zum Jahr 2022 sehr viel mehr Fehlverhalten feststellen. Ein solcher Anstieg belegt nicht, dass es im Jahr 2023 tatsächlich schlimmer zuging als im Jahr 2022.

Die Einstellung ändern

Eine technisch-administrative Kommunikation, in der nur Regeln, Strafen und Kontrollen genannt werden, greift zu kurz (Möhrle, 2012, S. 876). Nur wenn man es schafft, die Einstellung der einzelnen Mitarbeiter und allmählich die Kultur einer Organisation zu ändern, kann man Regeln wirksam machen. Auf den Punkt gebracht nennt das Möhrle (2012, S. 877) überzeugen statt überwachen. Eigentlich müsste man sagen, in der Regel überzeugen und gelegentlich überwachen. Ganz ohne Kontrolle geht es nicht, aber Kontrollen sollten die Regeleinhaltung unterstützen und nicht ausschließlich schwarzen Schafen nachjagen. Von besonders schweren Fällen abgesehen ist mehr gewonnen, wenn ein Mensch die Chance hat, einen Fehler zuzugeben und für die Zukunft abzustellen, als wenn ein Mensch aus Angst vor Strafen einen Fehler verschweigt oder sogar noch mehr Regeln bricht, um den ersten Fehler zu vertuschen.

> **Wichtig** Eine gute Regel hilft den Menschen, nicht vom Weg abzukommen oder schnell wieder auf den rechten Weg zurückzufinden.

3.6 Der Mensch ist keine Insel

Moral, also auch die aus Moralvorstellungen resultierenden Regeln, haben einen sozialen Bezug. Mit Moral lenkt die Gesellschaft einzelne Menschen (Frankena, 2017, S. 6). Und selbst wenn es für die Wirksamkeit nötig ist, dass einzelne Menschen Regeln internalisieren, richten sich Regeln nicht nur an einzelne Menschen, sondern an die Gesellschaft oder eine Organisation insgesamt. Daher sollte man neben psychologischen Prozessen der Internalisierung, also Verinnerlichung von Regeln, auch soziologische Prozesse im Auge behalten. Der einzelne Mensch ist keine Insel. Er richtet sein Verhalten auch an dem Verhalten anderer Menschen aus, also beispielsweise dem Verhalten seiner Kollegen oder Nachbarn. Individuelles Verhalten wird neben individuellen Faktoren stark von der Organisationskultur beeinflusst. Was ist das? Zunächst einmal ein eher unbestimmter und schwer fassbarer, abstrakter Begriff. Dennoch hat eine Organisationskultur sehr konkrete Auswirkungen.

> **Definition** Man kann Organisationskultur als „Summe der Gewohnheiten einer Organisation" (Berner, 2010, S. 72) definieren, oder als „gemeinsame und selbstverständliche Annahmen einer Gruppe" (Schein, 2003, S. 44).

Organisationskultur setzt sich aus drei Ebenen zusammen (Schein & Schein, 2016, S. 17–21). Auf der ersten, nur teilweise bewussten Ebene, sind grundlegende Orientierungs- und Verhaltensmuster verankert, die das Wahrnehmen und das Handeln beeinflussen. Es sind erlernte soziale Grundannahmen, die nicht mehr infrage gestellt, sondern von den Mitarbeitern als normal empfunden werden. Beispielsweise entscheidet immer die Organisationsleitung, sie hat das letzte Wort und beansprucht möglicherweise ganz und gar selbstverständlich den größten Redeanteil in Besprechungen. Aus Grundannahmen wie diesen leitet sich die zweite Ebene ab, nämlich organisationsspezifische Werte und Normen, meist in Form von Verhaltensstandards. Solche Standards umfassen Verhaltensrichtlinien, Verbote und Gebote, welche die Mitglieder einer Organisation teilen, akzeptieren und teils bewusst leben, beispielsweise: Der Chef isst nie in der Kantine. Oder: Über das Gehalt wird nicht gesprochen. Der Chef wird geduzt oder eben nicht. Die dritte Ebene umfasst sichtbare, fast demonstrative Symbole, die Verhaltensstandards der zweiten Ebene veranschaulichen, beispielsweise hat der Chef das größte Büro, die meisten Fenster und den nächstgelegenen Parkplatz. Es mag vielleicht etwas archaisch klingen. Aber schauen Sie sich mal um. Beliebt sind auch farbliche Markierungen in Unternehmensausweisen, ein wenig wie beim Militär – damit man gleich erkennt, wer in der Hierarchie weiter oben steht.

Kultur ist spezifisch
Eine Organisationskultur wird zwar von gesellschaftlichen Entwicklungen beeinflusst, hat aber auch spezifische Züge. Die Moral des Einzelnen wird von den drei Ebenen der Organisationskultur beeinflusst. Wenn es beispielsweise üblich ist, zum Mittagessen in der Kantine in der Zeiterfassung auszustempeln, während es in einer anderen Organisation üblich ist, das nicht zu tun, sondern die reguläre Pausenzeit von 30 min automatisch verbuchen zu lassen, so muss das zum einen nicht der Moral des einzelnen Mitarbeiters entsprechen – der eine oder andere wird sich damit unwohl fühlen, sich aber der Mehrheit anpassen. Zum anderen wird es Auswirkungen auf die Umsetzung oder Einhaltung von Regeln haben. Und die Organisationskultur beeinflusst maßgeblich die Glaubwürdigkeit von Organisationen: Wenn die Norm eines bestimmten Unternehmens lautet, dass einer Gewinnmaximierung andere Dinge unterzuordnen sind, dann werden gewerkschaftliche Initiativen für eine Verbesserung von Arbeitsbedingungen oder für Lohnerhöhungen ebenso einen schweren Stand haben wie Bemühungen um weniger Raubbau an der Umwelt und um Schonung

von Ressourcen, beispielsweise Bio- oder Tierwohl-Label in der Fleischproduktion oder MSC-Siegel bei Fischereiprodukten. Auf der anderen Seite sollte man Gewinnmaximierung nicht per se verteufeln, unser Sozialsystem will finanziert sein und nicht jeder Vorstoß von Gewerkschaftsfunktionären dient ausschließlich hehren Zielen. Gewerkschaftsfunktionäre sind keine besseren Menschen als Manager, im Übrigen auch keine schlechteren, sie haben einfach eine andere Rolle.

Steiniger Weg
Eine Organisationskultur zu ändern ist ein steiniger Weg. Warum sollten man sich so etwas antun? Wenn die Organisationskultur zu gesellschaftlichen Normen und individuellen Einstellungen von Mitarbeitern anschlussfähig ist, muss man gar nichts tun. Wenn aber eine Organisation gesellschaftliche Entwicklungen nicht nachbildet, muss man aktiv werden. Beispielsweise galt Bestechung im Ausland noch vor wenigen Jahrzehnten in Deutschland als unkritisch, man konnte als Unternehmen Bestechungsgelder im Ausland sogar steuerlich absetzen. Das hat sich geändert und wenn Unternehmen hartnäckig Regeln missachten, drohen Image- und Wachstumsverluste (DGfP, 2011, S. 6). Mit anderen Worten: Der Weg führt über den Geldbeutel. Geld ist die Sprache der Wirtschaft.

3.7 Vertrauen ist schnell verspielt

Welche Folgen es hat, wenn sich einflussreiche Menschen einfach nehmen, was sie wollen, zeigt das folgende Beispiel.

> **Beispiel Studienplatz an Elite-Uni um jeden Preis**
> In den USA haben mehrere TV-Stars Angestellte renommierter US-Hochschulen bestochen, um für die eigenen Kinder einen der begehrten Studienplätze zu ergattern. Die Staatsanwaltschaft in Boston hatte Anklage gegen rund 50 Personen erhoben, beispielsweise gegen Felicity Huffman *(Desperate Housewives)* und Lori Loughlin *(Full House)*. Rund 25 Mio. US$ waren an Angestellte renommierter Universitäten geflossen, damit die jeweiligen Kinder auf eine Liste guter Sportler gesetzt wurden, obwohl die Kinder keine guten Sportler waren. Damit sollte den Kindern regelwidrig ein begehrter Studienplatz verschafft werden (Tagesschau, 2019).

Welcher Schaden ist entstanden? Andere junge Menschen haben nicht denjenigen Studienplatz erhalten, den sie ohne Betrug einflussreicher Eltern unbegabter Kinder erhalten hätten. Das Image der betrügenden Eltern und deren Kinder ist beschädigt, von den rechtlichen Folgen ganz zu schweigen. Die betroffenen Universitäten haben einen Imageschaden erlitten. Die Gesellschaft oder Teile der Gesellschaft können das Vertrauen in Chancengleichheit verlieren und sich vom politischen System abwenden.

Legal und legitim
Vertrauen ist schneller verloren als gewonnen. Für Vertrauensverlust muss es nicht gleich eine Straftat sein, wie bei beim Unterlaufen der Zulassungsregeln renommierter US-Universitäten. Dazu reicht schon ein Verhalten unterhalb der Strafrechtschwelle. Selbst wenn ein Verhalten rein formell nicht zu bestanden ist, kann es illegitim sein und die Integrität einer Organisation untergraben, die solch ein Verhalten duldet. Hierzu eine Geschichte aus der Welt von Volkswagen. Laut Germis (2017) soll der Gartenteich von Martin Winterkorn, ehemaliger Vorstandsvorsitzender der Volkswagen AG, für 60.000 € mit einer Heizanalage ausgestattet worden sein. Warum möchte jemand den Gartenteich heizen? Nun, Martin Winterkorn soll wärmeliebende Kois, eine teure Karpfenart aus Japan, gerne haben und die Fische sollten sich im rauen Wolfsburger Klima wohlfühlen. Die Villa hatte Martin Winterkorn von seinem Arbeitgeber gemietet. Formell gesehen war das laut VW-Sprecher korrekt, Martin Winterkorn zahle Miete für die Nutzung der Villa.

Formell korrekt und dennoch daneben
Die damals geltenden Regeln wurden rein formell betrachtet laut VW-Sprecher eingehalten. Wenn das stimmt und wenn die 60.000 € für eine Teichheizung ausgegeben wurden, führt das direkt zu der Frage: Wer hat denn solche Regeln aufgestellt? Und welches Kontrollgremium hat diese Regeln abgesegnet? Aber das ist ein anderes Thema. Wenn dem so war, also, wenn nach damals geltenden Regeln eine Fischheizung zu den Leistungen von Volkswagen an seinen Vorstandsvorsitzenden gehörte, stellt sich die Frage: Warum hat niemand Bedenken angemeldet, bevor eine Fischheizung eingebaut wurde, die teurer war als das durchschnittliche Jahresgehalt eines in Vollzeit arbeitenden Menschen in Deutschland? Vielleicht wollten die verantwortlichen Manager der Volkswagen Immobilientochter noch Karriere machen und schließlich lag kein Verstoß gegen formelle Regeln vor. Die Außenwirkung war allerdings wenig vorteilhaft.

Ein jeder kehre vor seiner Tür

So selbstverständlich einem die Empörung über die Selbstbedienungsmentalität von Herrn Winterkorn oder anderen Topmanagern über die Lippen kommt und darüber, dass dem niemand Einhalt zu gebieten scheint, schalten wir einen Gang zurück und prüfen selbstkritisch: Wie hätten Sie persönlich damals als Mitarbeiter gehandelt, wenn der Vorgang auf Ihren Bildschirm gekommen wäre? Hätten Sie gesagt: ‚Mag formell korrekt sein, sieht aber irgendwie gierig aus?' Wem gegenüber hätten Sie das gesagt? Gegenüber Ihrer direkten Führungskraft, gegenüber dem zuständige Vorstand oder hätten Sie Ihre Bedenken dem Vorstandsvorsitzenden Martin Winterkorn persönlich mitgeteilt? Selbst wenn Sie einen Termin bekommen hätten, mal ehrlich: Wie viele Menschen gibt es, die an einem solchen Punkt das Rückgrat durchgedrückt und den Mund aufgemacht hätten? Hinterher ist es immer einfach, Fehlverhalten anzuprangern.

Das gilt im Übrigen auch für uns. Warum haben wir das Buch trotzdem geschrieben? Wir glauben, dass ein Mitarbeiter mit Rückgrat in der Volkswagen Immobilien GmbH oder in einer anderen Organisation nur dann eine Chance hat, gehört zu werden, wenn eine Organisation sensibel auf Fehlverhalten reagiert und interne Kritik nicht als Illoyalität geißelt. Die vielen Beispiele sollen nicht einzelne Organisationen an den Pranger stellen, sondern anhand konkreter Beispiele wachrütteln. Gräbt man systematisch, kann man in den meisten Organisationen vergleichbare Beispiele für formell korrektes und zugleich illegitimes Verhalten finden – natürlich auch in Ministerien, Parlamenten oder Behörden und anderen Organisationen.

3.8 Gute Regeln – schlechte Regeln

Gute Regeln verhindern die Einführung von noch mehr und dann meist schlechten Regeln. Nach einem Skandal werden häufig Kontrollen verstärkt und neue Regeln auf den Markt geworfen. Weil die neuen und schärferen Regeln nach einem Skandal in einer von Misstrauen geprägten Zeit eingeführt werden, dominieren rechtliche und kontrollierende Aspekte, ähnlich argumentieren Erpenbeck und Sauter (2018, S. 77). Und weil Juristen so gut verbieten können, werden Regeln meist von Juristen gemacht. Und weil zudem Zeit eine knappe Ressource ist, werden nicht wenige gute, sondern meist viele schlechte Regeln gemacht. Gute Regeln sind abstrakt, gut durchdacht und decken viele Einzelfälle ab. Schlechte Regeln arbeiten einzelne Fallgruppen ab und wuchern deshalb aus. Erst werden Regeln geschrieben, dann erklärt, deren Umsetzung wird kontrolliert und gelegentlich wird bestraft. Auch wenn noch so viele Seminare angeboten werden, führen Regeln dieser Art kaum zu Veränderungen (Erpenbeck & Sauter, 2018, S. 79). Veränderungen, auch das Akzeptieren einer neuen Regel, gelingen nur, wenn eine neue Regel verinnerlicht wird und im besten Fall die Organisationskultur verändert. Wenn also in der Volkswagen Immobilien GmbH viele spontan erkannt und es sich auszusprechen getraut hätten, dass man eine Fischheizung für 60.000 € einfach nicht bezahlen kann, weil es nicht in die Zeit und nicht zu einem funktionierenden Wertekompass passt, hätte die reputationsgefährdende Außenwirkung verhindert werden können. Organisationskultur meint hier die geteilten Auffassungen dazu, wie man miteinander umgeht und wie man seine Arbeit erledigt. Erpenbeck und Sauter (2018, S. 81) bringen das ganz gut auf den Punkt. Wir übertragen deren auf Werte bezogenen Ausführungen auf Regeln:

- Regeln lassen sich gut im konkreten Entstehungs- und Wirkungszusammenhang verstehen.
- Wertungen von Menschen und damit die Voraussetzung der Verinnerlichung von Regeln können nicht vollständig von außen gelenkt oder geschaffen werden.
- Handeln wirkt sich auf Werte und auch auf Regelakzeptanz aus.

Wenn es gelingt, Regeln angepasst an die jeweilige Organisationskultur zu etablieren, kann eine allmähliche Verhaltensänderung erreicht werden. Auf die Schnelle halten wir Effekte für wenig wahrscheinlich. Darüber sollten auch mögliche Anfangserfolge nicht hinwegtäuschen. Über solche Anfangserfolge sollte man sich freuen, ohne sich zu sehr auf ihnen auszuruhen.

3.9 Keine Kultur ohne Regeln

Ohne Regeln gilt das Recht des Stärksten und Verhalten wird unkalkulierbar. Wenn es keine Regeln gibt, kann man das Verhalten anderer nicht vorhersehen und man muss mit dem Schlimmsten rechnen. Das ist sehr anstrengend und wenig effektiv. Aus diesem Grund haben alle Kulturen, selbst die frühesten bekannten, Regeln eingeführt – manchmal als Gesetze, manchmal als religiöse Vorschriften, manchmal als Entscheidungsgewalt eines Alleinherrschers. Das könnte man insofern missverstehen, als wären möglichst viele Regeln sinnvoll. Nein!

> **Wichtig** Zu viele oder zu enge Regeln lösen Widerstand aus, verhindern Kreativität und untergraben Motivation. Es gilt, eine Balance zu finden zwischen zu vielen oder zu engen Regeln und zu wenigen oder zu vagen Regeln.

Ferner müssen Entscheidungen in Organisationen, also auch Entscheidungen über Regeln, anschlussfähig an die Organisation und ihre Strukturen sein (Schnebel, 2017, S. 1).

> **Definition** Regeln sind anschlussfähig, wenn sie richtig und zielführend angewandt werden können und wenn die Regeln zu den sonstigen Entscheidungen der Organisation und zur Organisationskultur passen.

Konflikte
Durch eine nicht anschlussfähige Regel wird eine Organisation geschwächt, weil unnötige Konflikte ausgelöst werden. Regeln müssen nicht nur zur Vermeidung unnötiger Konflikte anschlussfähig sein, sondern auch, weil sich Organisationsmitglieder an Regeln orientieren und weil sich neue Regeln mit bestehenden Regeln und Prozessen vertragen müssen. Schneider (2018, S. 8) formuliert zugespitzt, dass Regeltreue, die nur der ‚reinen Lehre' folgt, selbst bei noch so vielen erstellten Richtlinien und abgehaltenen Schulungen keine Akzeptanz im Unternehmen erzielen wird. Wenn Regeltreue dem geschäftlichen Erfolg im Wege steht, sinkt die Bereitschaft, sich an alle Regeln zu halten.

Perspektivenwechsel
Man kann Regeln erfolgreich machen, wenn man die Sichtweisen und Interessen anderer Menschen versteht. In international agierenden Organisationen gilt es dabei auch, kulturelle Besonderheiten zu beachten. Eine interkulturelle Perspektive befähigt, Dinge differenziert zu betrachten. Je mehr man sich in andere hineinversetzen kann, desto besser kann man Regeln gestalten. Denken Sie beim Stichwort Interkulturalität nicht nur an Peru, Japan oder Mali, sondern auch an Unterschiede zwischen Menschen innerhalb eines Kulturraums, beispielsweise in Abhängigkeit vom Alter oder vom sozialen Milieu. Entscheidend ist die Fähigkeit zum Perspektivenwechsel.

Aushaltbare Regeln
Regeln müssen zur Organisationskultur passen und sollten den Einstellungen der Menschen nicht diametral widersprechen. Mit anderen Worten: Eine Regel muss aushaltbar und damit einhaltbar sein. Unsinnige Regeln verbieten sich von selbst, dennoch gibt es welche. Sich widersprechende Regeln sind unwirksam. Daher muss man seinen alten Regelbestand zumindest im Groben kennen. Sofern Regeln in Widerspruch zur gelebten Praxis stehen, muss man das Thema aufnehmen und erklären, weshalb die neue Regel sinnvoll ist und inwiefern die Praxis verändert werden muss. In einem solchen Fall führt man nicht einfach eine Regel ein, sondern initiiert einen Kulturwandel.

3.10 Kognition, Emotion und Verhalten

Menschen halten Regeln ein, wenn sie von deren Nutzen überzeugt sind. Regeln wirken zunächst wie eine Komplikation und stören Abläufe. Solange Menschen Regeln ausschließlich als Störung erleben, werden sie Regeln innerlich ablehnen. Dauerhafte Regeltreue erreicht man nur, wenn Menschen Regeln verinnerlichen, also von deren Nutzen überzeugt sind und den Mehraufwand für eine Regeleinhaltung akzeptieren. Um das zu erreichen, braucht es eine Einstellungsänderung.

> **Definition** Einstellungen können sich auf Objekte, Personen oder Ereignisse beziehen und sind zusammenfassende Bewertungen (Werth et al., 2020, S. 243).

Einstellungen bestehen aus kognitiven, emotionalen und verhaltensbezogenen Komponenten. Gedanken und Überzeugungen zu einer Person, einem Objekt oder einem Ereignis gehören zur kognitiven Komponente. Wie man auf eine Person, ein Objekt oder ein Ereignis emotional reagiert, konstituiert die emotionale Komponente. Die Verhaltenskomponente schließlich bezieht sich auf Verhalten gegenüber dem Einstellungsobjekt, beispielsweise ob man den Kontakt zu einer Person eher sucht oder eher vermeidet.

Wider die Bequemlichkeit
Einstellungen sind bequem, weil man nicht bei jeder neuen Information prüfen muss, ob man sein Verhalten ändern sollte (Werth et al., 2020,

S. 244–245). Hat man erst einmal eine Einstellung zu einer Person, einem Objekt oder einem Ereignis entwickelt, bleibt man bis zum Beweis des Gegenteils bei seiner Einstellung. Manchmal sind Einstellungen so mächtig, dass man sie selbst beim Beweis des Gegenteils nicht ändert. Zudem beeinflussen Einstellungen die Motivation. Wer beispielsweise Regeln grundsätzlich einengend erlebt, wird sich eher gegen eine neue Regel wehren. Wenn man eine Einstellung ändern möchte, sollte man bei derjenigen der drei Komponenten ansetzen, die den stärksten Einfluss hat (Werth et al., 2020, S. 245). Man kann das Bestreben nach Konsistenz nutzen, um Einstellungen zu ändern (Werth et al., 2020, S. 270, 272). Nimmt man Abweichungen zwischen eigenen Einstellungen und eigenem Verhalten wahr, ist das unangenehm, weil Einstellung und Verhalten nicht konsistent sind – man macht nicht, was man gut findet oder man macht etwas, was man eigentlich schlecht findet. Um die als unangenehm erlebte Spannung abzubauen, kann man die Einstellung ändern. Ausnahme: Wenn man subjektiv gute Gründe dafür hat, dass man sich anders verhält als es der Einstellung entspricht. Aber: Reaktanz verhindert eine Einstellungsänderung (Werth et al., 2020, S. 285). Daher sollte man gründlich nachdenken, bevor man sehr enge Regeln einführt oder Regelbrüche überhart bestraft. Regeln, die bei Menschen den Eindruck hinterlassen, sie würden unangemessen in ihren Freiräumen beschnitten, führen zu Reaktanz (Widerstand) und ab dann kann man keine Einstellungsänderung mehr erreichen. Wer sich beschnitten fühlt, zieht die Zugbrücke hoch und verteidigt den Status quo. Jeder Versuch, auf die Einstellung einzuwirken, wird dann als Manipulationsversuch abgeschmettert.

Unmoralische Windschnittigkeit
Die Einführung von Regeln gelingt leichter, wenn sie sowohl zu gesellschaftlichen Normen als auch zu den persönlichen Haltungen der Menschen anschlussfähig sind. Wenn die eigene persönliche Haltung nicht zu den von einer Organisation geforderten Normen passt, kann man die Organisation verlassen oder man entwickelt so etwas wie eine „unmoralische Windschnittigkeit" (Kohlhof, 2016, S. 64). Das klingt harmloser als es ist. Wenn man nicht hinter den Normen steht und dennoch in einer Organisation weiterarbeiten möchte, muss man zumindest so tun, als würde man die Regeln ernst nehmen. Auf Dauer kann das krankmachen, weil es psychische Energie kostet, sich dauerhaft anders zu verhalten, als es den eigenen Werten und Einstellungen entspricht. Auf der anderen Seite ist eine solche unmoralische Windschnittigkeit auch für Organisationen gefährlich. Es sieht auf den ersten Blick so aus, als würden sich alle an die Regeln halten,

was nicht stimmt. So kann sich eine Subkultur entwickeln, innerhalb derer Regeln systematisch missachtet werden. Fällt das irgendwann auf, steht die Glaubwürdigkeit der betroffenen Organisation insgesamt auf dem Spiel.

> **Zusammenfassung**
>
> Bevor man eine Regel formuliert, sollte man klären, was mit einer Regel erreicht werden soll. Erst danach sollte man sich um die konkreten Formulierungen kümmern. Und sofern mit einer Regel Einstellungen verändert werden sollen, muss man sich auf einen längeren Prozess einstellen. Wenn mit einer Regel lediglich ein Feigenblatt geschaffen oder das Haftungsrisiko des Führungspersonals verringert werden soll, kann man anders mit einer Regel umgehen, als wenn die Organisationskultur verändert werden soll.

Literatur

Berner, W. (2010). *Change! 15 Fallstudien zu Sanierung, Turnaround, Prozessoptimierung, Reorganisation und Kulturveränderung*. Schäffer-Poeschel.

Deutsche Gesellschaft für Personalführung (DGfP). (2011). *Compliance und Personalmanagement (PraxisPapier 4/2011)*. DGfP.

Dölling, D. (Hrsg.). (2007). *Handbuch zur Korruptionsprävention für Wirtschaftsunternehmen und öffentliche Verwaltung*. Beck.

Erpenbeck, J., & Sauter, W. (2018). *Wertungen, Werte – Das Fieldbook für ein erfolgreiches Wertemanagement*. Springer.

Frankena, W. K. (2017). *Ethik. Eine analytische Einführung. Herausgegeben und übersetzt von Norbert Hoerster* (6. Aufl.). Springer VS.

Germis, C. (2017). *VW soll Winterkorn 60.000 € teure Heizung für Fischteich gezahlt haben*. Frankfurter Allgemeine Zeitung. https://www.faz.net/aktuell/wirtschaft/unternehmen/frueherer-chef-vw-soll-winterkorn-60-000-euro-teure-heizung-fuer-fischteich-gezahlt-haben-14639417.html. Zugegriffen: 12. Aug. 2021.

Holzmann, R. (2019). *Wirtschaftsethik* (2. Aufl.). Springer Gabler.

Horn, A. (2014). *Die Logik der Tat*. Droemer.

Kapalschinski, C. (2017). *Tiefkühlkost-Hersteller setzt auf Transparenz*. Handelsblatt Online. https://www.handelsblatt.com/unternehmen/handel-konsumgueter/frosta-tiefkuehlkost-hersteller-setzt-auf-transparenz/19561434.html. Zugegriffen: 27. Juli 2021.

Kastner, M. (2017). Dynaxität – Die schnelle und komplexe neue Welt der Führungskräfte. In K. Häring & S. Litzcke (Hrsg.), *Führungskompetenzen lernen* (2. Aufl., S. 23–43). Schäffer-Poeschel.

Kohlhof, J. (2016). *Ohne Anstand und Moral*. Springer Gabler.

Möhrle, H. (2012). Fraud Management und Kommunikation. In H-W. Jackmuth, C. de Lamboy, & P. Zawilla (Hrsg.), *Fraud Management. Der Mensch als Schlüsselfaktor gegen Wirtschaftskriminalität* (S. 873–888). Frankfurt School Verlag.

Schein, E. H. (2003). *Organisationskultur. "The Ed Schein Corporate Culture Survival Guide"*. EHP

Schein, E. H., & Schein, P. (2016). *Organizational Culture and Leadership*. John Wiley.

Schnebel, E. (2017). *Wirtschaftsethik im Management. Rationalität und Verantwortung in organisationalen Handlungen*. Springer Gabler.

Schneider, T. (2018). *Wirkungsvolle Compliance*. Springer Gabler.

Tagesschau. (2019). *Bestechungsskandal an US-Unis: Haft für US-Schauspielerin Loughlin*. https://www.tagesschau.de/ausland/loughlin-haft-uni-bestechung-101.html. Zugegriffen: 12. Aug. 2021.

Werth, L., Denzler, M., & Mayer, J. (2020). *Sozialpsychologie – Das Individuum im sozialen Kontext* (2. Aufl.). Springer.

4

Der Kodex und das potemkinsche Dorf

In diesem Kapitel zeigen wir, wie wichtig ist es ist, Regeln verbindlich zu gestalten. Wenn man eine Regel einführt, muss man sie durchsetzen. Ansonsten richtet man Schaden an, weil Regeln dann generell als unverbindlich erlebt werden. Regeln dürfen nicht wie potemkinsche Dörfer lediglich als Attrappen genutzt werden, um eine Moral vorzutäuschen, die gar nicht da ist. Dennoch werden in vielen Unternehmen und Organisationen Verhaltenskodizes genauso genutzt. Wir zeigen, dass der schöne Schein vielleicht nach außen positiv wirken mag, nach innen aber schaden kann.

Vom schönen Schein und der hässlichen Wahrheit – Wirecard
Der Ausdruck potemkinsches Dorf umschreibt eine Vorspiegelung falscher Tatsachen. Einer Legende nach hatte Feldmarschall Potemkin vor dem Besuch der Zarin Katharina II im eben eroberten Neurussland im Jahr 1787 entlang der Wegstrecke der Zarin Dörfer aus bemalten Attrappen zum Schein errichten lassen, um sie über Wohlstand und Entwicklung der Gegend zu täuschen (Kulke, 2011).

Ähnlich aufpoliert und beeindruckend kommen in vielen Unternehmen die sogenannten Codes of Conduct (Verhaltenskodizes) daher. In Organisationen und Behörden spricht man eher von Leitbildern, es handelt sich jedoch durchaus um Vergleichbares. Sie versprechen ein imponierendes Maß an Moralität und Vorbildlichkeit und suggerieren, dass diese Idealvorstellungen der Verhaltensrealität entsprechen. Die Analogie zu einer Attrappe, die Wohlstand vorgaukelte, wo er nicht war, ist also durchaus naheliegend. Um das zu verdeutlichen, haben wir mal ein besonders prägnantes Beispiel herausgegriffen. Wir sind uns bewusst, dass dieses Beispiel zumindest im Hinblick auf die Verhaltenskodizes austauschbar ist. Lesen Sie selbst: Vom schönen Schein und der hässlichen Wahrheit. Zunächst zum schönen Schein.

> **Beispiel Wirecard**
>
> Wirecard schreibt in einem PDF-Dokument, das im Jahr 2020 öffentlich über die Homepage zugänglich war, über Transparenz und Vertrauen als Prinzipien des Handelns und darüber, dass Wirecard auch bei den Geschäftspartnern darauf hinwirkt, die im Verhaltenskodex fixierten Regeln einzuhalten.

Wer würde sich nicht für Transparenz und Vertrauen aussprechen? Der ehemalige Vorstandsvorsitzende von Wirecard, Markus Braun, wurde wegen Betrugsverdachts verhaftet, das ehemalige Vorstandsmitglied Jan Marsalek entzog sich seiner Verhaftung durch Flucht, die Staatsanwaltschaft ermittelt und der Deutsche Bundestag richtete einen Untersuchungsausschuss ein. Tausende Privatanleger verloren ihr Geld. Soweit zu Transparenz und Vertrauen. Solche Wohlfühlfloskeln kann jeder aufschreiben, selbst Wirecard hat das geschafft. Eine weitere Frage steht damit im Raum: Wie konnte ein Dax-Konzern, der von der Wirtschaftsprüfungsgesellschaft Ernst & Young (EY) regelmäßig geprüft wurde, sich so von den realen Zahlen abkoppeln und ein Betrugssystem aufbauen? Auch die Reputation von EY steht auf dem Spiel, weil man sich fragt, wie ein Betrug dieses Ausmaßes von EY übersehen werden konnte.

Kontrollen sind nicht wasserdicht
Wirecard hatte ein Compliance-Management-System. Das hat den Betrug offenkundig nicht verhindert. Die Werte wurden in einem Code of Conduct niedergelegt und dort vergessen. Wenn die Unternehmensspitze selbst an einem Betrug beteiligt ist, kann das nicht von einem formellen System verhindert werden, das wiederum von der Unternehmensspitze kontrolliert wird. Das Beispiel zeigt: Kontrollsysteme können nur so gut sein wie diejenigen, die diese Systeme bedienen oder kontrollieren.

4.1 Verhaltenskodex – Kann das weg oder braucht man das?

> **Definition** Laut der Deutschen Gesellschaft für Personalwesen (DGfP) (2011, 8) ist ein Verhaltenskodex eine Art ethische Richtschnur, in der man erwünschtes und unerwünschtes Verhalten erläutert.

Häufig werden folgende Themen in einem Verhaltenskodex geregelt (DGfP, 2011, S. 8):

- Umgang mit Geschäftspartnern, Kunden, Mitarbeitern und Wettbewerbern
- Vertraulichkeit
- Interessenskonflikte, Korruption und Bestechung
- Umgang mit Geschenken, Bewirtungen und Einladungen
- Umgang mit Behörden
- Umgang mit internem Wissen
- Hinweise auf Hotlines oder Kontaktstellen bei Problemen

Warum braucht man überhaupt einen Verhaltenskodex? Eigentlich ist doch schon alles Wichtige woanders geregelt. So gibt es beispielsweise Strafgesetze, die klarstellen, was verboten ist. Verstößt man gegen Strafgesetze, ermittelt ein Staatsanwalt, man kann verhaftet und inhaftiert oder zur Fahndung ausgeschrieben werden, wie die Beispiele von Markus Braun und Jan Marsalek von Wirecard zeigen. Der ehemalige Vorstandsvorsitzende und das ehemalige Vorstandsmitglied von Wirecard werden auf strafrechtlicher Grundlage zur Rechenschaft gezogen, und nicht, weil sie gegen einen internen Verhaltenskodex verstoßen haben. In einem Verhaltenskodex geht es um die Ebene unterhalb von Gesetzen und oft genug um eher wünschenswertes als zwangsweise durchsetzbares Verhalten. Denn man kann nicht alle Verhaltensweisen, die einem nicht gefallen, ins Strafrecht aufnehmen. So mag man sich über den Nachbarn ärgern, der einen nie grüßt oder der den Abfall nicht korrekt trennt, möglicherweise auch über einen Kaugummi auf dem Gehweg, der einem die Schuhsohle verklebt. Würde man das Strafrecht so ausweiten, dass alle nicht genehmen Verhaltensweisen erfasst würden, abgesehen von dem Problem, sich darüber einigen zu müssen, was angemessen ist und was nicht, wären die Straßen leer und die Gefängnisse voll.

4.2 Von Gutwilligen und nicht so Gutwilligen

Findige Geister haben für die Lücke zwischen Strafrecht und Mag-ich-nicht oder Finde-ich-nicht-gut den Anstand erfunden. Der Begriff fand hier ja schon mehrfach Erwähnung. Man tut bestimmte Dinge einfach nicht, wie auf den Gehsteig pinkeln, während man andere Dinge einfach tut, wie für Gebrechliche in der Straßenbahn den eigenen Platz frei zu machen, zur Unterscheidung zwischen Kann-, Soll- und Mussnormen siehe Abschn. 1.2 *Regeltreue ist wichtig und lästig zugleich*. Wenn das funktioniert, war die Erziehung erfolgreich und ein Mensch gilt als gut sozialisiert. Schnebel (2017, S. 8) beschreibt Moralität als verbindliches Wissen, was andere von einem erwarten. Entspricht man den Erwartungen nicht, hat das Folgen: Man wird geschnitten, streng angesehen, vielleicht sogar direkt angesprochen. Das Beobachten, wie mit Verletzungen der Moralvorstellungen durch andere umgegangen wird, beeinflusst eigenes Handeln. Eine moralische Vorstellung wird verbindlich, wenn Verstöße Folgen haben. Auch das schlichte Ansprechen eines Regelverstoßes ist eine Folge, es muss nicht gleich eine drakonische Strafe sein. Eine Regel, gegen die folgenlos verstoßen wird, stirbt einen langsamen Tod. Je mehr Regelbrüche folgenlos bleiben, desto weniger ernst wird die betroffene Regel genommen. Wenn man das bei vielen Regeln beobachtet, nimmt man Regeln generell nicht mehr ernst.

Was man tut und was man nicht tut

In einem Verhaltenskodex wird beschrieben, was brave Mitarbeiter tun und was brave Mitarbeiter nicht tun. Die Einhaltung eines Verhaltenskodex unterliegt der freiwilligen Selbstverpflichtung. An dieser Stelle lohnt es sich, innezuhalten und nachzudenken. In einem Verhaltenskodex wird Verhalten beschrieben, das unterlassen werden sollte, oder es wird Verhalten beschrieben, das gezeigt werden sollte, aber nicht erzwungen werden kann. Anständige Menschen zeigen solche Verhaltensweisen von sich aus. Und für die anderen gibt es den Verhaltenskodex, oder? Da sich solche Menschen nicht von sich aus an allgemeine Regeln halten, was kann dann ein unverbindlicher Verhaltenskodex im Alltag bewirken? Genau die Zielgruppe, bei der ein Verhaltenskodex greift, hält sich ohnehin schon an die Regeln und die Zielgruppe, die sich nicht an die Regeln hält, wird das eigene Fehlverhalten wohl kaum wegen eines unverbindlichen Verhaltenskodex ändern. Da drängt sich der Eindruck auf, dass der Verhaltenskodex einer Organisation eher dazu dient, allen außerhalb der Organisation zu zeigen „Schaut her, wir sind anständig!" als dass er tatsächlich auf die Mitarbeiter in der Organisation Einfluss hätte. Man muss daher aufpassen, die Gutwilligen in der Organisation nicht zu verärgern. Im ersten Moment mögen sich die Gutwilligen durch einen Verhaltenskodex bestärkt fühlen – „Endlich ist das jetzt verbindlich, das finde ich ja schon lange." Ein solches Hochgefühl hält genauso lange an, bis die Gutwilligen merken, dass die anderen sich einfach weiter verhalten wie früher und dass nichts passiert – genau wie früher. Darüber sind die Gutwilligen enttäuscht, und wenn es ganz schlecht läuft, werden die ehemals Gutwilligen zu Zynikern.

> Wichtig Regeln, die man aufstellt, muss man durchsetzen.

Mehr dazu in Kap. 8 *Strafen, Kontrollieren, Ignorieren – Umgang mit Regelbrüchen.* Wir plädieren für weniger Regeln. Die wenigen notwendigen Regeln müssen dann aber durchgesetzt werden und das muss man sehen und hören.

> **Beispiel Deutsche Bank**
>
> Schauen wir einmal, was in einem Verhaltenskodex üblicherweise geregelt wird. Beispielsweise schreibt die Deutsche Bank in ihrem Verhaltenskodex vom August 2018, dass man integer handeln und hohe Standards einhalten müsse. So könne Vertrauen gewonnen werden.

Integrität ist wichtig und hohe Standards sind ganz und gar unverzichtbar. So oder so ähnlich liest man es zu Beginn vieler Verhaltenskodizes. Dagegen ist wenig einzuwenden. Kritische Geister fragen vielleicht nach, was genau Integrität ist und woran man sie festmacht. Integer ist, sich ehrlich zu verhalten und sich so zu verhalten, wie es anständig ist und wie man das versprochen hat. Tatsächlich hatten wir erwartet, dass auch Mitarbeiter der Deutschen Bank genau das von sich aus tun – automatisch und freiwillig: Ehrlich sein und einhalten, was man versprochen hat. Nun, mutmaßlich nicht alle, oder warum schreibt man solche Selbstverständlichkeiten in einen Verhaltenskodex hinein? Die Deutsche Bank hatte in den letzten Jahren und hat bis heute alle Hände voll zu tun, sich von dem nicht ganz so integren und nicht ganz so anständigen Geschäftsgebaren früherer Zeiten zu erholen. Wenn man die jüngere Geschichte der Deutschen Bank betrachtet, könnte man auf die Idee kommen, die Deutsche Bank sei eine Strafrechtskanzlei mit angeschlossener Bank. Geben Sie, nur um sich selbst ein Bild zu machen, die Begriffe *Deutsche Bank* und *Skandal* oder *Staatsanwaltschaft* in eine Suchmaschine ein und schauen Sie sich die ersten 10 Treffer an.

Stumpfes Schwert

Nach Conrad (2020, S. 293) zeigt sich am Beispiel der Deutschen Bank, dass sich unethisches Verhalten langfristig nicht auszahlt. Die Liste von Strafgeldern und Strafverfahren für die Deutsche Bank ist bemerkenswert lang. Die Frankfurter Allgemeine Zeitung ging im Jahr 2015 von rund 9 Mrd. EUR an Strafzahlungen aus (Kanning, 2015). Hätten die Vorstände und Führungskräfte der Deutschen Bank anders gehandelt, wenn es den Verhaltenskodex schon früher gegeben hätte? Was vermuten Sie? Wohl kaum, wenn zugleich der Ergebnisdruck oder andere Einflussfaktoren in eine andere Richtung gewirkt haben. Ein wenig klingen die Verhaltenskodizes wie Kindererziehung. Sei ehrlich und tue das Richtige. Wenn Dich etwas bedrückt, sprich es an, bau keinen Mist und wenn Du etwas versprochen hast, dann halte Dich daran.

Die Deutsche Bank ist nicht allein

Wir haben an anderer Stelle schon betont, dass unsere Beispiele nur stellvertretend für viele andere genannt werden, und dass es uns nicht darum geht, einzelne Unternehmen anzuprangern. Daher sei hier auch erwähnt, die Deutsche Bank ist nicht die einzige verstrickte Bank und nicht ausschließlich Banken haben in den letzten Jahren gegen gesetzliche Vorschriften und interne Regeln verstoßen: Korruptionsaffäre bei Siemens, Bestechungsskandal bei Fresenius Medical Care, Sex-Party bei Ergo, Zementkartell bei HeidelbergCement, Bilanzbetrug bei Enron (USA) und bei Wirecard (Deutschland). Die Liste ließe sich noch lange fortführen. Bankmitarbeiter sind keine schlechteren Menschen als der Durchschnitt, aber eben auch keine besseren.

4.3 Handeln anstatt reden

Glauben Sie, dass der moralische Kompass intakt war, als die Menschen, die für die Verfehlungen (mit-)verantwortlich waren, frisch bei der Deutschen Bank eingestellt worden waren? Wurden die neuen Mitarbeiter erst in der Deutschen Bank verbogen oder wurden moralisch sehr flexible Menschen besonders angezogen? Vermutlich beides. Man kann Läuse schon haben und Flöhe dazu bekommen. Monetär orientierte Menschen fühlen sich von manchen Berufsbildern mehr angezogen als von anderen, und wer in eine Organisation einsteigt, wird von denjenigen Menschen geprägt, die dort schon arbeiten. Und von denjenigen, die in eine Organisation einsteigen, werden eher diejenigen aufsteigen, die die Erwartungen der Führungskräfte erfüllen. Man könnte auch sagen, wer zum System passt, schafft es nach oben.

Von den Besten lernen
Wie funktioniert das? Dazu ein fiktives Beispiel. Mehr zu Führung und Vorbildwirkung haben wir in Kap. 9 *Vorbilder müssen integer sein, nicht perfekt* dargestellt.

> **Beispiel Christine**
> Stellen wir uns Christine vor, eine junge Frau, die im Jahr 2002 stolz, mit frischem Abschluss für Betriebswirtschaft, Schwerpunkte Controlling und Rechnungswesen, bei der Deutschen Bank in das Berufsleben startete. Sie hätte auch ein anderes Unternehmen wählen können, weil ihr Abschluss sehr gut und sie sozial sehr kompetent ist. Die Deutsche Bank war damals ein begehrter Arbeitgeber und Christine musste sich gegen viele Mitbewerber durchsetzen. Nun, es klappte und nachdem die Eierschalen abgeworfen waren, schaute sich unsere clevere und ehrgeizige Betriebswirtin um und merkte, was die Top-Führungskräfte so tun. Immer von den Besten lernen, so kommt man nach oben.

Gehen wir auf Zeitreise. Wie war es damals in der Deutschen Bank? Josef Ackermann bestimmte von 2002 bis 2012 die Geschicke der Deutschen Bank. Im Januar 2004, anlässlich des Mannesmannprozesses, in dem er wegen Untreue angeklagt worden war, beschwerte er sich darüber, dass er als erfolgreicher Manager, der Werte schaffe, deswegen vor Gericht stehe. In den Worten des Verhaltenskodex der Deutschen Bank würde das wohl heißen, man muss auf der richtigen Seite stehen. Das ist dort, wo der große Vorsitzende steht. Das Verfahren endete mit einer Einstellung des Verfahrens gegen Geldauflagen in Höhe von 5,8 Mio. EUR, wovon Ackermann 3,2 Mio. zahlen musste. Na also, ging doch. Für die Deutsche Bank sind knapp 6 Mio. nicht einmal Peanuts. Im Jahr 2005 kündigte Josef Ackermann *zeitgleich* ein Rekordergebnis der Deutschen Bank und den Abbau von 6000 Arbeitsplätzen an. Das könnte man als nicht vollständig partnerschaftlich auslegen. Josef Ackermann hat in dem Stil weitergeführt und gestaltet. An wem hätte sich die aufstrebende Christine in den Jahren 2002 bis 2012 orientieren sollen? An Josef Ackermann oder an einem Verhaltenskodex? Und, hätte Christine vor ihrer Beförderung ins Topmanagement Herrn Josef Ackermann auf mögliche Abweichungen zwischen dem, was *man* tut und dem, was *er* tut, hinweisen sollen? Dazu bräuchte man mehr Todessehnsucht, als die meisten aufstrebenden Betriebswirte aufzubringen imstande sind.

Hochglanzmüll
Was also hätten Seminare gebracht, in denen Christine eloquent der Verhaltenskodex vermittelt worden wären? Wohl nicht so viel. Denn Werte oder auch die schon angesprochene Unternehmenskultur kann man nicht lehren wie Algebra oder eine PC-Anwendung. Werte müssen im Alltag verinnerlicht werden, von guten Vorbildern abgeschaut werden, oder eben nicht, wenn solche Vorbilder fehlen (Erpenbeck & Sauter, 2018, S. 4). Wenn ein Wert oder eine entsprechende Regel von einem Mitarbeiter verinnerlicht wurde, wird sich dieser Mitarbeiter künftig freiwillig, von sich aus und ohne Kontrolle, entsprechend verhalten. Eine solche Verinnerlichung ist ein längerer Prozess, das passiert nicht in einem Seminar zwischen Kaffeepause und Mittagessen. Und dummerweise können Mitarbeiter auch von unanständigen Topmanagern Einstellungen und Verhaltensweisen übernehmen.

Taten zählen
Am Ende zählen Taten immer mehr als Worte. Die gelebte Unternehmenskultur bestimmt das Handeln des Einzelnen weitaus mehr als ein Verhaltenskodex. Man sollte also darauf achten, was Menschen tatsächlich tun. Wenn wir über Organisationen sprechen, sind die Entscheidungen und Handlungen der Verantwortungsträger besonders wichtig, weil diese von den Mitarbeitern beobachtet werden. Die Mächtigen werden immer genauer beobachtet als die weniger Mächtigen – Mächtige können einen fördern oder fallen lassen. In konkreten Entscheidungen und Handlungen zeigen sich die tatsächlichen Werte einer Organisation. Wenn im Leitbild etwas von partnerschaftlicher Kommunikation geschrieben steht, hilft das wenig, wenn im Getümmel des Alltags ein Argument umso mehr zählt, je höher die hierarchische Position desjenigen ist, der es vorträgt. Oder wenn ein Mitarbeiter, weil es nur ein vermeintlich einfacher Mitarbeiter ist, gar nicht erst in eine Diskussion eingebunden wird. Wir haben von vielen Menschen gehört, wie frustrierend gerade dieser letzte Aspekt für sie ist. Die eigene E-Mail wird ignoriert und erst wenn ein Hierarchieträger dieselbe E-Mail an denselben Empfänger schreibt, reagiert dieser. In konkretem Verhalten und

in konkreten Entscheidungen zeigt sich, welche Regeln im Umgang miteinander tatsächlich gelten und welche nur aufgeschrieben wurden.

Fatale Folgen auch für Unschuldige
Fehlender Anstand, die falschen Werte und unmoralisches Handeln haben Folgen. Auch hierfür liefert die Deutsche Bank anschauliche Belege. Wie stark die Reputation der Deutschen Bank gelitten hat, zeigt etwa das Cover der *Spiegel*-Ausgabe vom 22. Oktober 2016 exemplarisch, selbst wenn man eine skeptische Grundhaltung des Magazins gegen Banken in Rechnung stellt. Dort heißt auf der Titelseite: „Zu viele Nullen. Gier. Deutsche Bank: Geschichte eines Untergangs." Vielleicht wäre es doch klüger gewesen, sich an manche Regeln zu halten, als den schnellen Gewinn und den eigenen Bonus so fest im Auge zu haben, dass nicht mehr nach links oder rechts und vor allem nicht in die Zukunft geblickt werden konnte. Aber die Deutsche Bank hat es immerhin überlebt. Ja, schon, aber in welchem Zustand? Werfen wir einen Blick auf die Aktienentwicklung, die im Groben den wahrgenommenen Wert eines Unternehmens widerspiegelt. Eine Aktie der Deutschen Bank pendelte zwischen Dezember 2020 und August 2021 zwischen 8 und etwas mehr als 12 EUR. Im Mai 2007 hatte eine Aktie über 90 EUR gekostet. Ersparen wir uns die Detailchronologie des Niedergangs der Deutschen Bank. Das täte einem selbst dann weh, wenn man die Deutsche Bank nicht mögen sollte. Richtig, auch andere Banken haben Federn gelassen. Aber dieser Absturz der einstigen deutschen Vorzeigebank hatte etwas Dramatisches. Welche Folgen hat das für unsere Christine? Sofern sie diverse Stellenkürzungen überlebt hat und es erträgt, sich privat dafür rechtfertigen zu müssen, für die Deutsche Bank zu arbeiten, hat sie noch Glück gehabt. Was glauben Sie? Hätte Christine, mit dem heutigen Wissen, im Jahr 2002 einen Arbeitsvertrag bei der Deutschen Bank unterschrieben? Und ist Christine heute noch stolz darauf, für die Deutsche Bank zu arbeiten? Wenn Christine jemanden Neues kennenlernt, erzählt sie dann gleich, wo sie arbeitet oder versucht sie erst einmal, als Mensch zu überzeugen und gibt irgendwann später zu, bei welchem Arbeitgeber sie ihr Geld verdient? Wir spitzen das so zu, um deutlich zu machen, wer den Preis für Regelbrüche bezahlt: Die Mitarbeiter. Und viele von ihnen haben einen ordentlichen Job gemacht – auch in der Deutschen Bank.

Langfristig denken
Um möglichst viel in möglichst kurzer Zeit zu erreichen, werden Regeln schon einmal außer Acht gelassen. Gravierende Regelbrüche haben gravierende Folgen, nur meist mit so viel Zeitverzug, dass die Verantwortlichen bereits

ihre Boni und Pensionszahlungen an einem sicheren Ort genießen. Regeln einzuhalten ist langfristig im Interesse der Mitarbeiter, notfalls auch gegen den eigenen Vorstand. Es ist also nicht so, dass Regeln von oben gegen die da unten durchgedrückt werden müssten. Wenn die Regeln gut sind und den langfristigen Erfolg eines Unternehmens sichern, haben Mitarbeiter ein Eigeninteresse an Regeltreue. Dass inzwischen die Vorstände so sehr auf Regeleinhaltung achten, liegt wohl auch daran, dass sie bei Fehlern in Haftung genommen werden können. Mit anderen Worten: Es trifft nicht nur das Unternehmen, sondern auch die Vorstände selbst (Fissenewert & Wendt, 2019, S. 6). Das Haftungsrisiko gilt im Übrigen nicht nur für Vorstände, sondern auch für Aufsichtsräte.

Der Wert von Werten
Mit einem Verhaltenskodex kann man keinen Anstand oder Werte in andere Menschen einpflanzen. Werte werden individuell akzeptiert oder abgelehnt (Erpenbeck & Sauter, 2018, S. 6). Das ist eine Entscheidung jedes Einzelnen. Werte ermöglichen Handeln auch in unübersichtlichen oder neuen Situationen (Erpenbeck & Sauter, 2018, S. 6). Man kann in einer neuen Situation vielleicht noch gar nicht alle Details kennen. Aber man kann sich bei seinen Handlungen an den Werten orientieren. Das schafft ein Kontrollgefühl und Handlungssicherheit. Und es schafft Vertrauen. Die eigenen Handlungen werden für andere vorhersagbar, sofern man sich an Werten orientiert.

4.4 Wie man einen Pudding an die Wand nagelt

Noch etwas fällt auf, wenn man Verhaltenskodizes in Augenschein nimmt. Viele sind vage formuliert. Das hat einen Grund. Kodizes oder Leitbilder sind oft als Ideal gedacht, man könnte auch sagen als Utopie. Man schreibt Grundsätze auf, ohne damit direkt jemandem weh zu tun. Und dann kann man sich sofort wieder anderen Dingen zuwenden, angenehmeren und einträglicheren. Ein Abgleich zwischen Ideal und Realität kommt erst ins Spiel, wenn eine Organisation durch eklatante Regelverletzungen aufgefallen ist, sodass man eine (kurze) Zeit lang auch die internen Regeln genauer betrachtet. Oder man will jemanden loswerden. Dann kann plötzlich jeder auch noch so kleine Verstoß gegen eine noch so allgemeine Regel als Beleg dafür dienen, dass das Verhalten des Betreffenden nicht zu tolerieren ist.

Das ist Mikropolitik mit Regeln. Wie jedes System können auch Regeln gebraucht oder missbraucht werden.

Wertschätzung – schwer zu fassen
Die meisten Organisationen schreiben in ihren Verhaltensrichtlinien, dass man fair und respektvoll miteinander umgeht und man sich gegenseitig wertschätzend behandelt. Stellenweise wird sogar ausdrücklich geschrieben, dass sich die Führungskräfte ihren Mitarbeitern gegenüber wertschätzend verhalten. So weit so gut.

> **Beispiel Besprechung**
>
> Stellen Sie sich vor, Sie arbeiten in einer Organisation und es passiert Folgendes: Ihre direkte Führungskraft ordnet kurzfristig für den kommenden Tag um 18 Uhr eine Teamsitzung an. Alle Teammitglieder finden sich selbstverständlich am nächsten Tag um 18 Uhr ein. Wer nicht kommt, ist die Führungskraft. Sie und die anderen Mitarbeiter warten 30 min, erreichen die Führungskraft telefonisch nicht, und gehen dann nach Hause. Am nächsten Tag sagt Ihre Führungskraft kein Wort, weshalb das Treffen ausgefallen war, nur die Anweisung, schneller zu arbeiten und sich mehr Mühe zu geben. Es sei Freitag und bis Montag müssten noch einige Aufgaben fertig werden. Ohne Wochenendarbeit sei das nicht zu schaffen.

Wie würde es Ihnen in einer solchen Situation gehen? Vermutlich wären Sie enttäuscht, dass sie zur anberaumten Teamsitzung gekommen sind, die Führungskraft aber nicht. Würden Sie Ihre direkte Führungskraft kritisieren, weil sie gegen den Verhaltenskodex verstoßen hat? Das hängt vermutlich auch von Ihrer Persönlichkeit, Ihren Werten und Einstellungen ab. Allerdings könnte Kritik am Fehlverhalten Ihrer direkten Führungskraft unangenehme Folgen haben. Und wenn es hart auf hart kommt, vielleicht hat die Führungskraft gar nicht gegen die Verhaltensrichtlinien verstoßen. Was heißt schon wertschätzender Umgang und respektvolles Miteinander? Ist einen Termin zu einer ungünstigen Uhrzeit anzusetzen und dann nicht zu kommen ein Verstoß gegen das Gebot eines wertschätzenden Umgangs oder kann das schon einmal passieren? Oder vielleicht wollte der Vorstand dringend etwas von der Führungskraft und es gab einen guten Grund für das Fernbleiben von der Besprechung. Was denken Sie? Hätte sich die Führungskraft entschuldigen sollen? Wie in diesem Fall ist oft unklar, ob eine bestimmte Verhaltensweise oder das Unterlassen einer bestimmten Verhaltensweise unter einen Verhaltenskodex fällt, oder ob es schlicht schlechtes Führungsverhalten ist.

Absolutistische Floskeln

Hein (2016, S. 49) schreibt, dass absolutistische Floskeln nichts in einem Verhaltenskodex verloren haben. Beispiel: „Wir kommunizieren offen und direkt." Nun ja, ist eine ganz und gar offene Kommunikation immer möglich? Und selbst wenn ja, wäre das immer sinnvoll? Eine solche Regel klingt beim ersten Lesen schön und beim Nachdenken entpuppt sie sich als unbrauchbar. Selbst wenn diese Regel sinnvoll wäre, wie würde eine Überprüfung im Alltag aussehen? Vielleicht, wenn man sich so an den Vorgesetzten wendet: „Auf mich wirken Sie überfordert und karriereorientiert. Sie fordern Dinge von uns Mitarbeitern, die sie selbst nicht erfüllen." Nicht viele Führungskräfte reagieren positiv auf eine solche Äußerung und loben den Mitarbeiter für kodexgerechtes Verhalten. Absolutistische Floskeln wecken Erwartungen, die nicht erfüllt werden können. Und enttäuschte Erwartungen schwächen die Bindung an die Organisationen und können zu organisationalem Zynismus führen.

> **Definition** Man spricht von organisationalem Zynismus, wenn Mitarbeiter eine negative Einstellung gegenüber ihrem Arbeitgeber entwickeln (Dean et al., 1998).

Mitarbeiter, die organisationalen Zynismus entwickelt haben, reden beispielsweise abschätzig über den eigenen Arbeitgeber und entwickeln negative Emotionen gegenüber dem eigenen Arbeitgeber.

4.5 Ehrlich ist gefährlich

Lehnen wir uns kurz zurück und denken nach. Was bringt ein Verhaltenskodex? Neben Lachern oder Zynismus bei erfahrenen Mitarbeitern bringt das Aufschreiben von Regeln alleine nicht sehr viel. Es zählt, wer am Ende des Tages befördert wird und wer nicht, ob Führungskräfte Kritik wirklich hören wollen oder ob sie Mitarbeiter, die ehrlich antworten, als Quertreiber oder Schwarzseher abstempeln. Ein Verhaltenskodex verlangt viel, vor allem von Mitarbeitern, die keine Macht haben und die persönlich dafür bezahlen, wenn die Regeln doch nicht so ganz ernst gemeint waren wie sie aufgeschrieben wurden.

Verhaltenskodizes hebeln geltendes Recht nicht aus

Waren Sie zu ihren Führungskräften immer ehrlich? Auch dann, wenn Ihre Karriere einen Kratzer hätte bekommen können? Und wie halten das Ihre Kollegen? In manchen Verhaltenskodizes liest man Hinweise in der Art, dass ein Verstoß gegen den Kodex zu arbeitsrechtlichen Folgen bis hin zur Kündigung führen kann. Nun, so etwas klingt sehr konsequent. Nur, ab wann ist man nicht mehr ehrlich und wie offen darf man Dinge ansprechen, ohne als Nestbeschmutzer zu gelten? Ehrlich und offen liest man häufig in den Verhaltenskodizes. Entscheidungen der Führungskräfte im Alltag bestimmen darüber, ob ein Verhaltenskodex wirksam wird oder nicht. Ankündigungen muss man umsetzen, wenn man ernst genommen werden möchte. Deshalb ist das mit den in manchen Kodizes angedrohten arbeitsrechtlichen Maßnahmen so eine Sache. Bei Kündigungen und anderen arbeitsrechtlichen Maßnahmen gilt Arbeitsrecht, nicht ein interner Verhaltenskodex. Man kann jemandem nur unter ganz bestimmten gesetzlich definierten Bedingungen kündigen. Die verschiedenen Ebenen, verbindliches Recht hier und unverbindliche Appelle dort, sollte man auseinanderhalten. Das zeigt ein weiteres Beispiel.

> **Beispiel Michael**
>
> Michael ist ein gut bezahlter Topmanager. Michael klaut nicht, er bewirft seinen Nachbarn nicht mit Hundekot, obwohl er manchmal schon Lust dazu hätte, er fährt nicht einmal über eine rote Ampel. Also: Auf der Strafrechtsseite sieht es gut aus. Aber Michael ist kein netter Mensch, noch nicht einmal versehentlich. Er hat sich hochgeboxt, ist dabei über Leichen gegangen, natürlich nur sprichwörtlich, versteht sich. Er achtet darauf, immer auf der Siegerseite zu stehen. Für gravierende Fehler, die ihm seine Karriere hätten kosten können, macht er andere verantwortlich. Hilfsbereitschaft hält er für eine Schwäche und er drängt sich auf Kosten anderer in den Vordergrund – nicht das, was man zu Hause auf dem Sofa sitzen haben mag. Gegen Strafgesetze verstößt Michael nicht, dafür ist er zu schlau. Aber ansonsten hält er sich nicht an Regeln, er tut nur so, damit er nicht auffällt und sich zugleich einen Vorteil verschafft. Stellen Sie sich vor, Sie sind die Vorgesetzte von Michael. Was tun Sie? Michael verstößt gegen den Verhaltenskodex. Was passiert, wenn Sie versuchen, Michael deshalb zu kündigen? Oder eine Stufe darunter: Was würde passieren, wenn Sie Michael auf dessen Fehlverhalten ansprechen würden? Und wie würde das am langen Ende für Sie ausgehen? Das hängt stark von der Unternehmenskultur ab und auch davon, wie gut Sie und wie gut Michael im Unternehmen vernetzt sind.

Kontrollversagen

Nicht nur in Unternehmen gibt es gravierendes Fehlverhalten, sondern auch in Behörden, Vereinen und anderen Organisationen. Man sollte also nicht mit dem Finger auf die Wirtschaft zeigen, ohne vor der eigenen Haustür zu kehren. Besonders wenn Regeln konstituierend für den eigenen Bereich sind, wie etwa in der Wissenschaft die Grundsätze wissenschaftlichen Arbeitens. Aber selbst in der Wissenschaft halten sich nicht alle an die Regeln. Beispiel gefällig? Diederik Stapel hat Studien gefälscht, nicht eine, sondern Dutzende (Rauner, 2014). Dabei hat er Kollegen getäuscht, Gutachter getäuscht, sich eine Professur erschlichen.

> **Beispiel Diederik Stapel**
>
> Nach Rauner (2014) hat Diederik Stapel vom Zeitpunkt der Promotion bis zur Entlassung als Dekan an der Universität Tilburg (Niederlande) Daten erfunden und manipuliert. Der Betrug flog erst auf, als Mitarbeiter Verdacht schöpften und sich einem anderen Professor anvertrauten. Dieser Professor schaltete den Rektor ein. Kommissionen an drei Niederländischen Universitäten prüften die Vorwürfe und fanden in 25 Fällen Manipulationen und in 30 Fällen frei erfundene Daten.

Diederik Stapel ist wohl weder die Regel noch der einzige derartige Fall, vielleicht ist er noch nicht einmal ein schlechter Mensch. Wenn man eine der begehrten Professuren ergattern möchte, muss man Ergebnisse liefern. Das ist nicht so weit weg von dem, was junge ehrgeizige Menschen etwa in Banken oder in Unternehmen erleben. Und auch in der Wissenschaft gibt es die Versuchung, Ziele mit allen Mitteln zu erreichen.

Verbindlichkeit fehlt

Das Problem an Kodizes ist nicht nur deren Beliebigkeit oder Inhaltsleere, sondern auch die mangelnde Verbindlichkeit und ein möglicher Widerspruch zwischen der (Ideal-)Norm des Kodex und der tatsächlich gelebten Organisationskultur. Wenn Gewinnmaximierung das ausschließliche Ziel eines Unternehmens ist, sind Aussagen zu Umweltschonung oder gerechten Löhnen oder gar zur Wertschätzung von Mitarbeitern als höchstes Gut nicht nur wenig glaubhaft, sondern können zynisch wirken. Widersprüche sind gefährlich, dennoch kommen sie vor. Und schließlich: Eine Organisation hat nicht nur eine einzige Regel, sondern sehr viele Regeln, die zu verschiedenen Zeiten und für verschiedene Zwecke eingeführt wurden. Manche Regeln wurden erfolgreich eingeführt, andere fielen kurz nach deren

Einführung dem Vergessen anheim. Organisationen kann man auch als Regelsysteme interpretieren (Wiendieck, 2009, S. 551). Jede neue Regel trifft auf eine Schar etablierter Regeln. Regelsysteme funktionieren, wenn sie von Unsicherheit und Entscheidungsdruck entlasten (Wiendieck, 2009, S. 552). Eine zu starke Formalisierung kann schaden, wenn die formelle Regeleinhaltung wichtiger wird als die tatsächliche Zielerreichung, oder kurz: wenn eine Regel zum Selbstzweck verkommt (Wiendieck, 2009, S. 552).

Regeln beeinflussen Entscheidungen
Wirksame Regeln beeinflussen Entscheidungen. Entscheidungen haben eine rationale, eine soziale und eine verständnisfördernde Funktion für eine Organisation (Schnebel, 2017, S. 78). Eine Entscheidung wie beispielsweise die Einführung neuer Regeln muss sachlich überzeugend sein, was das Verständnis für die Regeln erleichtert, aber nicht garantiert. Entscheidungen werden diskutiert und umgesetzt und wirken über sozialen Austausch. Für viele Mitarbeiter ist zudem die Frage wichtig, welche Ressourcen einer Regeleinführung zugeordnet werden und an welcher Stelle diese Ressourcen eingespart werden müssen. Die Einführung von Regeln kostet Zeit und Geld, was an anderer Stelle fehlen kann. Zunächst verursachen neue Regeln Arbeit. Im Klartext heißt das Mehrarbeit, und dafür benötigt man einen gut nachvollziehbaren Grund. Wenn eine Organisation Regeln einführt, die nicht oder nur unter Vernachlässigung anderer Vorgaben oder etablierter Prozesse einhaltbar sind, muss mit Widerstand gerechnet werden. Ein solcher Widerstand ist hilfreich, weil er auf Unvereinbarkeiten hinweist. Siehe dazu auch Abschn. 10.3 *Widerstand nicht wegbügeln*.

Nachfragen sind ein gutes Zeichen und keine Reaktanz
Wenn Mitarbeiter neue Regeln ernst nehmen, prüfen sie, ob diese Regeln Folgen für ihren ganz persönlichen Alltag haben. Das ist ein gutes Zeichen und keine Bockigkeit. Letztlich ist eine Regel überhastet eingeführt worden, wenn solche Rückmeldeschleifen ausgelassen wurden. Natürlich kann und soll man als Verantwortlicher eine Regel vorschlagen, aber dann muss die Regel auf Passung mit dem bestehenden System geprüft werden und das schafft man alleine nicht, man übersieht einfach zu viel. Soll eine Regel einen wichtigen Prozess verändern, braucht man Verstärkung durch die Prozessverantwortlichen. Ansonsten wird eine neue Regel als Sand im Getriebe wahrgenommen und entsprechend behandelt. Regeln müssen zum vorhandenen Regelkanon passen. Dabei sollen Regeln klar sein und in die alltäglichen Prozesse integriert werden können.

> **Zusammenfassung**
> Verhaltenskodizes sind Idealvorstellungen und wecken Erwartungen. Die Realität sieht jedoch oft anders aus. Kodizes alleine bewirken wenig, wenn sich nicht gleichzeitig Organisationskultur und Werte der Mitarbeiter ändern. Verhaltenskodizes allein sind als freiwillige Selbstverpflichtung zu schwach, um eine Regel wirklich für alle durchzusetzen.

Literatur

Conrad, A. (2020). *Wirtschaftsethik. Eine Voraussetzung für Produktivität*. Springer Gabler.
Dean, J. W., Jr., Brandes, P., & Dharwadkar, R. (1998). Organizational Cynicism. *Academy of Management Review, 23*, 342–352.
Deutsche Bank (2018). *Verhaltenskodex*. Frankfurt am Main: Deutsche Bank. https://www.db.com/ir/de/download/Verhaltenskodex_August_2018.pdf. Zugegriffen: 12. Aug. 2021.
Gesellschaft, D., & für Personalführung (DGfP),. (2011). *Compliance und Personalmanagement (PraxisPapier 4/2011)*. DGfP.
Erpenbeck, J., & Sauter, W. (2018). *Wertungen, Werte – Das Fieldbook für ein erfolgreiches Wertemanagement*. Springer.
Fissenewert, P., & Wendt, M. (2019). *Compliance Management in der Immobilienwirtschaft*. Springer Gabler.
Hein, R. (2016). *Erfolg im Compliance Management*. Springer Gabler.
Kanning, T. (2015). *Teure Skandale: Die Deutsche Bank wird zur Rechtsabteilung*. Frankfurt am Main: Frankfurter Allgemeine Zeitung, Aktualisierung am 08.06.2015. https://www.faz.net/aktuell/wirtschaft/unternehmen/die-deutsche-bank-wird-zur-rechtsabteilung-13634359.html. Zugegriffen: 12. Aug. 2021.
Kulke, U. (2011). Katharina die Große. An Fürst Potemkin war alles echt. Auch die Dörfer. In: *Die Welt*. Tageszeitung. https://www.welt.de/kultur/history/article12607459/An-Fuerst-Potemkin-war-alles-echt-Auch-die-Doerfer.html. Zugegriffen: 12. Aug. 2021.
Rauner, M. (2014). *Dieser Mann hat der Wissenschaft die Smarties geklaut*. Hamburg: Die Zeit. https://www.zeit.de/zeit-wissen/2014/04/hochstapler-betrug-wissenschaft?utm_referrer=https%3A%2F%2Fwww.startpage.com%2F. Zugegriffen: 27. Juli 2021.
Schnebel, E. (2017). *Wirtschaftsethik im Management. Rationalität und Verantwortung in organisationalen Handlungen*. Springer Gabler.
Wiendieck, G. (2009). Führung und Organisationsstruktur (S. 551–560). In: L. von Rosenstiel, E. Regnet, & M. E. Domsch (Hrsg.), *Führung von Mitarbeitern* (6. Aufl.). Schäffer-Poeschel.

5

Menschen, Bilder, Emotionen

> In diesem Kapitel erläutern wir, warum es wichtig ist, Regeln einfach und verständlich zu formulieren und warum der Sinn hinter den Regeln ausführlich erklärt werden sollte. Regeln setzen sich nicht von alleine durch und gehören auch nicht eben zur Lieblingslektüre der meisten Menschen. Wir zeigen, wie Sie Menschen für die Regeln interessieren können und die Botschaften in Kopf und Herz der Menschen verankern können. Dazu gehören Geschichten und Emotionen ebenso wie konkrete Personen.

Nur wenn man eine Regel kennt, kann man sie einhalten. Zunächst muss man im täglichen Getöse also dafür sorgen, dass eine neue Regel bekannt wird. Denn eine gern genannte Begründung bei Regelverstößen ist unserer Erfahrung nach das Nichtwissen. Tatsächlich sind sich viele Menschen gar keines Verstoßes bewusst, weil sie es nicht für nötig hielten, sich mit den Regeln auseinander zu setzen. Wie erreicht man also alle Mitarbeiter einer Organisation mit einer Regel? Formell gesehen zum Beispiel mit einer E-Mail und dem Verteiler *alle*. Wir wissen nicht, wie es Ihnen geht. Wir erhalten sehr viele E-Mails, darunter viele Werbemails, und nicht alle lesen wir sofort. Sobald eine E-Mail nach Werbung, Meinungsumfrage oder allgemeinem Appell aussieht, sinkt die Chance, dass sie gelesen wird. Wenn man eine Regel bekannt machen möchte, muss man mehr Aufmerksamkeit erreichen.

Aufmerksamkeit

Wie erreicht man Aufmerksamkeit? Durch direkten persönlichen Kontakt. Das ist das andere Ende der Fahnenstange im Vergleich zur anonymen E-Mail an *alle*. Mit E-Mails mag man alle Mitarbeiter formell erreichen, Aufmerksamkeit schafft man damit nicht. Viele Organisationen sind so groß, dass man nicht alle Mitarbeiter von einer zentralen Stelle aus persönlich ansprechen kann. Deshalb braucht es einen Weg zwischen E-Mails an alle und dem direkten persönlichen Kontakt. Vielleicht denken Sie jetzt an Schulungen, Seminare oder andere Gruppenformate. Unabhängig vom Format sollten Sie sich auch Gedanken über die Form machen. Sie erreichen Menschen eher, wenn Sie Geschichten erzählen, mit Bildern arbeiten und emotionale Anknüpfungspunkte bieten. Regeln sind abstrakt und erinnern eher an Paragrafen als an Geschichten.

> **Wichtig** Machen Sie sich die Mühe, Regeln in lebendige Geschichten zu übersetzen. Geschichten bleiben hängen, wenn sie Emotionen auslösen, Paragrafen geraten in Vergessenheit oder werden gar nicht erst aufgenommen.

Interesse und Emotionen

Wenn Sie Menschen emotional erreichen, sind diese eher bereit, sich mit abstrakten Paragrafen herumzuplagen. Also gilt: zunächst Interesse wecken, einen persönlichen emotionalen Bezug schaffen und erst dann mit den schwerer verdaulichen Regeln anrücken. Oft hilft es, das Ziel oder den Nutzen einer Regel herauszustellen und erst danach die Regel im Detail zu besprechen. Verständlich kommunizieren ist für viele Fachexperten schwerer als man glaubt. Schauen wir uns ein Beispiel an:

> **Beispiel Onlineseminar**
>
> Stellen Sie sich vor, Sie sind der Verantwortliche für Fortbildungen in einer großen Vertriebsfirma. Sie haben von der Compliance-Abteilung die neuen Abrechnungsrichtlinien für Vertriebsmitarbeiter bekommen und sollen diese nun möglichst schnell und effizient allen Vertrieblern beibringen. Deshalb haben Sie nicht nur vorab die Richtlinien an alle Mitarbeiter per E-Mail versandt, sondern sogar ein kleines Webinar mit PowerPoint erstellt. Darin werden alle einzelnen Vorgaben der Richtlinie nochmal im Detail vorgestellt. Obendrein haben Sie am Ende sogar Verständnisfragen zur Kontrolle eingebaut. Das Webinar war verpflichtend für alle Vertriebsmitarbeiter. Im Anschluss haben Sie die Folien, versehen mit Angaben zu Ihrer Erreichbarkeit, noch auf der internen Unternehmensseite eingestellt. Mehr kann man doch wohl kaum tun, oder? Das Webinar war ein voller Erfolg, es blieben keine Fragen offen, zumindest hat Sie danach niemand mit einer Frage kontaktiert. Ein gutes Zeichen. Oder?

> Wenige Wochen später erhalten Sie einen erbosten Anruf : Vier gravierende Abrechnungsverstöße im Vertrieb innerhalb einer Woche. Sie werden gefragt, ob Sie die Mitarbeiter überhaupt geschult haben. Selbst entsetzt gehen Sie auf Spurensuche und fragen bei Vertriebsmitarbeitern nach, wie das passieren konnte. Einige antworten: Wir kennen die Richtlinie nicht. Obwohl alle erfolgreich Ihr Webinar absolviert hatten. Andere wiederum meinen: Die Richtlinie ist unverständlich, das Onlineseminar war zu abstrakt und deshalb sei nicht klar, wie bestimmte Sachverhalte bei der Abrechnung anzugeben seien. Sie fragen sich, wie das sein kann, bei Ihnen hat doch niemand nachgefragt.

Warum hat sich niemand bei Ihnen gemeldet? Vielleicht war die Distanz zu groß. Ein Webinar kann sehr unpersönlich sein. Dann kann kein Vertrauen aufgebaut werden. Die fehlenden Nachfragen hätten Sie als Alarmsignal deuten können. Fehlende Nachfragen sind oftmals ein Hinweis auf fehlendes Vertrauen oder eine geringe Bereitschaft, sich mit dem Thema auseinanderzusetzen, und weniger ein Indikator für didaktisches Geschick und eine erfolgreiche Vermittlung.

5.1 Abwehrreflexe aushebeln

Begebenheiten wie diese dürften einigen Lesern vielleicht bekannt vorkommen. Man bemüht sich um eingehende, oft sogar wiederholte Regelvermittlung – und im Anwendungsfall scheint es so, als hörten die Betreffenden zum ersten Mal von den Regeln. Die Regeln werden nicht verinnerlicht, manchmal auch schlichtweg ignoriert. Woran liegt das? Ist das Absicht? Böswilligkeit? Oder ist es eher Nachlässigkeit? Unserer Einschätzung nach ist die Mehrheit der Mitarbeiter weder vergesslich noch bösartig. Ein häufiger Fehler liegt vielmehr darin, dass zwar viel Energie in die Ausarbeitung von Regeln und Prozessen investiert wird, aber wenig in die gezielte und zielgruppengerechte Vermittlung. Es wäre besser, wenn man den Inhalt nicht nur formell transportiert, sondern überlegt, wie Menschen Informationen gut behalten können und wie abstrakte Regeln auf konkrete Arbeitsanforderungen in der Praxis anzuwenden sind. Und: Wie man überzeugen kann, dass die Regeln nicht eine weitere bürokratische Fußfessel sind, sondern einen sinnvollen Zweck verfolgen, der am langen Ende allen Mitarbeitern nützt, auch wenn es zunächst einmal Anstrengung bedeutet, eine neue Regel umzusetzen.

Der Wurm soll nicht dem Angler schmecken, sondern dem Fisch

Zum Teil sind Vermittlungsfehler und lahmende Überzeugungskraft bereits in überkomplexen Strukturen von Organisationen angelegt, zum Teil gehen sie auf handwerkliche Mängel zurück. Regeln, besonders in beruflichen Kontexten, werden oft von bestimmten Fachgruppen entwickelt und formuliert. Oft sind dies Juristen, aber auch Controller, Revisoren und andere Spezialisten. Meist findet die eigene Gruppe, also die anderen Juristen, Controller oder Revisioren die Vermittlung sehr verständlich und gelungen. Aber Vorsicht. Das ist nicht die Zielgruppe der Vermittlung. Der Wurm soll dem Fisch schmecken und nicht dem Angler! Juristen haben im Studium gelernt, abstrakt zu denken und Texte juristisch korrekt zu formulieren. Wenn man einmal – nur beispielhaft – das Bürgerliche Gesetzbuch (BGB) zur Hand nimmt, so dürfte jedem nach dem Lesen weniger Paragrafen klar sein, dass Juristen zwar sehr präzise formulieren können, aber nicht unbedingt eingängig und verständlich. Verständlich zu formulieren ist nicht das primäre Ziel von Gesetzestexten wie dem BGB. Gesetzestexte sollen möglichst knapp und stringent sein, es sind Texte, die möglichst viele, konkrete Sachverhalte in abstrakten Formulierungen bündeln. Die Anwendung des Abstrakten auf den konkreten Sachverhalt, also die Subsumption, ist Sache einer speziellen Zunft, und nicht eine Kompetenz von Otto Normalverbraucher. Dementsprechend sind Gesetzestexte auch formuliert. Das ist kein böser Wille und letztlich gar nicht vermeidbar, wenn man Gesetzestexte nicht ausufern lassen möchte. Auch andere Wissenschaftsdisziplinen nutzen Fachsprache und bewegen sich in ihren Paradigmen und Sprachmustern, schlicht deshalb, weil das Zeit spart und präzise ist.

Übersetzen

Wenn man Zielgruppen außerhalb des eigenen Expertenkreises erreichen will, muss man eine Art Übersetzungsarbeit leisten. Wir haben einige Regel-Schulungen erlebt und oft werden auf den PowerPoint-Folien eher ganze Paragrafen ausformuliert, als dass Bilder und Geschichten genutzt werden. Bilder sind natürlich nicht so umfassend und genau – und außerdem macht die Umsetzung abstrakter Regeln in Bilder und Geschichten viel Arbeit. PowerPoint-Folien mit Paragrafen sind aus Fachsicht nachvollziehbar, weil vollständige Paragrafen die Sicherheit der vollständigen und korrekten Darstellung bieten, schließlich will man nichts Falsches vermitteln. Aber: Wenn eine Schulung der eigenen Absicherung dient, und man vor allem an einem Nachweis daran interessiert ist, dass jeder Mitarbeiter die neue Regel kennt und im Konfliktfall entsprechend bestraft werden kann, braucht man sich nicht zu wundern, wenn das Verständnis und ein guter Teil der derart behandelten Mitarbeiter auf der Strecke bleiben. Femers-Koch (2018, S. 67) beschreibt, dass in Compliance-Abteilungen von Unternehmen häufig juristische Kenntnisse vorhanden sind und nur selten kommunikative. Bei der Vermittlung geht es jedoch nicht um Vollständigkeit, sondern um das Verständnis der Grundidee und um das Hervorrufen oder Verstärken einer akzeptierenden Einstellung gegenüber den neuen Regeln.

Abwehrreflexe

Das Unschöne an juristisch wasserdichten und vollständigen Vermittlungen ist: Bei den meisten Zuhörern reagiert das Gehirn auf solche Folientextwüsten entweder gar nicht, nur sehr eingeschränkt oder mit Abwehrreflexen. Die Folge: Die wenigsten behalten die Aussagen und noch weniger verinnerlichen die Kernbotschaft. Das ist kein böser Wille, sondern liegt daran, wie Menschen Informationen aufnehmen. Menschen denken in Geschichten und Bildern, nicht in Paragrafen und Textstrukturen. Wie Femers-Koch (2018, S. 17) beschreibt, sollte man negative Emotionen wie Angst oder Ärger eher vermeiden und eher positive Emotionen einsetzen. Negative Emotionen können Reaktanz auslösen.

Harte Arbeit

Damit Botschaften wirklich ankommen, muss man abstrakte Inhalte in Bilder und Geschichten übersetzen. Noch besser sind redundante Bild- und Textinformationen. Sie werden signifikant besser behalten als reine Textinformationen (Brosius, 2013). Dabei sollten die gewählten Bilder Orientierung, Sicherheit und ruhig auch mal Spaß vermitteln (Linssen, 2016, S. 199). Ja, Spaß, Sie haben sich nicht verlesen. Wird Regeleinhaltung immer nur mit Pflicht und Mühsal assoziiert, mit umständlichen Prozessen, Strafdrohung und Zwang, fällt es auch dem Gutwilligsten schwer, sich gerne mit Regeln zu beschäftigen. Wer befasst sich freiwillig mit Dingen, die viel Anstrengung erfordern und die einem die gute Laune vermiesen? Eben. Vorsicht: Illustrationen, die lediglich die Folien bunter machen, kann man sich auch sparen. Bilder oder auch Abbildungen müssen Inhalte vermitteln. Das macht sehr viel Arbeit und in der Regel ist es besser, dafür jemanden zu engagieren, der das gelernt hat, als selbst holperig zu visualisieren. Im Zuge des Herunterfahrens der Präsenzlehre im Covid-19-Sommersemester 2020 haben wir beispielsweise Profis engagiert, um besonders komplexe Lerninhalte umzusetzen (Philosofilm Hannover). Wir hätten uns auch einfach vor eine Webcam setzen und Folien besprechen können. Ja, hätten wir machen können. Haben wir aber gelassen. Falls Sie an einer Kostprobe interessiert sind, einfach mal den YouTube-Kanal der Hochschule Hannover aufrufen und die Playlist *Persönlichkeitspsychologie* anklicken.

5.2 Persönlicher Bezug und Handlungssicherheit

Falls Sie sich allmählich wegen all der Geschichten, Bilder und Emotionen unwohl fühlen, haben Sie recht. Bilder und Geschichten allein reichen nicht aus, damit Regeln bei den Zuhörern ankommen. Bilder und Geschichten sind nur eine Voraussetzung, dass Regeln aufgenommen werden. Informationen zu Regeln, egal welchen Formats, halten viele Mitarbeiter, nicht nur aus dem operativen Geschäft, für wenig sinnvoll, überflüssig oder sogar für einen Teil des Schwarze-Peter-Spiels. Zwar bleiben die Ziele hoch, die müssen auf jeden Fall erreicht werden, aber das muss bitte schön unter Beachtung dieser Regel, jener Richtlinie und nach jenem neuen bürokratischen Prozess erfolgen. Das erleben viele Mitarbeiter als inkonsequent, manche sogar als unfair oder als Gängelei durch den administrativen Wasserkopf. Regeln hindern aus Sicht vieler Mitarbeiter daran, das Tagesgeschäft gut bewältigen zu können. Nicht nur, dass Schulungen Zeit kosten und man die liegen gebliebene Arbeit nachholen muss, oft wird eine Regel aufgestellt, ohne vorher zu prüfen, ob sie zu den Geschäftsprozessen passt und im Alltag tatsächlich umsetzbar ist.

Resignation oder Reaktanz
Folge: Entweder lassen Mitarbeiter Regel-Schulungen über sich ergehen oder sie leisten Widerstand, weil sie sich mit widersprüchlichen Anforderungen alleingelassen fühlen: hier die Regeln, dort das Renditeziel. Dementsprechend muss man oft gegen gewisse Widerstände arbeiten (Linssen, 2018, S. 65). In Präsenzseminaren sind die Menschen oft zwar körperlich anwesend, aber mit ihrem Smartphone beschäftigt. Sei es, um dienstliche Mails zu beantworten, sich via WhatsApp auszutauschen oder bei Amazon noch schnell etwas zu bestellen. Onlinepflichtschulungen werden oft nebenbei durchgeklickt, zum Beispiel während man parallel wichtige Telefonate führt. Sich darüber zu ärgern, bringt wenig. Wenn die Teilnehmer jedoch das Smartphone weglegen, weil sie Ihre Inhalte interessant finden, haben Sie schon fast gewonnen. Wenn Sie Smartphones verbieten, erhöhen Sie den Druck und erreichen eine äußere Anpassung, sofern Sie genügend Macht haben, wecken aber eher Widerstand als Wohlwollen.

So einfach wie möglich, aber nicht einfacher

Beim Arbeiten mit Geschichten und Bildern geht es nicht um eine Übervereinfachung der tatsächlichen Welt und mit einem gewissen Anteil von sich widersprechenden Regeln werden wir leben müssen. Ja, man sollte nicht übervereinfachen. Aber nein, man sollte die Mitarbeiter auch nicht mit unauflösbaren Regelkonflikten alleine lassen. Es sei denn, man würde jede aus individueller Sicht vertretbare Auflösung von Regelkonflikten akzeptieren. Das ist allerdings riskant. Oder halten Sie es für tolerierbar, dass ein Mitarbeiter der Regel den Vorzug gibt und ein anderer der Prozessgeschwindigkeit?

Richtlinie, Prozess, Formular, ISO

Wenn Sie in Regel-Schulungen oder auch mit anderen Informationsformaten zu Menschen durchdringen wollen, müssen sie deren Aufmerksamkeit gewinnen und sie überzeugen. Mit Begriffen wie Richtlinie, Modellprozesse, Vorgaben, Formulare, ISO Standard 19600 oder ähnlichen Gute-Laune-Killern wird Ihnen das kaum gelingen. Mal ehrlich, klingt das interessant in Ihren Ohren? Richtlinie, Formular, Anforderungen, neue Schnittstellen, ISO und so weiter. Wenn Sie mit solchen Begriffen arbeiten, bestätigen Sie höchstens die schlimmsten Befürchtungen der Seminarteilnehmer. Auch das Ausschmücken von Strafen bei Regelbrüchen bringt wenig. Drohungen aktivieren kurz die Aufmerksamkeit, zugleich aber auch Abwehrmechanismen. Und schon ist das Publikum wieder weit weg von den Inhalten oder überlegt sich, wie die Regel umgegangen werden kann, ohne erwischt zu werden. Wählt man jedoch eine witzige und überraschende Zugangsart, so können innerliche Vorbehalte und Abwehr abgebaut werden (Siegert et al., 2015). Positive Aufmerksamkeit und daran anschließendes Interesse erreichen Sie, wenn Sie einen Einstieg wählen, den man nicht erwartet. Wenn Sie die Zuhörer zum Lachen bringen. Wenn Sie dem Publikum suggerieren: Das Thema sind zwar Regeln, aber es ist gar nicht so langweilig wie du denkst, sondern vielleicht sogar spannend (Linssen, 2016, S. 200). Und wenn Sie zu erkennen geben, dass Sie die Nöte und Prozesszwänge kennen und nach einem Weg suchen, mit sich widersprechenden Anforderungen umzugehen, dann können Sie sogar mit echtem Interesse rechnen. Weil Sie dann den Mitarbeitern helfen, deren Alltag zu bewältigen, statt ihnen Steine in den Weg zu legen.

Handlungssicherheit als Belohnung für Regeleinhaltung

Aufmerksamkeit und Interesse kann man auch wecken, indem man schon zu Beginn erklärt, was das Thema, also etwa die neue Richtlinie, mit dem Alltag, dem operativen Geschäft oder auch der Person des Zuhörers zu tun hat: Wo betrifft mich die Richtlinie ganz konkret? Und was hat sie mit mir und meiner Arbeit zu tun? Wie kann ich die neue Regel in meine Prozesse integrieren?

Das sollte jedoch nicht in dem Sinne erfolgen, dass aufgezählt wird, welche neuen, zusätzlichen Prozesse, Formulare oder sonstige Zeitaufwendungen diese Regeln erfordern. Vielmehr soll der Nutzen für den Einzelnen und für das Unternehmen in den Vordergrund gerückt werden – nach dem Motto: Du musst dir keine Gedanken mehr dazu machen, ob du eine Einladung zu einem teuren Essen annehmen solltest, um den Kunden nicht zu enttäuschen. Du musst nicht darüber nachdenken, ob du eine solche Einladung ablehnen kannst und ob das auch bei Negativfolgen, von deinem Unternehmen akzeptiert wird, etwa, weil der Kunde keinen oder nur einen kleineren Auftrag erteilt. Im besten Fall produzieren Regeln Handlungssicherheit.

> **Beispiel Energie Baden-Württemberg (EnBW)**
>
> Der Energieversorger EnBW hat etwa, zur Erinnerung an Compliance-Themen, Kalender produzieren lassen. Kalender hängen in fast jedem Büro, Digitalisierung hin oder her. Die einzelnen Kalenderblätter waren mit Cartoons eines bekannten Zeichners illustriert, jeder Cartoon hatte einen inhaltlichen Bezug zu Compliance, also etwa zu Essenseinladungen als Kontaktpflege oder Korruptionshandlung. Auf der Rückseite des Kalenderblattes gab es dann praxisnahe Hinweise zum jeweiligen Thema aus der Compliance-Abteilung und die Kontaktdaten von Ansprechpartnern. So wurden Themen erstmal mit Witz unter die Leute gebracht und wahrgenommen. Schon das erhöht die Chancen, sich des Themas *Einladungen* bewusst zu werden, eigenes Verhalten zu überdenken und sich bei Bedarf Rat zu holen.

Klar, manche werden sich über einen solchen Kalender lustig machen. Aber manche werden sich den Kalender gerne aufhängen. Keine Maßnahme erreicht alle Mitarbeiter auf einmal.

5.3 Gute Geschichten erzählen

Natürlich gibt es auch Regeln, die nur verkomplizieren und die kaum einen Mehrwert haben. Unsere Welt wird immer komplexer. Deshalb werden die Regeln, mit denen man steuern möchte, auch komplexer. In der Folge hat man im Alltag zu viele und zu detailorientierte Regeln. Wenn man neue Regeln für etwas einführt, für das es bislang keine Regeln gab, sollte man für die Regeln werben. Gerade dann ist es wichtig, das Erfordernis und den Hintergrund solcher Regeln transparent zu machen. Ehe man die Regel selbst vorstellt, sollte deutlich werden, dass sich Bedingungen verändert haben, die diese Regelung notwendig machen. Auf den Punkt gebracht:

Wichtig Vermitteln Sie von dem *Warum* zum *Wie* und nicht umgekehrt.

Erst wenn die Mitarbeiter das Ziel einer neuen Regel verstehen und akzeptieren, werden sie Zeit investieren, um die neue Regel im Alltag umzusetzen.

Nichts ist so fesselnd wie eine gute Geschichte
Neben Bildern, Witz oder Spannung und persönlichen Bezügen bietet sich als Stilmittel das *Erzählen von Geschichten* an. Dieses sogenannte *Storytelling* fördert das Behalten und Erinnern von Regeln (Linssen, 2016, S. 199). Man kommuniziert nicht sofort die Paragrafen oder Regeln selbst, sondern erzählt zunächst eine Geschichte, die eine Anwendung dieser Regeln beinhaltet. Geschichten sind konkrete Abläufe, die auch unwillkürliche Assoziationen wecken. Geschichten kann man sich leichter merken als die abstrakte Formulierung eines Paragrafen. Wir Menschen denken und fühlen in Geschichten. Vergleichen Sie selbst:

> **Beispiel Bürgerliches Gesetzbuch (BGB)**
>
> § 1931 BGB Gesetzliches Erbrecht des Ehegatten
> (1) Der überlebende Ehegatte des Erblassers ist neben Verwandten der ersten Ordnung zu einem Viertel, neben Verwandten der zweiten Ordnung oder neben Großeltern zur Hälfte der Erbschaft als gesetzlicher Erbe berufen. Treffen mit Großeltern Abkömmlinge von Großeltern zusammen, so erhält der Ehegatte auch von der anderen Hälfte den Anteil, der nach § 1926 den Abkömmlingen zufallen würde.
> (2) Sind weder Verwandte der ersten oder der zweiten Ordnung noch Großeltern vorhanden, so erhält der überlebende Ehegatte die ganze Erbschaft.
> (3) Die Vorschrift des § 1371 bleibt unberührt.

> (4) Bestand beim Erbfall Gütertrennung und sind als gesetzliche Erben neben dem überlebenden Ehegatten ein oder zwei Kinder des Erblassers berufen, so erben der überlebende Ehegatte und jedes Kind zu gleichen Teilen; § 1924 Abs. 3 gilt auch in diesem Falle.
> § 1937 BGB Erbeinsetzung durch letztwillige Verfügung
> Der Erblasser kann durch einseitige Verfügung von Todes wegen (Testament, letztwillige Verfügung) den Erben bestimmen.
> § 2303 BGB Pflichtteilsberechtigte; Höhe des Pflichtteils
> (1) Ist ein Abkömmling des Erblassers durch Verfügung von Todes wegen von der Erbfolge ausgeschlossen, so kann er von dem Erben den Pflichtteil verlangen. Der Pflichtteil besteht in der Hälfte des Wertes des gesetzlichen Erbteils.
> (2) Das gleiche Recht steht den Eltern und dem Ehegatten des Erblassers zu, wenn sie durch Verfügung von Todes wegen von der Erbfolge ausgeschlossen sind. Die Vorschrift des § 1371 bleibt unberührt.
> **Oder so**: Herrn Persons Ehe ist kinderlos geblieben. Kurz vor seinem Tode erfährt Person, dass seine Gattin ihn jahrelang mit dem Gärtner betrogen hat. Er spürt den nahenden Tod und zitiert einen Notar zu sich, um seine Frau per Testament zu enterben. Voller Entsetzen hört er von diesem, dass bei seinem Gesamtvermögen von 100.000 EUR seiner Ehefrau nach seinem Tod auf jeden Fall ein Viertel dessen zusteht, also 25.000 EUR.

Und? Wenn Sie die Wahl hätten, wie würden Sie lieber geschult werden? Natürlich fehlt in dem kurzen Text die Berechnungsformel und ja, nicht alle Wenns und Danns sind abgebildet. Aber wenn erst einmal Interesse geweckt ist, kann Detailwissen leicht nachgeliefert werden. Wichtig ist, dass man etwas Konkretes vor Augen hat, einen Anwendungsfall, einen emotionalen Erinnerungsanker. Es ist ein wenig wie der Unterschied zwischen Google Earth und Google Street View (Linssen, 2018, S. 65): Welches der beiden Werkzeuge würde Ihnen wohl besser helfen, das grüne Hotel in Brügge wiederzufinden, dessen Adresse sie vergessen haben? Die meisten Menschen erinnern sich eher an auffällige optische Reize im Umfeld als an Straßennamen oder Hausnummern, also eher an ein Denkmal, ein blaues Hochhaus oder an einen dreieckigen Park als an abstrakte Informationen. Deshalb erinnern sie sich auch an Geschichten besser als an Paragrafen.

Konkret und unterhaltsam

Werden Sie konkret. Und werden Sie unterhaltsam. Wenn Sie wirklich wollen, dass eine Regel befolgt wird, suchen Sie nach Fallbeispielen, nach witzigen oder traurigen Ansatzpunkten. Überzeugen Sie, warum Regeln erfüllt werden müssen und wie man das am besten tun kann, ohne die eigentliche Arbeit zu vernachlässigen. Wenn Sie einen konkreten Anwendungsfall haben, können alle Umstände, Motive und Wahrnehmungen präzise beschrieben werden, vielleicht sogar mehrere Handlungsalternativen entwickelt und diskutiert werden.

Die Frage, was jemand im Beispielfall getan hat und was er in einem eigenen Problemfall vielleicht tun würde, kann diese Überlegungen dann in den Berufsalltag des einzelnen Zuhörers hineinbringen. Das ist hilfreicher als abstrakte Regeln vorzukauen und sich in einer reinen Problembewunderung zu ergehen. Denn für Regeleinhaltung ist letztlich die konkret handelnde Person verantwortlich, es sind nicht die Regeln selbst. Und wenn Sie die Mitarbeiter schließlich überzeugt haben, dann können Sie sogar Paragrafen verteilen, zum Mitnehmen und zum Nachlesen für den Notfall. Und vielleicht als Hinweis darauf, dass die Schulung viel schlimmer hätte werden können.

Tue Gutes und rede darüber
Zu selten wird beim Storytelling die Wirkung von Vorbildern genutzt. Gerade wenn man auf Regeln aufmerksam machen will, die eigentlich bekannt sein sollten, aber doch etwas in Vergessenheit zu geraten drohen, sind Wiederholungen hilfreich (Linssen, 2016, S. 199). Und bei diesen Wiederholungen ist es geschickt, die orientierende Wirkung von Vorbildern zu nutzen. Wenn ein Vorstand oder eine Organisationsleitung eine Regel tatsächlich für so wichtig hält, warum nicht mal eine Beispielgeschichte von ihm bekannt machen, statt ihn nur mit blumigen Worten zu zitieren? Schließlich beeindrucken Taten mehr als Worte. Es geht nicht um Interna, auch nicht um große Dinge, aber wir raten Organisationen etwa bei der Korruptionsprävention dazu, konkrete Geschichten zu Regeleinhaltungen intern zu veröffentlichen. Die Annahme von Belohnungen und Geschenken ist in vielen Organisationen ein Thema. Warum nicht mal erzählen, dass die Führungsspitze eine Einladung aus Gründen der Korruptionsprävention abgelehnt hat, oder darauf bestanden hat, die Kosten selbst zu tragen? Warum nicht publik machen, dass das Geschenk eines natürlich nicht namentlich genannten Kooperationspartners zurückgeschickt wurde, weil man so etwas nicht annimmt? Es finden sich in jeder Organisation auch Positivbeispiele, die publik gemacht werden können, ohne dass Interna bekannt werden. Durch solche Geschichten erkennen Menschen, dass Worten auch Taten folgen und erinnern sich an Regeln, die sonst in der Schublade zu verstauben drohen.

Sprachhülsen über Bord werfen
Werfen Sie bei der Vermittlung von Regeln abstrakte Sprachhülsen über Bord. Denn abstrakte Formulierungen haben neben der Unverständlichkeit

noch einen weiteren Nachteil: Unter Umständen kann jeder etwas Anderes darunter verstehen, sich also sprichwörtlich sein eigenes Bild machen. Was für den einen noch ein respektvoller Umgang miteinander ist, kann für den anderen schon übergriffig oder auch eine glatte Unverschämtheit sein.

Abstrakte Sprachhülsen sind blutleer und vage. Das zeigen einige Beispiele aus Verhaltenskodizes deutscher Unternehmen, hier eine Kostprobe:

- Wir begegnen uns respektvoll und vertrauensvoll.
- Wir handeln verlässlich, fair und ehrlich.
- Wir sind zuverlässig und sagen nur Dinge zu, die wir einhalten können.

Die meisten Aussagen in Verhaltenskodizes sind so allgemein formuliert, dass man geneigt ist, zuzustimmen, ohne zu wissen, was das konkret im Alltag bedeutet. Einfach weil diese Grundsätze selbstverständlich erscheinen. Man möchte fragen: Ja, was denn sonst? Oder glauben Sie, dass jemand schreibt,

- Wir gehen abwertend und hinterhältig miteinander um.
- Oder: Wir sind profitgierig, unfair und verlogen.
- Oder: Wir versprechen gerne mal etwas, von dem wir schon wissen, dass wir es nicht halten können und im Übrigen auch gar nicht wollen.

Zu Verhaltenskodizes im Detail siehe Kap. 4 *Der Kodex und das potemkinsche Dorf*. Hier veranschaulichen die wenigen Beispiele zu Verhaltenskodizes, wie es nicht geht: zu allgemein, zu selbstverständlich und zu viel erhobener Zeigefinger. Abgesehen davon sind Verhaltenskodizes eher Appelle an die Selbstverantwortung als Regeln mit Durchsetzungsanspruch.

5.4 Regeln einführen ist Nahkampf

Regeln einführen und durchsetzen ist Nahkampf. Das geht nicht aus dem Homeoffice. Der persönliche Kontakt ist für die Vermittlung und Einhaltung von Regeln sehr wichtig, dies wird häufig unterschätzt. Heißner (2014, S. 136) trifft den Nagel auf den Kopf, wenn er fordert, dass es Beratungsangebote für Mitarbeiter zu Regeln und möglichen Regelbrüchen geben sollte. Und zwar persönlich. Gerade in Unternehmen fühlen Mitarbeiter sich eher ermutigt und in gewisser Weise auch persönlich verpflichtet, bei Fragen oder bei Unsicherheiten in Entscheidungen einen Ansprechpartner zu kontaktieren, wenn dieser ihnen persönlich bekannt ist. Das muss nicht die gleiche Person sein, die eine Regel entwickelt hat, es kann beispielsweise auch der direkte Vorgesetzte sein, dem die Durchsetzung der Regel übertragen wurde. Wenn jedoch der für die Regeln zuständige Mitarbeiter nur als Foto auf der Webseite bekannt ist, wird kein Verpflichtungsgefühl entstehen. Begegnet einem die Ansprechperson hingegen einmal täglich auf dem Flur, wird man diese eher ansprechen, wenn der Schuh drückt.

> **Wichtig** Ein Mitarbeiter muss das Risiko abschätzen können, wenn er sich öffnet mit seiner Kritik an Regeln oder gar mit dem Offenbaren von Regelverstößen.

Vertrauen ist hier unverzichtbar. Mitarbeiter müssen wissen, bei wem sie sich gefahrlos informieren können (Heißner, 2014, S. 136). Diejenige Person, bei der man sich Rat holt, sollte vertrauenswürdig und verschwiegen sein. Und eine solche Person braucht ein wenig Spielraum – so sollte nicht jede kleine Regelverletzung Folgen haben müssen. Sonst kommt bald niemand mehr. Das Ziel sollte es sein, Orientierung zu geben und nicht jedes denkbare Detail zu regeln (Heißner, 2014, S. 136). Hilfreich ist die Etablierung einer Sprechstunde. Diese kann auch helfen, Regelbrüche zu verhindern. Vertrauen vermittelt sich am besten im unmittelbaren Kontakt. Dann hat man eher das Gefühl, den Ansprechpartner einschätzen und ihm vertrauen zu können. So besteht die Chance, dass Regelbrüche gemeldet werden oder dass bereits im Vorfeld eines möglichen Regelbruches nachgefragt wird. Im persönlichen Kontakt ist auch mal eine vorsichtige Voranfrage möglich, per E-Mail geht das nicht, verschickt ist verschickt.

Konflikte begleiten Regeln
Wenn man Regeltreue erreichen möchte, geht das nicht ohne Konflikte (Schneider, 2018, S. 8). Regeln erfolgreich einzuführen, bedeutet, Verhaltensweisen zu ändern und das ist anstrengend, lästig und macht den meisten Menschen keine Freude. Konflikte sind hilfreich, wenn man sie rechtzeitig zur Sprache bringt und im guten Sinne austrägt (Schwarz, 2014, S. 20). Man kann durch Konflikte Diskrepanzen zwischen der neuen Regel und bestehenden Regeln oder Prozessen erkennen und im Idealfall ausräumen. Wenn Mitarbeiter engagiert sind, sich durch eine neue Regel bei der Arbeit gestört fühlen und in einen Konflikt hineingehen, ermöglicht das eine breitere Sicht auf die Dinge, als das ohne Konflikt möglich wäre (Schwarz, 2014, S. 24).

> **Wichtig** Veränderungen sind ohne Konflikte nicht denkbar (Schwarz, 2014, 26).

Nicht jeder Konflikt muss konstruktiv sein
Eine Konfliktaustragung muss jedoch nicht immer oder zumindest nicht von Anfang an konstruktiv sein. Wie Schwarz (2014, S. 31) beschreibt, setzt konstruktive Kritik voraus, dass man sich schon eine Alternative überlegt hat. Das geht nicht immer. Manchmal muss man eine Regel kritisieren dürfen, selbst wenn man noch keine bessere Idee hat. Wer ausschließlich konstruktive Kritik zulässt, vermeidet letztlich Konflikte (Schwarz, 2014, S. 32) und verlangt einen Alternativvorschlag, der erst noch entwickelt werden muss. Wenn sich ein Konflikt zeigt, beispielsweise, wenn Bedenken beim Einführen einer neuen Regel geäußert werden, muss man den Konflikt zunächst erkennen und dann anerkennen (Schwarz, 2014, S. 45). Anschließend kann man herausarbeiten, worin genau der Konflikt besteht. Ist es wirklich störrischer Widerstand gegen eine neue Regel? Oder ist der Mitarbeiter verzweifelt, weil er nicht weiß, wie er widersprüchliche Anforderungen an ihn unter einen Hut bekommen soll?

Es braucht Zeit
Ein System lernt an der Bewältigung von Veränderungskonflikten (Schwarz, 2014, S. 203). Lernen braucht Zeit, auch wenn es einem aus Sicht desjenigen, der eine Veränderung anstößt, beispielsweise eine neue Regel einführt, meist viel zu langsam geht. Für Veränderungen gibt es eine Obergrenze hinsichtlich Tempo und Intensität (Schwarz, 2014, S. 209), die Mitarbeiter akzeptieren. Man muss also wissen, in welchem Umfeld man sich bewegt. Liegt gerade eine Fusion hinter der Abteilung? Wurde letzten Montag ein neues Vergütungssystem eingeführt? Stehen Arbeitsplätze auf dem Spiel? Je mehr Veränderungen vor der Einführung einer neuen Regel lagen, desto eher reagieren Mitarbeiter genervt oder abwehrend.

Viel hilft nicht immer viel
Mitunter wird vergessen, dass es auch ein Zuviel an Regeln geben kann. Schwarz (2014, S. 214) schildert dazu ein Verhalten, das Ignatius von Loyola, dem Gründer des Jesuitenordens, zugeschrieben wird. (Schwarz, 2014, S. 214)

Beispiel Ignatius von Loyola

Ignatius gab einer Gruppe von Jesuiten, die nach China reisten, eine lange Liste mit Regeln für das Verhalten in China mit. Die Länge der Regelliste ließ Ignatius zweifeln, zumal er selbst noch nicht in China gewesen war. Hinter die letzte Regel schrieb er deshalb sinngemäß: Wenn ihr in eine Situation kommt, die nicht mit einer der Regeln bewältigt werden kann, tut das, was vernünftig ist und nicht das, was in den Regeln steht.

Der Vorschlag war damals so hilfreich wie heute. Leiten die Regeln in ihrer Organisation zu vernünftigem Handeln an? Wirklich? Alle Regeln? Wir hatten jedenfalls mehr als einen halben Tag lang keine gute Laune, als wir die Regeln in unseren Organisationen mit dem Gradmesser der Vernunft geprüft haben. Das liegt auch daran, dass alte, überflüssig gewordene Regeln nur selten entsorgt werden. Eine gute Faustregel ist es, bei der Einführung einer neuen Regel mindestens eine alte überflüssig gewordene Regel zu entsorgen.

Regeln sind keine Rasierapparate

Für Regeln sollte man nicht in gleicher Weise werben wie für Konsumgüter. Alltägliche Güter werden in der Werbung oft durch populäre Menschen aufgeladen. Opel hat beispielsweise mit dem Fußballtrainer Jürgen Klopp geworben, weil Opel von dessen positiven Image profitieren wollte. Da Jürgen Klopp populärer ist als Opel, muss Opel Geld an Jürgen Klopp Geld bezahlen und nicht umgekehrt. Aber Vorsicht: Popularität korreliert nicht zwingend mit Expertise. Jürgen Klopp wurde als Werbeträger eingekauft. Das erkennt jeder und daher ist das kein Problem. Würde Jürgen Klopp allerdings Interviews geben und über die Vor- und Nachteile der Wasserstofftechnologie im Vergleich zur Elektrotechnologie sprechen, wäre eine Grenze überschritten: Er würde dann von etwas sprechen, für das er nicht qualifiziert erscheint.

Beispiel Friedrich Merz

Besonders eindrucksvoll illustrierte Friedrich Merz, ein CDU-Politiker, dieses Paradoxon, als er in einem Interview für die Bild, 2018 auf die Frage, ob er zur reichen Oberschicht hierzulande zähle, antwortete, dass er sich selbst der gehobenen Mittelschicht zuordne. Auf weitere Nachfrage hin räumte er im Anschluss ein, dass sein Jahreseinkommen im siebenstelligen Bereich liege. Das Deutsche Institut für Wirtschaftsforschung (DIW) kam aufgrund von Berechnungen und Schätzungen zu dem Ergebnis, dass Herr Merz objektiv zum obersten ein Prozent der Vermögenden in Deutschland gehört (Böcking & Hesse, 2018).

Warum wollte Friedrich Merz lieber zur gehobenen Mittelschicht als zur Oberschicht gehören? Nun, weil es in Deutschland meist nicht so gut ankommt, wenn man in einer ganz anderen Lebenswirklichkeit unterwegs ist als diejenigen, die einen wählen sollen.

Experten haben Grenzen
Doch man muss gar nicht bis zu Schauspielern, Politikern oder Sportlern gehen, dasselbe gilt für Topmanager. Außerhalb ihres Spezialgebiets haben sie nicht a priori besondere Fähigkeiten. Ein guter Manager kann ein Unternehmen gut steuern. Ein Experte für Werte, Compliance oder Kommunikation ist er damit noch nicht. Jürgen Klopp ist ein außerordentlich erfolgreicher Fußballtrainer, ein Experte für die Wasserstofftechnologie ist er nicht.

> **Zusammenfassung**
> Es ist und bleibt anstrengend, eine Regel einzuführen. Eine gute Vermittlungsstrategie, die die Adressaten der Regel anspricht und Informationen dementsprechend aufbereitet, kann sehr hilfreich sein. Denn wird eine Regel verstanden, wird sie auch eher akzeptiert und verinnerlicht. Bei der Vermittlung von Regeln ist direkter persönlicher Kontakt unersetzbar. Eine Regel wird umso eher angenommen, je eher Menschen Verbindlichkeit für die Regel herstellen können. Hierbei können wichtige Personen als Unterstützer fungieren, ein persönlicher Ansprechpartner vor Ort ist ebenfalls relevant.

Literatur

Bild. (2018): Im Bild Talk bestätigt: Merz ist Millionär. https://www.bild.de/politik/inland/politik-inland/friedrich-merz-der-millionaer-der-sich-zur-oberen-mittelschicht-zaehlt-58420590.bild.html. Zugegriffen: 5. Aug. 2021.

Böcking, D., & Hesse, M. (2018). Warum Merz nicht zur Mittelschicht gehört. *Spiegel Online*. https://www.spiegel.de/wirtschaft/soziales/friedrich-merz-warum-er-nicht-zur-mittelschicht-gehoert-a-1238635.html. Zugegriffen: 8. Aug. 2021.

Brosius, H.-B. (2013). *Alltagsrationalität in der Nachrichtenrezeption. Ein Modell zur Wahrnehmung und Verarbeitung von Nachrichteninhalten*. Springer.

Femers-Koch, S. (2018). *Compliance-Kommunikation aus wirtschaftspsychologischer Sicht*. Springer Fachmedien.

Heißner, S. (2014). *Erfolgsfaktor Integrität*. Springer Gabler.

Linssen, R. (2016). Compliancekommunikation braucht Kopf und Bauch. Oder: Was wir von der Werbung lernen können. *Corporate Compliance Zeitschrift, (9)*5, 198-201.

Linssen, R. (2018). Wer auf Widerstand stößt, sollte nicht noch hinein beißen… Gute Compliance Kommunikation geht auf Widerstände ein statt sie abzuwehren. *Comply. Das Fachmagazin für Compliance-Verantwortliche, 4*, 64–67.

Schneider, T. (2018). *Wirkungsvolle Compliance*. Springer Gabler.

Schwarz, G. (2014). *Konfliktmanagement* (9. Aufl.). Springer Gabler.

Siegert, G., Wirth, W., Weber, P., & Lischka, J. A. (Hrsg.). (2015). *Handbuch Werbeforschung*. Springer.

6

Das Gute ist stets das Böse, das man lässt

In diesem Kapitel zeigen wir, warum sich die meisten Menschen die meiste Zeit an die meisten Regeln halten. Man übersieht leicht, wie viele Menschen sich an Regeln halten, weil Regelbrecher mehr Aufmerksamkeit auf sich ziehen. Die meisten Regeln halten Menschen von sich aus ein, weil sie das im Lauf des Lebens so gelernt haben, und weil sie sich an Vorbildern orientieren. Es gibt auch Ausnahmen, Menschen, die notorisch Regeln brechen. Um solche Ausnahmen wird es im nächsten Kapitel gehen (Kap. 7 *Regelbrüche aus guten und aus schlechten Gründen*).

„Das Gute – dieser Satz steht fest – ist stets das Böse, das man lässt." Dieser Satz stammt aus Wilhelm Buschs (1832–1908) Bildergeschichte *Die fromme Helene.* Einer Versuchung nicht nachzugeben, ist eine bewundernswerte Leistung. Regeln machen das Leben beschwerlich. Wir müssen lassen, was wir wollen und sollen tun, was wir nicht mögen. Die meisten Menschen halten Regeln ein, obwohl sie das anstrengt. Das vergisst man schnell, wenn man sich zu sehr auf Regelbrecher konzentriert. In diesem Kapitel geht es um diejenigen Menschen, die Regeln einhalten, und wie man diese Menschen bei der Stange hält.

Eltern und andere Vorbilder
Im Laufe der Erziehung übernehmen wir sehr viele Regeln selbstverständlich. Die Regeln des sozialen Umgangs haben wir beiläufig verinnerlicht, wir halten uns freiwillig an diese Regeln und oft nehmen wir die Regeln gar nicht mehr wahr, weil wir regelkonformes Verhalten schlicht und einfach für *normal* halten. Regeltreue ist in solchen Fällen nicht mühsam, sondern

passiert mehr oder weniger automatisch. Wir orientieren uns an Vorbildern, die wir respektieren und denen wir nacheifern. In Organisationen ist die direkte Führungskraft das wichtigste Vorbild. In einem Verein ist es vielleicht der Jugendtrainer, an dem man sich orientiert. Und zuhause sind die Eltern die ersten Vorbilder. Entscheidend für dieses Lernen am Modell sind konkrete Entscheidungen und Handlungen von Vorbildern. Verhält sich ein Mensch integer, stellt er eigene Interessen auch mal zurück und kümmert sich um andere. Dann nimmt man ihm auch ab, dass eine bestimmte Regel wichtig ist und dass sie eingehalten werden muss. Hat man hingegen den Eindruck, einem Menschen geht es nur darum, nach außen gut dazustehen oder seinen eigenen Vorteil zu optimieren, wird man skeptisch bleiben. Die jeweiligen Vorbilder wirken im Positiven wie im Negativen stark, siehe hierzu auch Kap. 9 *Vorbilder müssen integer sein, nicht perfekt.* Das gilt für Führungskräfte ebenso, wie für Erzieher im Kindergarten, Eltern oder Trainer im Verein.

Türschlösser machen ehrlich
Neben der Orientierung an Vorbildern halten die meisten Menschen Regeln die meiste Zeit ein, wenn es nicht zu viel Arbeit macht und der Sinn und Zweck einer Regel eingesehen werden. Daher sollten Verantwortliche die Regeleinhaltung unterstützen, statt nur zu kontrollieren und zu bestrafen. Besserwisser erzeugen Widerstand. Auch wenn es den einen oder die andere verwundern mag: Die meisten Menschen sind die meiste Zeit ehrlich.

> **Beispiel Türschlösser**
>
> Türschlösser sind dafür da, damit die ehrlichen Menschen immer ehrlich bleiben. Ein kleiner Teil der Menschen ist immer ehrlich und wird nie klauen. Ein anderer Teil der Menschen ist immer unehrlich und wird jedes Schloss knacken. Für die beiden Gruppen braucht man keine Schlösser, da ein Schloss keinen Einfluss auf deren Verhalten hat. Aber der größte Teil der Menschen ist solange ehrlich, solange die Versuchung nicht zu groß wird. Und für diesen Teil sind die Türschlösser da (Ariely, 2012, S. 50–51). So ist das auch mit Regeln.

Im besten Fall helfen Regeln dabei, sich anständig zu verhalten. Dennoch sollte man nicht erwarten, dass sich wirklich alle Menschen immer an alle Regeln halten werden.

6.1 Ehrlichkeit, Eigennutz und Steuerhinterziehung

Finanzbehörden und politische Entscheider gehen in der Mehrzahl davon aus, dass Menschen eigennützig handeln. Das heißt, jeder Steuerzahler neigt aus dieser Perspektive dazu, sich vor Steuern zu drücken. Nebenbei bemerkt gibt es da noch die Unterscheidung, ob man dies legal tut, Stichwort Steuerschlupfloch, oder illegal, Stichwort Steuerhinterziehung. Ein Steuerzahler wägt demnach ständig ab, ob es sich bei der gegebenen Kontrollwahrscheinlichkeit und Strafhöhe auszahlt, Steuern zu hinterziehen oder nicht. Folgt man diesem negativen Menschenbild, muss man nur die richtige Kontrolldichte und angemessene Strafhöhe finden, um Steuerehrlichkeit herzustellen. Grundidee: Hohe Kontrolldichte und hohe Strafen führen zu hoher Steuerehrlichkeit. Das gilt bei rationalem Verhalten teilweise, bei emotionalem Verhalten funktioniert es nicht. Es muss also mehr geben als Kontrollen und Strafen, um Regeltreue zu erreichen.

> **Wichtig** Kontrollen halten rational handelnde Menschen eher von Fehlverhalten ab als stark emotional gesteuerte Menschen oder Menschen in einer emotionalen Ausnahmesituation. Nur der Vollständigkeit halber: Ein- und derselbe Mensch kann in manchen Situationen rational und in anderen emotional reagieren.

Kooperation ist ansteckend

Man hat noch weitere Stellschrauben gefunden, mit denen man Steuerehrlichkeit verbessern kann. So fand man heraus, dass eine faire Interaktion mit den Steuerbehörden, ein grundsätzliches Vertrauen der Steuerzahler in den Staat sowie die Überzeugung, dass Steuergelder wirtschaftlich sinnvoll genutzt werden und über öffentliche Güter wie gebührenfreie Schulen und Hochschulen letztlich allen Bürgern zugutekommen, die Steuerehrlichkeit verbessern (Braithwaite, 2007; Kirchler, 2007). Besteht ein Klima gegenseitigen Vertrauens, haben Kontrollen und Strafen kaum einen zusätzlichen Effekt auf die Steuerehrlichkeit. Im Gegenteil, Kontrollen können in einem solchen Vertrauensklima sogar negativ wirken und die Kooperationsbereitschaft unterminieren (Kirchler, 2007). Menschen sind dann nicht mehr so geneigt, sich mit Regeleinhaltung abzumühen, wenn ihnen sowieso Steuerbetrug unterstellt wird. Da könnte man sich natürlich fragen, weshalb man in Deutschland so stark auf Kontrollen setzt. Man muss entschuldigend einräumen, dass es natürlich einfacher ist, Kontrollen zu etablieren, als die Kooperationsbereitschaft und das zwischenmenschliche Vertrauen zu erhöhen. Am langen Ende macht der einfachere Weg aber dann doch mehr Mühe.

Misstrauen ist auch ansteckend
Wenn eine Steuerbehörde davon ausgeht, dass rational handelnde Steuerzahler nur an der eigenen Gewinnoptimierung interessiert sind, sind Kontrollen und Strafen eine logische Folge. Das schafft ein Klima des Misstrauens: Jeder Steuerzahler ist ein potenzieller Hinterzieher. Die Behörde will schlauer sein als die vermeintlichen Täter und verstärkt ihre Kontrollen. Genau dieses Misstrauen und Überkontrollieren kann bei Steuerzahlern Reaktanz wecken und Überlegungen anstoßen, wie man dem Kontrolldruck entgehen und den eigenen Nutzen maximieren kann, beispielsweise durch eine akribische Suche nach legalen Steuerschlupflöchern. Dabei verlieren letztlich beide Seiten: die Kontrollierenden und die Kontrollierten. Und, das wird gerne vergessen: Kontrollen kosten nicht nur Vertrauen, sondern auch Geld und Zeit.

Über den eigenen Schatten springen
Man könnte nun einwenden: Aber so ist es doch auch! Wenn der Staat allen Steuerzahlern einfach so vertraut, ohne sie zu kontrollieren, werden die sich doch niemals an alle Regeln halten! Schon gar nicht an die Regeln, die ihnen überzogen erscheinen. Sie merken: Dahinter steckt die Unterstellung grundsätzlicher Schlechtigkeit und des Unwillens, Regeln zu befolgen. Das ist nach unserer Einschätzung ein Irrtum. Wer dazu mehr lesen möchte, dem sei das Buch von Ariely (2012) zur Vertiefung empfohlen. Die Steuerehrlichkeit ist am geringsten, wenn Steuerbehörden ein hohes Misstrauen ausstrahlen und der Staat nicht die Möglichkeit hat, Verstöße zu kontrollieren. Wenn die Behörden misstrauisch sind und der Staat machtvoll, kann Steuerehrlichkeit erzwungen werden. Zielführender wäre es, statt Regeleinhaltung bei den Kontrollierten zu erzwingen, die Haltung der Kontrollierenden zu verändern. Denn Menschen müssen das Gefühl haben, dass Regeln für sie da sind und nicht umgekehrt. Dass Steuern etwa den Interessen der Gesellschaft nützen und damit letztlich jedem Einzelnen zu Gute kommen. Wenn ein Mensch einen solchen Gedanken verinnerlicht hat, ist die Bereitschaft zur Kooperation und zur Regeltreue höher. Wir möchten nicht falsch verstanden werden: Ganz ohne Kontrollen wird es nicht gehen. Denn einzelne Unwillige gibt es immer, und um die muss man sich schon deshalb kümmern, um die Ehrlichen bei der Stange zu halten. Hier geht es vielmehr um die Grundhaltung und die Dosis: In einem vertrauensvollen Klima muss man deutlich weniger Energie in Kontrollen investieren. Entscheidend ist

unserer Erfahrung nach, ob man in Regelbrüchen die Ausnahme oder die Regel sieht. Das hat Folgen für die Art und Weise, wie man Kontrollsysteme aufbaut und wie man kontrolliert.

6.2 Loyalität, Vertrauen und Schattenwirtschaft

Wie sehr sich ein vertrauensvolles Klima und soziale Nähe zu Entscheidern auswirken können, zeigt eine Studie von Schneider and Klinglmair (2004) zu Schattenwirtschaft. Die Autoren haben das Ausmaß der Schattenwirtschaft in verschiedenen Ländern verglichen: Je größer die Nähe zwischen Bürgern und Funktionsträgern staatlicher Einrichtungen war, desto weniger Schattenwirtschaft wurde registriert.

Grundvertrauen statt Grundmisstrauen
Es ist also klug, bei der Durchsetzung von Regeln generalisiertes Misstrauen zu vermeiden. Nicht nur, weil Kontrollen dann zumindest teilweise verzichtbar werden, sondern weil es auch der Effizienz insgesamt zuträglich ist. Viele Menschen reagieren unleidlich auf ein Übermaß an Kontrolle.

Überträgt man die Ergebnisse von McGee und Tyler (2006) zu Steuerehrlichkeit auf Regeltreue im Allgemeinen, so halten sich Menschen dann an Regeln, wenn sie:

- Die Regeln (genau) kennen,
- eine positive Einstellung zu derjenigen Institution/Person haben, die eine Regel erlassen hat,
- persönliche Normen und Werte verinnerlicht haben, die Ehrlichkeit als handlungsleitend ansehen,
- sich gerecht behandelt fühlen,
- grundsätzlich zur Erfüllung von Erwartungen der Gesellschaft bereit sind und
- eine Bindung zu der regelerlassenden Organisation und zu Regeln generell empfinden.

Loyalität fördert Regeltreue
Bindung an eine Organisation erzeugt Loyalität. Loyalität ist eine Investition in die Zukunft (Schnebel, 2017, S. 131). Man verhält sich so, wie es erwartet wird und erwartet zugleich, dass andere sich so verhalten, wie man es selbst erwartet. Das ist eine Art psychologischer Vertrag – man erfüllt

die Erwartungen anderer und erwartet dafür, dass auch andere künftig die Erwartungen erfüllen. Halten sich alle daran, wächst das gegenseitige Verpflichtungsgefühl. Auf der anderen Seite führt ein Regelbruch, der ohne sachlichen Grund hingenommen wird, zu einer Erosion der Verbindlichkeit von gegenseitigen Erwartungen. So wird Loyalität verspielt. Wenn ich nicht auf andere und deren Handlungen vertrauen kann, wird Loyalität zur Dummheit. Bildlich gesprochen: Ich bin dann der Einzige, der noch versucht, den Damm zu stabilisieren, während die anderen sich schon einen Platz im Rettungshubschrauber gesichert haben.

Erwartungen wecken Gegenerwartungen
Was gerne vergessen wird: Mit der Erfüllung von Erwartungen anderer werden immer auch Gegenerwartungen geschaffen. Erstens, dass im Sinne der Regeln entschieden wird. Zweitens, dass man als Gegenleistung für Anpassung etwas erhält, beispielsweise Zugehörigkeit, Anerkennung, Freiraum und drittens eben auch die Durchsetzung einer eingeführten Regel gegenüber Regelbrechern. Regeleinhaltung gibt es nicht zum Nulltarif. Man will also die Gutwilligen bei der Stange halten, im Strafrecht nennt man das positive Generalprävention. Deshalb sollte man eine Regel nicht nur einführen, sondern auch deren Umsetzung prüfen und bei Nichteinhaltung reagieren. Wer ständig neue Regeln einführt, ohne die Einhaltung der alten Regeln sicherzustellen, verliert Glaubwürdigkeit. Das macht es schwerer, neue Regeln einzuführen, weil alle denken, das läuft wieder wie letztes Mal. Eine neue Regel wird angekündigt und dann vergessen. Wenn man eine Regel einführt, sollte man gleich mitentscheiden, wer die Regeleinhaltung auf welche Art und Weise kontrollieren wird und welche Folgen eine Nichtregeleinhaltung haben wird.

Das Richtige tun

> **Beispiel Überlastung**
>
> Herr Aumann, der Geschäftsführer eines Bauunternehmens, musste aus rechtlichen Gründen bestimmte Kontrollen einführen (modifiziert nach Hein, 2016). Die Kontrollen wollte er eigentlich nicht, gleich werden Sie lesen, warum. Was tun? Herr Aumann ordnete die Kontrollaufgaben Herrn Heller zu, einem Mitarbeiter, der bereits mit sehr vielen Aufgaben betraut war. Herr Aumann war davon ausgegangen, dass Herr Heller durch seine eigentliche Arbeit so überlastet war, dass er keine Zeit für intensive Recherchen in Verdachtsfällen hat. Doch Herr Aumann hatte sich getäuscht. Trotz Überlastung entdeckte Herr Heller, dass Herr Aumann Firmengelder in Millionenhöhe auf private Konten umgeleitet hatte.

Alles gut? Nicht so ganz. Nach Hein (2016, S. 36) entwickelte Herr Heller Schuldgefühle, dass seinetwegen im Falle einer Meldung an die Staatsanwaltschaft die Reputation des Unternehmens leide und Kollegen möglicherweise arbeitslos würden. Hein (2016, S. 36) bringt das Dilemma auf den Punkt. Entweder hätte Herrn Heller den Vorfall anzeigen und damit Arbeitsplätze gefährden können. Oder er hätte schweigen können, damit möglicherweise Arbeitsplätze gerettet, aber zugleich rechtswidrig und unmoralisch gehandelt. Das Beispiel zeigt: nicht immer stehen Funktionsträger auf der guten Seite und nicht immer ist es einfach, das Richtige zu tun.

Vertrauen, Verantwortung und Verlässlichkeit
Regeln hält man eher ein, wenn man sich seinem Gegenüber verpflichtet fühlt, eine innere Bindung aufgebaut hat und loyal ist. Joachim Milberg, ehemaliger Vorsitzender des Aufsichtsrats von BMW, nennt in einem Interview drei zentrale Begriffe (Böning et al., 2018, S. 31):

- Vertrauen
- Verantwortung
- Verlässlichkeit

Mit Verweis auf die zunehmende Komplexität plädiert Milberg für mehr Vertrauen als Lösungsweg. Da man Komplexität nicht erfolgreich zentral steuern könne, müsse man den Menschen mehr Entscheidungsspielräume und Verantwortung zubilligen. Das gelingt allerdings nur dann, wenn die Menschen verlässlich sind und wenn sie Verantwortung übernehmen.

Überwachung der Wächter
Wenn man nicht neben jeden Menschen einen Wächter stellen möchte, der diesen kontrolliert, muss man es schaffen, dass Menschen Regeln internalisieren, also verinnerlichen. Das ist umso leichter, je anschlussfähiger eine Regel ist, siehe dazu auch Kap. 2 *Meine Welt, Deine Welt, Regelwelt*. Einen anderen Weg sehen wir auf Dauer nicht. Denn selbst wenn man für jeden Menschen einen Wächter abstellen würde, wäre das Problem nicht gelöst. Sie brauchen dann noch Wächter, die die Wächter überwachen.

6.3 Für Sinn gibt es keinen Ersatz

Regeln werden eingehalten, wenn man sie im Kern für sinnvoll hält. Ob Regeln sinnvoll sind oder nicht, kann man aus zwei Perspektiven bewerten. Zum einen, indem man Regeln nach deren Funktion bewertet. Wozu soll eine Regel eingeführt werden? Welches Verhalten soll mit einer Regel gesteuert werden? Beispielsweise Beschaffungsaufträge nur nach einem klar definierten Prozess vergeben. Die andere Perspektive ist, Regeln nach deren Wirkungen und Nebenwirkungen zu bewerten. Welche Auswirkungen hat es, wenn eine Regel befolgt oder nicht befolgt wird? Im Alltag können diese beiden Varianten der Regelbewertung zu gravierenden Widersprüchen führen. Man kann zur Veranschaulichung den Beginn der Covid-19-Pandemie im Frühjahr 2020 heranziehen. Im März 2020 beschloss die Bundesregierung zur Pandemie-Bekämpfung erhebliche Eingriffe in Grundrechte. Hinzu kam eine Kontaktbeschränkung. Die meisten werden sich gut erinnern, dass sich nur maximal zwei Personen zusammen im öffentlichen Raum aufhalten durften. Ausnahmen bildeten nur die Mitglieder des eigenen Haushalts.

Wirkung

Bewertet man die Kontaktbeschränkung nach der Wirkung, so gab es bei dem Kenntnisstand jener Zeit kaum eine zielführende mildere Maßnahme, um die exponentielle Verbreitung des Covid-19-Virus so weit zu verlangsamen, dass die Gesundheitssysteme nicht irgendwann zusammenbrechen würden, wie das zeitgleich in Italien und einige Wochen später in Brasilien oder in einigen Bundesstaaten der Vereinigten Staaten von Amerika geschah. Die Bundesregierung verwies auf den parallel stattfindenden Abtransport von vielen Leichen durch das Militär in der norditalienischen Stadt Bergamo und die damalige Bundeskanzlerin, Angela Merkel, appellierte eindringlich, die Bedrohung ernst zu nehmen. Vielleicht haben Sie die beklemmenden Bilder der Leichentransporten in Bergamo noch vor Augen oder den Appell der Bundeskanzlerin noch in den Ohren.

Akzeptanz

Die Einschränkungen wurden in Deutschland, nach etwas Holperei zu Beginn, zunächst weitestgehend eingehalten. Wieso eigentlich? Immerhin handelte es sich zum Teil um drastische Einschränkungen der Grundrechte. In Italien oder Frankreich mussten die Einschränkungen mehrfach verschärft werden, weil sich viele Menschen zunächst nicht an die Regeln gehalten hatten. Nun mag man vorschnell und leicht überheblich argumentieren, dass der typische Deutsche sich halt an Regeln hält und derlei Stereotype bemühen. Nun ja, eine solche Argumentation greift unserer Ansicht nach zu kurz und wer wirklich an das Stereotyp vom gewissenhaften Deutschen glaubt, sollte sich zur Läuterung Bilder von der Berliner Partyszene oder von Urlaubern an Stränden an der Nord- und Ostsee im Sommer 2020 ansehen. Der Erfolg der erheblichen Einschränkungen Anfang 2020 hatte auch damit zu tun, dass die Bundesregierung die Regeln eben nicht nur von ihrer Funktion, sondern auch von den Wirkungen her gedacht hatte. Beides hat mit Anschlussfähigkeit von Regeln zu tun, siehe dazu Kap. 2 *Meine Welt, Deine Welt, Regelwelt*. Die übergeordneten Überlegungen lauten:

- Unter welchen Voraussetzungen tragen die Menschen drastische Einschränkungen der Grundrechte mit?
- Welche Regeln sind noch zumutbar und deshalb aushaltbar und haben deshalb höhere Chancen, befolgt zu werden?

Je stärker jemand die Wirkung von Regeln für unnötig hält, beispielsweise wegen Leugnung der Gefährlichkeit des Virus, desto weniger ist er folgerichtig bereit, sich an Regeln zu halten. Was kann man aus diesem Beispiel schlussfolgern? Das Überzeugen der Menschen von der notwendigen Wirkung einer Regel ist Voraussetzung für das Befolgen einer Regel.

6.4 Regeltreue hat eine Halbwertszeit

Eine entscheidende Frage ist, ob der Sinn und Zweck einer Regel für diejenigen Menschen ersichtlich sind, die sie einhalten sollen. Da den Entscheidern, egal ob Regierung oder Unternehmensleitung, klar ist, weshalb eine Regel nötig ist, gehen Entscheider irrtümlich oft davon aus, das müsse allen anderen Menschen auch klar sein. Doch man sollte anerkennen, dass es ein Spannungsverhältnis gibt, wenn man neue Regeln einführt. Das beschreiben beispielsweise auch Kette und Barnutz (2019, S. 2): Insbesondere kurz nach einem schweren Regelbruch traut sich niemand, einer Regelverschärfung zu widersprechen. Mit etwas Abstand kann sich dies ändern. Kurz nach einem schweren Regelbruch gehört es zur kulturell verankerten Vorgehensweise, mit harten Regeln zu zeigen, dass man seine Lektion gelernt hat und dass so etwas nie wieder vorkommen wird. Dieses Muster klingt so plausibel, dass sich kaum jemand die Mühe macht zu prüfen, ob das wirklich stimmt. Sobald der öffentliche Druck nachlässt, werden die ersten Mitarbeiter versuchen, die neuen, harten Regeln wieder aufzuweichen. Die Regeln sind aufwendig, behindern das Geschäft und es ist jetzt doch irgendwie vorbei und wir können wieder normal arbeiten, oder? Das sieht man übrigens bei allen Regeln in der Gesellschaft, nicht nur in Unternehmen. Eine Regel hat keine unbegrenzte Haltbarkeitsdauer. Da jede Regel Aufwand verursacht und Freiheit beschneidet, steht jede Regel unter Begründungsdruck. Während die Staatsanwaltschaft mit den Fäusten gegen die Tür des Vorstandsbüros hämmert, ist es leicht, eine harte Regel einzuführen, wenn damit die Hoffnung verknüpft ist, dass die Staatsanwaltschaft wieder geht oder zumindest damit, dass nicht auch noch Journalisten gegen die Tür hämmern und schauen, was es sonst noch so an Verstößen zu entdecken gibt. Wenn aber die Staatsanwaltschaft wieder weg ist, wenn das Thema für die Medien uninteressant geworden ist, wie sieht es dann aus? Meist schwindet der anfängliche Elan.

Bedrohung – objektive Lage gegen subjektives Gefühl
Angst und Bedrohungsszenarien können bei der Durchsetzung von Regeln hilfreich sein – zumindest anfänglich. Auch das hat die Pandemie gezeigt. Für manche Bürger in Deutschland waren die Regeln in den ersten Tagen nach deren Einführung nicht sofort plausibel. Sie empfanden die Einschränkungen als Zumutung, die man noch dazu in einem freien und stark von Individualismus geprägten Land nicht gewohnt war und daher nicht hinnehmen wollte. Zudem konnten sich viele Menschen nicht vorstellen, dass die recht kleinen Infiziertenzahlen in Deutschland binnen weniger Tage explodieren und viele Menschen sterben könnten. Sobald die Bedrohung von den Menschen erkannt und anerkannt wurde, stieg die Bereitschaft zur Regeleinhaltung. Eine Minderheit hat diesen Schritt nie vollzogen. In sich ist das schlüssig: Wer nicht an eine Bedrohung durch das Virus glaubt, wehrt sich heftig gegen die vermeintlich unnötigen Einschränkungen. Bei der Überlegung, unter welchen Voraussetzungen die Menschen die erheblichen Einschränkungen mittragen würden, merkte die Politik schnell, dass Regeln ohne Sinnhaftigkeit wenig Aussicht auf Erfolg hatten. Man justierte also nach, als klar wurde, dass die Regelbefolgung in den ersten Tagen nicht der Vorstellung der Regierung entsprach. Die Kommunikation der Verantwortlichen änderte sich. Es wurde ein klares Bedrohungsszenario gezeichnet, nicht zuletzt mit Blick auf Italien, wo einschränkende Maßnahmen zur Verlangsamung der Virusverbreitung erst vergleichsweise spät ergriffen wurden. Tatsächlich nahm die Compliance der Bevölkerung, also die Regeltreue, merklich zu. Angst kann also bei der Durchsetzung von

Regeln helfen. Angst wirkt aber nur kurzfristig, weil eine Gewöhnung einsetzt. Deshalb wurden zusätzlich, um den Regeln Nachdruck zu verleihen, Sanktionen angedroht und Bußgeldkataloge erstellt. Freiwilligkeit wirkt eben nicht bei allen Menschen, siehe dazu auch Kap. 8 *Strafen, Kontrollieren, Ignorieren – Umgang mit Regelbrüchen*. Die allgemeine Bindung an Kontaktbeschränkungen sowie Abstandsregeln ließ jedoch mit der Zeit nach, man gewöhnte sich an die Bedrohung und die Angst schwand. Bis Gewöhnung einsetzt, sollten die Regeln schon so selbstverständlich geworden sein, dass man sie automatisch einhält. Ansonsten schwindet mit dem Bedrohungsgefühl auch die Regeltreue. Ein Bedrohungsgefühl verschafft einem ein Zeitfenster zur Verinnerlichung von Regeln, ist aber nicht langfristig wirksam.

Lerneffekt
Was kann man aus der Corona-Zeit lernen? Es ist wichtig, den Sinn und Zweck von Regeln eindringlich und, wenn nötig, auch wiederholt deutlich zu machen. Wenn man weiß, welcher Sinn hinter einer Regel steht und was genau sie bezwecken soll, sind die meisten Menschen bereit, eine Regel einzuhalten, selbst wenn es anstrengend ist. Wenig hilfreich war die zunehmende Uneinigkeit der Bundesländer, irgendwann verlor man einfach den Überblick, welche Regel in welchem Bundesland wann gilt und wo schon wieder etwas geändert wurde. Regeln brauchen eine gewisse Konstanz, weil Menschen Zeit brauchen, sich auf Regeln einzustellen. Das hat die Politik schließlich bemerkt und das bundesweite Infektionsschutzgesetz geändert, um dem von den Bundesländern angerichteten Regelwirrwarr ein Ende zu bereiten. Wenn ein Bundesland bei vergleichbaren Bedingungen ganz anders entscheidet als ein anderes Bundesland, weckt dies Zweifel an der Berechtigung und Zweckmäßigkeit der Regeln.

Agil oder zentral
Mit agilen Organisationskonzepten baut man Formalstrukturen zugunsten von informellen Prozessen ab. Compliance in Organisationen zielt eher darauf, formelle Regeln einzuhalten (Kette & Barnutz, 2019, S. 26–27) und die Regelkontrolle zu zentralisieren. Möglicherweise führen manche Organisationen sogar gleichzeitig agile Konzepte und eine Zentralisierung der Regelüberwachung ein. Beide Perspektiven haben ihre Berechtigung. Hier agile Konzepte und Eigenverantwortung. Dort allgemeinverbindliche Regeln und Fremdkontrolle. So berechtigt beide Perspektiven sind, so schlecht vertragen sie sich. Man kann nicht gleichzeitig Flexibilität fordern und mehr zentral kontrollierte Regeln einführen und dann erwarten, dass der Widerspruch von den Menschen im Alltag schon irgendwie gelöst

werden wird. Welchen Weg Sie auch wählen, um eine Balance zwischen zu viel oder zu wenig zentralem Reglement zu finden, gehen Sie dabei stringent vor.

6.5 Entlang der persönlichen Schmerzgrenze

Regeln sind natürlich immer auslegungsfähig. Dabei kann es jedoch passieren, dass die Auslegung der Regel ihrem eigentlichen Zweck zuwiderläuft. In Italien gab es während der Covid-19-Pandemie Ausnahmen von der Ausgangssperre, beispielsweise, wenn man ein Haustier spazieren führte. Diese Ausnahme war für Hunde gedacht. Plötzlich sichtete man auf der Straße jedoch auch Ziegen, Hausschweine, Katzen, Meerschweinchen und sogar einen Kanarienvogel, die ausgeführt wurden. Die Menschen leisteten keinen offenen Widerstand, aber sie legten die Regeln in ihrem Sinne aus und tauchten quasi unter den Regeln weg. In Deutschland war das mit den etwas milderen Regeln nicht nötig, weil Spaziergänge nahezu durchgängig erlaubt blieben, mit und ohne Haustier.

Balance
Alles in allem zeigte die Covid-19-Pandemie, dass die meisten Menschen gewillt sind, sich selbst an sehr belastende Regeln zu halten. Offener Widerstand gegen die Einschränkungen regte sich nur sporadisch. Die Regeln waren unter den gegebenen Umständen für die meisten nicht nur sinnvoll, sondern auch aushaltbar. Denn auch das sollte man bei Regeln bedenken: Welche Anstrengung kostet es den Einzelnen, sich an eine Regel zu halten? Je leichter umsetzbar eine Regel den Ausführenden erscheint, desto höher ist die Wahrscheinlichkeit, dass sie befolgt wird. Die Kosten für eine Regeleinhaltung müssen erträglich sein. Das zeigt auch ein anderes, weniger weitreichendes Beispiel.

> **Beispiel Fußgängerampel**
>
> Ein Countdown, also eine Zeitanzeige in einer Fußgängerampel, die anzeigt, wie lange man noch warten muss, macht es leichter bis zur Grünphase zu warten (Huang & Zegeer, 2000). Die Bereitschaft von Fußgängern, bei rotem Signal eine Fahrbahn zu kreuzen, ist umso höher, je länger man auf grünes Licht warten muss. Man hält eine Regel umso weniger ein, je mühsamer die Regeleinhaltung wird.

Die meisten Menschen sind bereit, sich an Regeln zu halten, haben aber eine Schmerzgrenze, ab der sie ausscheren. Bei einer Ampel ist der Preis vor allem dann hoch, wenn es lange dauert und die Zeitspanne zugleich unbestimmt ist. Wenn die gleiche Zeitspanne durch einen Countdown abschätzbar wird, empfindet man denselben Zeitraum als zumutbar. Zu wissen, bis wann eine Regel eingehalten werden muss, erleichtert deren Befolgung erheblich. Für viele Regeln bringt diese Erkenntnis allerdings wenig, weil die meisten Regeln gekommen sind, um zu bleiben. Zumutbarkeit muss in diesen Fällen auf Dauer gedacht werden und nicht nur als Zumutbarkeit für einen begrenzten Zeitraum. Damit wachsen die Anforderungen an die Zumutbarkeit von Regeln erheblich. Das kennt der eine oder andere vielleicht von einem Diätversuch. Man schafft es vielleicht mit letzter Kraft, zwei Wochen auf alle Süßigkeiten zu verzichten, aber nicht für den Rest seines Lebens.

> **Zusammenfassung**
>
> Menschen sind grundsätzlich gewillt, Regeln einzuhalten. Sie halten Regeln dann ein, wenn sie Regeln aushalten. Dazu gehört, dass Menschen Regeln verstehen und deren Ziele akzeptieren. Weil sich Menschen an anderen Menschen orientieren, ist es wichtig, möglichst rasch möglichst viele zum Einhalten der Regeln zu bewegen. Ungeschickte Kontrollen können einer freiwilligen Regeleinhaltung zuwiderlaufen.

Literatur

Ariely, D. (2012). *Unerklärlich ehrlich. Warum wir weniger lügen, als wir eigentlich könnten.* Droemer.

Böning, U., Fritschle, B., & Oefner-Py, S. (2018). *Führungsleben. Inside Leadership – Top-Manager im persönlichen Gespräch.* Springer.

Braithwaite, V. (2007). Responsive regulation and taxation. *Law & Policy, 29*(1), 3–10.

Hein, R. (2016). *Erfolg im Compliance Management.* Springer Gabler.

Huang, H., & Zegeer, C. (2000). *The effects of pedestrian countdown signals in Lake Buena Vista.* University of North Carolina at Chapel Hill. http://bikeped.rutgers.edu/ImageFolio43_files/gallery/Bike-Ped_Facilities/Documents/FLDOT_2000_The_Effects_of_Pedestrain_Countdown_Signals_in_Lake_Buena_Vista.pdf. Zugegriffen: 12. Aug. 2021.

Kette, S., & Barnutz, S. (2019). *Compliance managen.* Springer VS.

Kirchler, E. (2007). *The economic psychology of tax behaviour.* Cambridge University Press.

McGee, R. W., & Tyler, M. (2006). *Tax evasion and ethics: A demographic study of 33 countries*. https://doi.org/10.2139/ssrn.940505,abgerufenam12.08.2021.

Schnebel, E. (2017). *Wirtschaftsethik im Management. Rationalität und Verantwortung in organisationalen Handlungen.* Springer Gabler.

Schneider, F. G., & Klinglmair, R. (2004). *Shadow economies around the world: What do we know?.* https://ssrn.com/abstract=518526. Zugegriffen: 12. Aug. 2021.

7

Regelbrüche aus guten und aus schlechten Gründen

In diesem Kapitel schildern wir, warum Menschen Regeln brechen. Regeln, die man nicht in die tägliche Routine einbaut, werden schleichend unwirksam. Regeln, die als ungerechtfertigt oder ungerecht erlebt werden, werden sogar aktiv unterlaufen. Wenn Menschen schlechte Erfahrungen mit Regeln gemacht haben, sind sie neuen Regeln gegenüber skeptisch eingestellt. Menschen, die sich früher nicht an Regeln gehalten haben, werden es künftig wahrscheinlich auch nicht tun. Maximaler Individualismus verhindert in letzter Konsequenz Regeleinhaltung. Bei Regelbrüchen sollte man schon deshalb einschreiten, weil Menschen Regeln häufiger brechen, wenn sie Regelbrüche bei anderen Menschen beobachten.

Erst Regelbrüche verstehen, dann handeln

Nicht alle Menschen halten sich an Regeln. Sonst könnten wir das Geld für Polizei, Gefängnisse und Resozialisierung sinnvoller einsetzen. In diesem Kapitel geht es um die Gründe, warum Menschen Regeln brechen. Bevor man mit Regelbrüchen sinnvoll umgehen kann (Kap. 8 *Strafen, Kontrollieren, Ignorieren – Umgang mit Regelbrüchen*), sollte man zunächst verstehen, aus welchen Gründen Menschen Regeln brechen.

Wichtig Man muss zuerst das Warum hinter einem Regelbruch verstehen, bevor man sich über Konsequenzen Gedanken macht.

Alte Hasen

Ein Faktor für Regelbrüche ist die Definitionsmacht der alten Hasen in einer Organisation. Sie transportieren Regeln durch Tun. Sie kennen die Organisation sehr gut, mit allen Stärken und Schwächen. Und die alten Hasen sind genau deshalb ein Orientierungspunkt für viele Mitarbeiter. Denn wenn Menschen unsicher sind, orientieren sie sich am Verhalten anderer (Werth et al., 2020, S. 112). Wenn also etwa Regeln nicht klar kommuniziert werden, oder wenn nicht klar ist, ob die Regel oder ein eingeschliffener Prozess wichtiger ist, werden sich die Mitarbeiter an anderen orientieren und ihr Verhalten entsprechend ausrichten. Gerade für neue Mitarbeiter ist es schwer, sich dem Verhaltensvorbild der alten Hasen zu entziehen. Wenn man beispielsweise alle neuen Vertriebsmitarbeiter erfolgreich in den neuen Abrechnungsregeln geschult hat, muss man den Lernprozess noch gegen die alten Hasen absichern. Es genügt nicht, die alten Hasen abzuschreiben, weil die bald in Rente gehen. Bleiben die alten Hasen skeptisch und bleibt es beim eingeschliffenen Verhalten, hält das selbst diejenigen in den alten Routinen, die eine neue Regel eigentlich gut finden und die das eigene Verhalten ändern möchten. Es gibt jedoch auch Menschen, bei denen die Ursachen für Regelbrüche anders gelagert sind.

7.1 Schussel oder Toxiker

Zunächst sollte man sich vergegenwärtigen, dass die meisten Menschen sich an Regeln halten wollen, siehe hierzu auch Kap. 6 *Das Gute ist stets das Böse, das man lässt.* Nach unseren Erfahrungen aus zahlreichen Compliance-Seminaren werden viele Regelverletzungen schlichtweg aus Unwissenheit oder Bequemlichkeit begangen. Das heißt, man kannte die Regel entweder nicht oder hat sich nicht über mögliche Regeln informiert oder ist einfach so verfahren, wie man es gewohnt ist, obwohl die Regeln sich inzwischen geändert haben. Das entschuldigt den Regelverstoß nicht, dennoch ist es in diesen Fällen meist nicht allzu schwierig, Regeltreue herzustellen. Denn die Regeln werden nicht im Grundsatz abgelehnt, sondern eher verschusselt. Dieses Problem ist vergleichsweise leicht zu lösen. In einem solchen Fall geht es um angemessene, wiederholte, zielgruppenorientierte Kommunikation von Regeln, um die Erklärung von Sinn und Zweck der Regeln und so weiter. Wir haben das in Kap. 5 *Menschen, Bilder, Emotionen* beschrieben.

Die Situation macht den Unterschied

Menschen, die sich jedoch in ihren Bedürfnissen eingeschränkt und unterdrückt fühlen, rebellieren irgendwann gegen das unterdrückende System oder die unterdrückende Autorität. Nicht jeder, der Regeln bricht, ist ein böser Mensch. Und nicht jeder, der Regeln befolgt, ist ein guter Mensch. Die Grenze zwischen Gut und Böse ist durchlässig (Zimbardo, 2008, S. 1). Mitunter wird das vergessen. Böse ist, wer böse handelt. Böse handelt, wer vorsätzlich Unschuldige schädigt, missbraucht, erniedrigt, entmenschlicht oder vernichtet (Zimbardo, 2008, S. 3). Das klingt noch sehr weit weg vom Alltag. Zimbardo (2008, S. 3) schreibt weiter, dass es böse ist, wider besseres Wissen zu handeln. Das klingt schon eher so, als könne das auch im Alltag passieren. Die meisten Menschen überschätzen ihre eigene Integrität (Zimbardo, 2008, S. 4). Bloß weil die Integrität eines Menschen noch nie durch eine herausfordernde Situation auf die Probe gestellt wurde, bedeutet das nicht, dass dieser Mensch integer ist.

> **Beispiel zehn Millionen Euro**
>
> Angenommen, Sie würden zehn Millionen Euro erhalten, wenn Sie eine in Ungnade gefallene Führungskraft eines schweren Vergehens bezichtigen würden. Würden Sie das tun? Nein? Selbst dann nicht, wenn genau diese Führungskraft eine ihrer besten Freundinnen gemobbt hat? Und wenn sich Ihre beste Freundin deshalb das Leben genommen hat – wie sieht es dann aus? Vielleicht wären gerade Sie einer der wenigen, der andere Menschen unter gar keinen Umständen absichtlich schädigen würde. Nur: Sehr wahrscheinlich ist das nicht.

Unserer Ansicht nach können sich ganz normale Menschen böse verhalten, wenn die Situation entsprechend gestaltet ist. Bevor man also einen Menschen als bösartig bezeichnet, solche Menschen gibt es auch, sollte man gründlich prüfen, welchen Anteil die konkrete Situation an dessen Verhalten hat. Dabei sollte man weder vorschnell entschuldigen noch vorschnell verurteilen.

Toxiker

Es gibt jedoch auch Menschen, bei denen Regelverstöße Teil des üblichen Verhaltens sind.

> **Definition** Schuler-Lubienetzki und Lubienetzki (2015, 3) beschreiben einen sogenannten Toxiker als Person, die egoistische Motive um jeden Preis verfolgt.

Toxiker fallen dann auf, wenn deren eigene Ziele nicht zu den Organisationszielen passen, also beispielsweise, wenn eine neue Regel eingeführt wird, die einen Toxiker an der Zielerreichung hindert. Regeln haben für einen solchen Menschen keinen Wert an sich. Vielmehr werden Regeln danach beurteilt, ob sie eigene Interessen behindern oder fördern. Wenn Sie einem Menschen begegnen, der seine persönlichen Ziele auch um den Preis vorsätzlich schädigenden Verhaltens (Schüler-Lubienetzki & Lubienetzki, 2015, S. 48) erreichen möchte, können Sie dem nicht durch eine Nachschulung, ein verständnisvolles Gespräch oder ein Coaching beikommen. Einen solchen Menschen muss man entweder aus der Organisation entfernen oder man muss dessen Verhalten Einhalt gebieten – das geht in einem solchen Fall nur durch das klare Setzen von Grenzen und im Fall der Zuwiderhandlung durch Bestrafung. Das kostet viel Kraft. Am besten stellt man solche Menschen gar nicht erst ein. Glücklicherweise gibt es nicht so viele Toxiker unter den Menschen, wie man vielleicht auf den ersten Blick meinen könnte. Das ist auch gut so, denn sonst wäre unser Zusammenleben generell schwierig.

7.2 Zu streng mit anderen und zu milde mit sich selbst

Wann und warum haben Sie zuletzt eine Regel gebrochen? Etwa ein kurzes Privatgespräch wegen eines häuslichen Notfalls mit dem Diensttelefon geführt? Oder wann sind Sie das letzte Mal absichtlich zu schnell gefahren, vielleicht nur 10 km/h, weil es dann nicht so teuer wird? Überlegen Sie bitte. Und dann fragen Sie sich, wann Sie genau solche Handlungen bei anderen Personen schon einmal beobachtet haben. Welche Erklärungen für deren Verhalten kamen Ihnen dabei in den Sinn? Und unterschieden sich die Erklärungen für fremdes von den Erklärungen für eigenes Fehlverhalten? Mitunter können sich diese Erklärungen stark unterscheiden. Das hat Auswirkungen für die Bewertung von Regelbrüchen.

Automatismen

Kontrollverlust ist für Menschen nicht gut zu ertragen. Deshalb schreibt man Ereignissen und Handlungen selbst dann einen Sinn zu, wenn es keinen gibt. Sinn zuschreiben meint dabei, dass Menschen nach Handlungsursachen suchen, dass sie aus Verhalten auf innere Zustände schließen und dass sie Zuschreibungen von Verantwortung und Schuld vornehmen (Ellgring, 1989). Dahinter liegt ein Sicherheitsbedürfnis. Menschen streben nach einer strukturierten, kontrollierbaren Umwelt. Kennt man die Ursachen eines Verhaltens, so ist dieses Verhalten, zumindest aus subjektiver Sicht, ein Stück weit vorhersagbar. Wenn Herr Müller immer grußlos vorbeizischt, wenn er schlechte Laune hat, wissen die Kollegen zukünftig, was sie erwartet, sie können das Verhalten des Herrn Müller einschätzen. Dies erzeugt Sicherheit und das Gefühl von Kontrolle über die Situation. Wo offensichtliche Motive oder Handlungsursachen für konkretes Verhalten fehlen, werden solche unterstellt, um Sinn hineinzudeuten. Bei der Ergänzung nicht vorhandener Informationen und Zuschreibung von Ursachen ist es bequem, Stereotype oder Vorurteile heranzuziehen, vor allem, wenn keine unmittelbaren persönlichen Erfahrungen mit dem Verhalten einer bestimmten Person vorhanden sind. Im Fall von Herrn Müller hieße das, wenn man Herrn Müller nicht gut kennt, wird man ein Stereotyp anwenden. Beispielsweise: Herr Müller ist Abteilungsleiter, trägt hohe Verantwortung, steht unter Stress und vergisst deshalb das Grüßen. Oder: Herr Müller ist erst vor einem Monat Abteilungsleiter geworden, und seitdem trägt er seine Nase sehr hoch und grüßt nicht mehr. Stereotype liefern Vorstellungen und scheinbare Erklärungen über kausale Zusammenhänge, wenn individuelle Erfahrungen mit einer bestimmten Person fehlen. Und Stereotype haben Folgen. Wenn Herr Müller nur aus Stress nicht grüßt, kann das schon einmal passieren. Wenn Herr Müller meint, nicht mehr grüßen zu müssen, nur, weil er befördert wurde, ist das eine Unverschämtheit. Sie sehen, je nachdem, wie man gedanklich fehlende Informationen ergänzt und wie man Ursachen zuschreibt, beurteilt man das Verhalten anderer Menschen unterschiedlich, etwa als Regelverstoß oder nicht, und verhält sich entsprechend unterschiedlich gegenüber diesen Menschen. Welches Stereotyp man wählt, liegt an einem selbst und nicht an den anderen.

Wichtig Lassen Sie Unsicherheit auch mal im Raum stehen. Widerstehen Sie dem Drang, früh zu beurteilen. Sammeln Sie erst Informationen und bewerten Sie anschließend.

7.3 Das Wer bestimmt das Warum

Fehlerhafte Ursachenzuschreibungen erfolgen in vielen sozialen Situationen, weil nur ein Informationsausschnitt zur Verfügung steht, der ergänzt werden muss. Im Alltag kann man sich Attributionsprozessen nicht entziehen. Die Attributionstheorie erklärt, wie solche Ursachenzuschreibungen für Handlungen ablaufen. Warum wird beispielsweise eine neue Regel eingeführt? Gibt es dafür einen sachlichen Grund, will sich mal wieder jemand profilieren, den internen Fünf-Jahres-Plan erfüllen oder geht es um die Abwälzung von Verantwortung? Die subjektiven Antworten auf die Warum-Frage sind entscheidend für die Akzeptanz oder Nichtakzeptanz einer Regel. Wir sprechen vereinfachend von der Attributionstheorie, tatsächlich ist es eher eine Großfamilie verschiedener Theorieansätze (Meyer & Försterling, 1993) als eine einzelne Theorie. Attributionsprozesse wirken auf beiden Seiten, bei den Regelaufstellern oder Regelkontrolleuren (Handelnde) und bei den Regelbefolgern (Beobachter). Vergleicht man die Attributionen eines Handelnden mit denen eines Beobachters, so stellt man fest, dass Handelnde in höherem Maße die Situation verantwortlich machen als Beobachter; Beobachter machen eher die Person verantwortlich (Meyer & Försterling, 1993, S. 201). Für Beobachter hat das den Vorteil, dass man das Gefühl hat, künftiges Verhalten vorhersagen zu können (Meyer & Försterling, 1993, S. 204).

Handelnde bei Regeleinführung
Macht man als Beobachter eine Person verantwortlich, wird deren Verhalten vorhersehbar. Deshalb neigen Beobachter zur Ursachenzuschreibung auf Personen. Also nicht: Die neue Regel ist nötig, weil sich die Situation geändert hat. Sondern: Die neue Regel wird eingeführt, weil der Vorstand es so will. Mitarbeiter haben keinen Einfluss auf neue Regeln, sind im Sinne der Attributionstheorie also Beobachter. Der Vorstand als regeleinführende Instanz ist ein Handelnder. Die Neigung, als Beobachter eher die handelnde Person als die situativen Umstände verantwortlich zu machen, nennt man *fundamentalen Attributionsfehler* (Meyer & Försterling, 1993, S. 206). Diesen Fehler sollte man kennen, damit man mit ihm umgehen kann. Als Vorstand ist einem klar, dass eine Regel aus ganz bestimmten Gründen (Situation) eingeführt wird. Die meisten Mitarbeiter werden aber, sofern man keine bestechenden Argumente nennt, davon ausgehen, dass eine neue Regel einführt wird, weil der Vorstand das so will.

Beobachter von Regelbrüchen

Kontrolleure sind Beobachter bei Regelbrüchen. Deshalb sollte man wissen, welche Ursachenannahmen man als Beobachter einem Regelbrecher quasi automatisch unterstellt. Denn das wird die Reaktion auf und den Umgang mit Regelbrüchen bestimmen. Die Mitarbeiter wiederum können sowohl die Rolle des Beobachters von Regelbrüchen haben als auch Handelnde sein, also gegen Regeln verstoßen. Bei Mitarbeitern können Attributionsprozesse Regelbrüche subjektiv legitimieren.

> **Beispiel Fahrkartenautomat defekt – Teil 1**
>
> Herr Krause ist morgens auf dem Weg zur Arbeit. Er ist spät dran, sein Auto steht in der Werkstatt und er muss ausnahmsweise öffentliche Verkehrsmittel benutzen. Er kommt zur Haltestelle, die Straßenbahn ist schon in Sichtweite – und der Fahrkartenautomat defekt. Kurzerhand springt Krause in die Bahn – was soll er auch sonst tun? Falls ein Kontrolleur kommt, wird er ihn auf den defekten Automaten hinweisen. Das ist schließlich kein Regelbruch, oder? Herr Krause ist in diesem Fall Handelnder. Die Ursache für sein Fahren ohne Fahrschein liegt nicht bei ihm: Es ist kein böser Wille, er will auch kein Geld sparen. Vielmehr sind die äußeren Umstände daran schuld, dass er ohne Ticket unterwegs ist. Wäre der Automat nicht defekt gewesen, hätte er schließlich bezahlt.

Wie würde das ein Kontrolleur wohl einschätzen, wenn ihm Herr Krause diese Geschichte erzählen würde? Ein Kontrolleur wäre in diesem Fall ein Beobachter.

> **Beispiel Fahrkartenautomat defekt – Teil 2**
>
> Die Reparatur des Autos dauert länger und deshalb muss Herr Krause am nächsten Tag wieder die Straßenbahn nehmen. Der Fahrkartenautomat wurde repariert und er kauft vor Fahrtantritt ein Ticket. In der Bahn ist ein Kontrolleur unterwegs. Krause beobachtet voller Genugtuung, wie ein junger Mann kontrolliert wird, der kein Ticket hat. Für Krause sieht der junge Mann etwas ‚abgerissen' aus und er denkt: Das ist doch sicher so ein Sozialschmarotzer, der nie sein Ticket zahlt. Ist schon gut, wenn die solche Leute erwischen.

Halten wir fest: Wir reden zweimal über Fahren ohne Fahrschein. Herr Krause selbst attribuiert bei sich auf äußere Umstände. Ihn trifft deshalb keine Schuld. Bei dem jungen Mann weiß Herr Krause gar nicht, weshalb dieser kein Ticket hat. Vielleicht war ja auch an dessen Haltestelle der Automat defekt. Oder er hat das Monatsticket zu Hause vergessen. So denkt Herr Krause aber nicht und ergänzt die fehlenden Informationen in anderer Weise. Dabei folgt er einem Stereotyp: sieht ‚abgerissen' aus – hat kein Geld – zahlt nie sein Ticket. Wichtig: Bei der gleichen Handlung attribuiert Herr Krause als Beobachter Ursachen, die in der Person liegen und die er für sich selbst weit von sich weisen würde. Ein solcher Unterschied in der Bewertung eigenen und fremden Verhaltens ist ein Beispiel für einen fundamentalen Attributionsfehler. Für einen eigenen Regelbruch macht man äußere Umstände verantwortlich, das entschuldigt den Verstoß. Bei Regelbrüchen anderer macht man die Person verantwortlich und unterstellt Vorsatz. Warum tut man das? Ein Handelnder hat mehr Informationen als ein Beobachter, beispielsweise über die eigene Motivation, eigene Gefühle, Absichten oder darüber, was kurz zuvor geschehen ist, während ein Beobachter oft nur die groben Rahmenbedingungen der Handlung sowie die unmittelbare Handlung kennt. Menge und Verfügbarkeit von Informationen beeinflussen somit Ursachenzuschreibungen von eigenen und fremden Handlungen erheblich. Außerdem dient der fundamentale Attributionsfehler dem Erhalt des Selbstwertes: Man muss sich selbst keine Fehler eingestehen, kann aber bei anderen einen Fehler erkennen und verurteilen – eine recht bequeme und ziemlich verbreitete Verhaltensweise.

7.4 Fehler ohne Reue

Aufgrund des fundamentalen Attributionsfehlers schaffen es Menschen, das gleiche Verhalten bei sich in Ordnung finden und bei anderen hart zu kritisieren. Zurück zu Herrn Krause: Selbst, wenn Herr Krause seine eigenen Regelbrüche erkennt, wird er sie mit äußeren Umständen rechtfertigen und damit Vorwürfe an sich abprallen lassen. Eine derartige Legitimierung eigener Regelbrüche nennt man *Neutralisierung*, siehe hierzu auch Abschn. 7.9 *Ist doch nicht so schlimm*. Mit einer passenden Neutralisierung fällt es leichter, Regeln zu brechen. Die Regelbrüche sind schließlich gerechtfertigt. Bei anderen Menschen würde Herr Krause die gleiche Handlung verurteilen. Dieses Phänomen sollte man im Hinterkopf behalten. Denn die beste Aufklärung über Regeln nützt nichts, wenn die eigenen Verstöße auf diese Weise legitimiert werden. Man sieht dann zwar die Splitter im Auge des anderen, den Balken vor den eigenen Augen aber nicht. Das kann so weit gehen, dass man selbst eine Regel bricht und zugleich anderen einen Regelbruch vorwirft. Hierzu ein Beispiel:

7 Regelbrüche aus guten und aus schlechten Gründen

Beispiel Stadtpark

Herr Conen geht mit seinem Hund Paul im Park spazieren. Er, Herr Conen, nicht Paul, ist polizeibekannt und mehrfach vorbestraft. Der Park ist von einigen wenigen geteerten Radwegen durchzogen, besteht aber hauptsächlich aus Schotterwegen, die durch blaue Verkehrsschilder als Fußgängerwege gekennzeichnet sind. Herr Conen ist gerade auf einem Schotterweg unterwegs, als er hinter sich wildes Fahrradgeklingel wahrnimmt. Er dreht sich um und sieht Herrn Lautterbek auf seinem E-Bike mitsamt Fahrradanhänger zügig heranbrausen. Herr Lautterbek gestikuliert wild: „Zur Seite! Der Hänger ist sperrig!" Und Herr Lautterbek klingelt weiter. Der Schotterweg ist so schmal, dass er gerade die Breite des Fahrradanhängers hat. Herr Conen und Hund Paul müssten also auf die angrenzende Wiese ausweichen, um Herrn Lautterbek und dessen Gespann aus dem Weg zu gehen. Normalerweise würde Herr Conen den Weg frei machen. Aber es hat an den vergangenen Tagen viel geregnet und die Wiese ist matschig. Zudem missfällt ihm der barsche Tonfall und das Dauerklingeln des Radfahrers. Er stellt sich also mitsamt Hund breitbeinig auf den Weg und sagt ganz trocken: „Nö. Das hier ist kein Fahrradweg. Du kannst ja absteigen."

Herr Lautterbek macht eine Vollbremsung direkt vor Herrn Conen. „Das interessiert mich nicht! Nun gehen Sie schon zur Seite, verdammt noch mal! Ich hab' es eilig, Sie Döskopp!" Jetzt wird Herr Conen sauer. „Döskopp? Ich geb' dir gleich nen Döskopp, du Affe! Wenn ich mit dir fertig bin, kannst du zwei Wochen nicht mehr auf deinem blöden E-Bike sitzen!" Nun wird auch Herr Lautterbek sauer. Er sieht gar nicht ein auszuweichen, weil irgendein Prolet ihm den Weg versperrt. Stattdessen bleibt er vor Herrn Conen stehen und zückt sein Handy, um beim Ordnungsamt anzurufen. „Ja, Hallo, hier Lautterbek. Ja, ich bin hier im Park und werde bedroht und genötigt. Ein Mann lässt mich hier nicht durch und schreit mich an. Ja, bitte kommen Sie schnell." Herr Conen bewegt sich keinen Millimeter. Er hatte schon zu viel Kontakt mit Ordnungsbehörden, als dass er jetzt Angst bekommen und das Feld räumen würde. Herr Lautterbek genießt seinen fundamentalen Attributionsfehler, fühlt sich im Recht und beharrt stur auf seiner Position. Die beiden Kontrahenten stehen sich eine Weile stierend gegenüber, bis eine uniformierte Person um die Ecke biegt. Der Ordnungsbeamte erfasst die Lage, seine Mundwinkel zucken kurz. Er kommt heran und wendet sich zuerst an Herrn Lautterbek: „Ja, guten Tag und schön, dass Sie gewartet haben. Ich bekomme jetzt erstmal 15 € von Ihnen. Das hier ist kein Fahrradweg, hier dürfen Sie nicht fahren." Herr Lautterbek reißt die Augen auf und zetert empört los: „Wieso von mir? Das hier ist der Täter! Er lässt mich nicht durch und hat sogar gedroht!" Herr Conen muss sich mühsam das Grinsen verkneifen und sagt nur: „Ich hab' ihm nur gesagt, dass er hier nicht fahren darf. Und ich wollte verhindern, dass er weiter etwas Verbotenes tut."

Da fragt man sich: Warum fühlt sich Herr Lautterbek im Recht, obwohl er auf dem Fußgängerweg nicht mit dem Rad fahren darf? Er rief sogar selbst das Ordnungsamt. Und: Wie kommt es, dass Herr Conen, der es sonst mit Regeln nicht so genau nimmt, im Kleinen plötzlich für Regeleinhaltung sorgen will oder sich gar dafür verantwortlich fühlt? Herrn Conen haben wir gefragt und er sagte, es habe sich gut angefühlt, endlich mal auf Seite derjenigen zu stehen, die im Recht sind. Hätte er Herrn Lautterbek vorbeigelassen, wenn der sich anders verhalten hätte? Ja, klar, sagte Herr Conen, der hätte sich nur damit entschuldigen müssen, dass er sein Rad mit Hänger nicht richtig im Griff habe. Hätte er mich anständig behandelt, wäre ich selbstverständlich zur Seite getreten – Matsch hin oder her.

Beobachten statt Beschuldigen
Sofern man das Verhalten anderer Menschen beobachtet, sollte man sich vor dem fundamentalen Attributionsfehler hüten. Ansonsten unterstellt man zu schnell Vorsatz, ohne die genauen Umstände zu kennen. Die Frage nach Schuld ist aber in sehr vielen Fällen von Verstößen nicht die wichtigste zu klärende Frage, siehe hierzu das Beispiel zu sogenannter *brauchbarer Illegalität* in Abschn. 7.8. Versuchen Sie deshalb, auch die Situationsaspekte eines Regelbruchs in dessen Bewertung einzubeziehen. Nicht immer muss eine Person gemaßregelt werden. Es kann zielführender sein, etwas an der Situation zu verändern, beispielsweise Prozesse, Kontrollmechanismen oder auch schlecht formulierte Regeln zu verbessern. Oder defekte Fahrkartenautomaten zu reparieren. Erweitern Sie die Wahrnehmung auf alle Aspekte eines Regelbruches und konzentrieren Sie sich nicht nur auf die Regelbrecher. Klar, es gibt auch absichtliches Fehlverhalten und das muss bestraft werden. Aber: Nicht jeder Regelbruch ist auf Bösartigkeit zurückzuführen. Erst denken, dann beurteilen und wenn nötig strafen. Hilfreich ist eine Trennung zwischen Sachverhaltsaufklärung und Beurteilung eines Regelbruchs.

Zu viel oder zu anstrengend
Es gibt noch weitere Ursachen für Regelbrüche. Eine davon ist ebenso simpel wie verbreitet: Wenn Regeln zu viele oder zu anstrengende Veränderungen erfordern, brechen Menschen Regeln. Denn neue Regeln verändern Routinen und der Abschied von Routinen fällt schwer. Auch das ist nicht neu, wie folgender Satz zeigt, der Oscar Wilde (irischer Schriftsteller) zugeschrieben wird: Der Mensch ist ein vernunftbegabtes Wesen, das immer dann die Ruhe verliert, wenn von ihm verlangt wird, dass es nach Vernunftgesetzen handeln soll.

Stellt man fest, dass es beispielsweise in einer Organisation neue Regeln braucht, meist gibt es ja schon welche, so muss man sich mit den alten Regeln vor Einführung neuer Regeln befassen. Denn leider bringt unsere komplexe Welt es mit sich, dass immer mehr Dinge geregelt werden müssen

– zumindest glauben das viele. Implizit geht eine solche Einstellung von Misstrauen gegen Andere aus. Der Reflex, wachsender Komplexität mit neuen Regeln zu Leibe zu rücken, ist ebenso verbreitet wie kontraproduktiv. Hinzu kommt, dass eine erfolgreiche Neueinführung von Regeln zeitaufwendig und schwierig ist. Nicht, weil jede neue Regel ungewöhnlich oder generell unzumutbar wäre. Mitunter ist evident und sogar unstrittig, dass Regelungsbedarf besteht. Aber: Jede neue Regel, zumindest, wenn sie etwas verändern soll, macht den Abschied von alten Gewohnheiten oder Routinen erforderlich. Und das fällt schwer. Nicht umsonst ist eine der beliebtesten Begründungen bzw. Rechtfertigungen für den Verstoß gegen (neue) Regeln: Das haben wir doch schon immer so gemacht! Oder die Variante: Das haben wir noch nie so gemacht (Linssen, 2018, S. 65). Im Klartext: Wir haben keine Lust, uns zu ändern, anzustrengen, darüber nachzudenken. Man kann Oscar Wildes Satz in unserem Zusammenhang so modifizieren: Der Mensch ist ein anpassungsfähiges Wesen, das immer dann die Ruhe verliert, wenn von ihm verlangt wird, dass sich etwas ändern soll.

Gewohnheiten sind zäh
Menschen sind Gewohnheitstiere. Wir haben uns, auch im Arbeitsalltag, mit bestimmten Routinen und festen Abläufen eingerichtet. Morgens erst einmal einen Kaffee trinken, dann die E-Mails lesen, so gegen zehn Uhr eine Butterbrezel und einen zweiten Kaffee holen und so weiter. Die meisten von uns fühlen sich wohl mit lieb gewonnenen Routinen. Es gibt Ausnahmen, aber solche Menschen halten es in Organisationen nicht lange aus und daher findet man in Organisationen so selten Menschen, die offen für Veränderungen sind. Je größer, je älter und je stabiler eine Organisation ist, umso mehr zieht sie Menschen an, die Routinen brauchen und lieben. Und selbst in hochflexiblen Arbeitsbereichen, in denen es kaum feste Strukturen und Prozesse gibt, entwickeln sich informell Routinen. So ganz ohne Regeln geht es also nicht, auch nicht in Start-ups und auch nicht bei Soloselbstständigen. Nur wenn Gewohnheiten so starr gelebt werden, dass keinerlei Veränderung und damit auch keine Anpassung an eine neue Regel möglich ist, wird das zum Problem.

Routinen machen das Leben leichter
Routinen sind Handlungen, die man quasi automatisch und fast anstrengungslos vollzieht. Sie benötigen kaum Überlegungen, Abwägungen oder Entscheidungen. Routinen und Gewohnheiten kosten deshalb nur wenig Energie – und das empfindet man als angenehm. So kann man sich auf neue und wichtigere Dinge konzentrieren. Neue Regeln zerstören

Bequemlichkeit. Plötzlich muss man sich bei dem, was man tut, fragen, ob man das noch darf, ob man nicht etwas vergessen hat und so weiter. Neue Regeln fordern aktive Aufmerksamkeit und Denkleistung und sind daher anstrengend. Das macht den meisten Menschen keinen Spaß. Oder kennen Sie eine Regel, die den Freiheitsgrad und die Selbstverantwortung erhöht? Das kann man formulieren wie man will, mehr Freiheit gewinnt man selbst durch die schönste Regel nicht. Der Freiheitsverlust muss durch einen Gewinn von Sicherheit oder Verlässlichkeit ausgeglichen werden. Ansonsten ist man nicht bereit, sich anzustrengen oder einzuschränken.

> **Beispiel Vertrieb**
>
> Stellen Sie sich Vertriebsmitarbeiter Heinzelbach vor, der dafür bezahlt wird, möglichst viele Kunden zu gewinnen und die Bestandskunden bei der Stange zu halten. Heinzelbach ärgert sich zu Recht über eine neue Regel, die ihm beispielsweise die Annahme von Essenseinladungen verbietet, weil sie es erschwert, neue Kunden zu gewinnen oder Bestandkunden zu halten. Man sollte erst gar nicht so tun, als würde die neue Regel dem Vertriebsmitarbeiter unmittelbar einen Vorteil bringen. Klüger ist es, zuzugeben, dass die neue Regel Heinzelbachs Arbeit beschwerlicher machen wird, das soll die Regel ja auch, beispielsweise um gesetzliche Vorgaben umzusetzen und das Unternehmen zu schützen. Die neue Regel ist also für die Organisation insgesamt wichtig und muss, trotz Beschwernissen, auch von Herrn Heinzelbach umgesetzt werden. Das ist keine Ausgangssituation, um lebenslang Freundschaft zu schließen, aber ohne schonungslose Offenheit geht es nicht.

Wenn Sie versuchen, jemandem einen Vorteil einer neuen Regel einzureden, den es aus dessen Sicht nicht gibt, verlieren Sie Glaubwürdigkeit. Und ab dann sind Sie wirkungslos.

> **Wichtig** Wenn Sie den Menschen durch eine neue Regel Bequemlichkeit nehmen, müssen Sie dafür etwas bieten – mindestens Ehrlichkeit.

Der Abschied fällt schwer

Angenommen, Sie hätten den Vertriebsmitarbeiter Heinzelbach überzeugt, dass er sich, wenn er im nächsten Jahr auch noch einen sicheren Arbeitsplatz haben will, an die neue Regel halten muss. Selbst wenn er einsieht, dass die neue Regel für ihn wichtig ist, wird ihm der Abschied von alten Gewohnheiten und das Einüben neuer Routinen schwerfallen. Notwendigkeit erkannt, aber trotzdem kein Spaß an der neuen Regel. Wie kommt das? Ein Stolperstein für die Veränderung von Gewohnheiten ist, dass genau dasjenige Verhalten, das eigentlich verändert werden soll, seine angenehmen Seiten hat. Viele Menschen nehmen sich zum Jahresanfang vor, sich an neue, selbst gesetzte Regeln zu halten: mehr Sport treiben, Gurken statt Pommes zu essen, mit dem Rauchen aufhören, die Eltern häufiger besuchen, sich endlich wieder bei einer alten Freundin zu melden. Das Problem dabei: Wir wissen nicht erst seit Neujahr, dass Sport, gesundes Essen und Nikotinverzicht sinnvoll sind – aber auf dem Sofa mit etwas Schokolade oder einer Kippe ist es einfach gemütlicher, wenn es draußen regnet oder schneit, man Hunger hat und gestresst oder müde ist. Und auch im Arbeitsleben kennen wir bei eingeschliffenen Routinen die Hürden und Fallstricke – aber eben auch die Möglichkeiten, damit umzugehen.

7.5 Der Bumerang-Effekt

Kurzfristig können wir unsere Aufgaben mit eingeschliffenen Routinen vielleicht schneller und besser erfüllen – langfristige Bumerang-Effekte werden dabei gerne ausgeblendet, wie folgendes Beispiel zeigt.

> **Beispiel Bauprojekt**
>
> Stellen Sie sich vor, Sie arbeiten als Bauleiter für eine Körperschaft, die verschiedene Bauprojekte aus EU-Mitteln finanziert und realisiert. Es gilt die Regelung, dass ab einer Grenze von 10.000 € pro Auftrag in der ganzen EU ausgeschrieben werden muss, und zwar mit dem im öffentlichen Dienst üblichen bürokratischen Aufwand. Ihnen als Bauleiter dauert dieses Verfahren zu lange, Sie wollen zeitnah mit dem Bauen beginnen. Deshalb vergeben Sie freihändig mehrere Aufträge, die über der Ausschreibungsgrenze liegen. Zudem bevorzugen Sie bei allen Aufträgen eine bestimmte Firma, die DIY. Die DIY hat zwar längst nicht die günstigsten Angebote, aber Sie arbeiten schon lange mit dieser Firma zusammen und wissen, dass DIY schnell und gründlich arbeitet. Die sind ihr Geld wert. So kann Ihr Projekt in der gewünschten Zeit realisiert werden. Dabei ist Ihnen durchaus bewusst, dass die Vergabestelle gerade überlastet ist und erst in zwei Monaten dazu kommen wird, Ihr Vorgehen zu überprüfen. Sie wissen auch, dass das gesamte Projekt rückabgewickelt werden kann, wenn die Geldgeber Verstöße gegen das Vergaberecht feststellen. Das heißt, die Körperschaft müsste der EU den vollen Betrag für das gesamte Projekt zurückerstatten, nicht nur für Ihren Bau. Dennoch ist Ihnen ein schneller Bauabschluss wichtiger. Ehe Ihr Verstoß auffallen wird, sind Sie sicher schon längst wieder in einem neuen Projekt bei einer anderen Organisation tätig.

Es ist nicht einfach, eine vollständige Ausschreibung zu erstellen. Als Bauleiter im Beispiel hätte man nicht korrekt gehandelt. Aber das Unrechtsbewusstsein ist nur schwach ausgeprägt. Schließlich hat der Bauleiter die eigentliche Arbeit optimal erledigt. Der Projektbau wurde termin- und kostengerecht abgeschlossen. Wäre es günstiger gegangen? Vielleicht, vielleicht aber auch nicht. Wäre es schneller gegangen? Eher nicht. Hätte sich der Bauleiter an die Regeln halten müssen? Ja, weil es nicht nur um dieses eine Projekt geht, sondern um einen wettbewerblichen fairen Umgang. Das Beispiel veranschaulich ein Dilemma. Aus individueller Sicht kann man das Verhalten des Bauleiters vielleicht verstehen. Er möchte zügig und mit verlässlichen Kosten ein Projekt abschließen. Dabei behindern die Ausschreibungsregeln. Aus Sicht der Gesellschaft insgesamt ist die Zeitverzögerung allerdings in Kauf zu nehmen.

Kurzfristige Vorteile
Für den Bauleiter im Beispiel wirkt das kurzfristige Ziel, das Bauprojekt schnell zu realisieren, stärker als die abstrakte und weit entfernte Prüfung einer Vergabestelle oder eines unpersönlichen Geldgebers. Würden sich der Bauleiter an die Vergaberichtlinien halten, müssten er sehr exakt definieren, was genau wie gemacht werden soll. Er müsste sich nicht nur mit seinem eigentlichen Fachgebiet auseinandersetzen, sondern auch lernen, wie man Ausschreibungstexte und Bewertungskriterien formuliert. Das ist alles keine Kunst, aber es zu lernen kostet Mühe. Und es kostet Zeit, ist also mit subjektivem und objektivem Mehraufwand verbunden. Und ebenso wie bei den guten Vorsätzen zum neuen Jahr ist die Versuchung groß, angesichts des Mehraufwands doch lieber auf die einfachen alten Routinen zurückzugreifen. Nicht als offizielle Entscheidung natürlich. Kaum jemand erklärt in der dritten Januarwoche, er gebe den Vorsatz des Sporttreibens wieder auf, weil es zu anstrengend ist. Nein, vielmehr werden Ketten von Ad-hoc-Ausnahmen gebildet, die nach und nach die neue Regel Sport zu treiben aushöhlen: Heute habe ich so viel zu tun/ist so schlechtes Wetter/bin ich zu müde/ist es zu heiß/ist es zu kalt/fühle ich mich nicht gut/habe ich wirklich überhaupt keine Lust und dann steigt ja die Verletzungsgefahr! Genauso läuft es im Beruf auch: Natürlich halte ich mich an das Vergaberecht, aber dieses Projekt muss nun wirklich unbedingt bis zum Sommer fertig werden, das ist schließlich auch von oben gewollt! Hinzu kommt, dass der Bauleiter das Verfassen einer Ausschreibung nicht als echte Arbeit, sondern als Behinderung der eigentlichen Arbeit erlebt. Er folgt einem Ideal eines guten Bauleiters, bauen und fristgerecht fertig stellen, und nicht dem Ideal eines Kontrolleurs, Regeln schaffen und durchsetzen. Entschuldbar ist das nicht, verständlich schon. Und es ist der Ansatzpunkt für Veränderungen.

7.6 Leiser Widerstand und berechtigter Widerstand

Aufgezwungene Regeln werden eher gebrochen. Bei der Einführung neuer Regeln kommt häufig erschwerend hinzu, dass Mitarbeiter Regeln als von oben verordnet empfinden. Mitarbeiter fühlen sich durch neue Regeln oft gegängelt oder zumindest fremdbestimmt. Das schürt Widerstand und Abwehr. Eine solche Reaktanz kann zwar durch das Erklären der Sinnhaftigkeit von Regeln abgemildert werden, kann sich aber auch zu offener Rebellion und Verweigerung steigern, etwa wenn die Regeln jemandem massiv gegen den Strich gehen oder, wenn man denjenigen Personen, die Regeln einführen, nicht zugesteht, derart in die eigene Handlungsfreiheit einzugreifen. Oder wenn diejenigen Personen, die eine Regeleinhaltung fordern, schlichtweg nicht respektiert werden. Nun gibt es Unterschiede von Mensch zu Mensch in der Wahrscheinlichkeit, reaktant zu reagieren. Man sollte nicht damit rechnen, dass sich alle Mitarbeiter gleich verhalten. Doch es kann passieren, dass eine kleinere Gruppe von Mitarbeitern energisch Widerstand leistet.

Leiser Widerstand
Widerstand muss dabei übrigens nicht laut und explizit sein. Im Arbeitsleben drückt sich Widerstand gegen Regeln häufig aus in Lippenbekenntnissen, Pro-forma-Aktivitäten und Dienst nach Vorschrift. Solches, nur scheinbar regelkonformes Verhalten fällt sofort in sich zusammen, wenn der äußere Druck nachlässt und die Betreffenden das Gefühl haben, nicht mehr unter Beobachtung zu stehen.

> **Wichtig** Schlaue Widerständler tun so, als würden sie die Regeln einhalten, während sie tatsächlich weiter machen wie zuvor.

Wenn man richtig Pech hat, tun Mitarbeiter genau das, was man offiziell von Ihnen verlangt. Sie halten sich an jede Regel, wirklich an jede einzelne. So kann man eine Organisation lahmlegen. Wie Kette und Barnutz (2019, S. 3) zu Recht schreiben, können Regelabweichungen für Organisationen funktional sein und umgekehrt kann die Durchsetzung von Regeln um jeden Preis dysfunktionale Effekte haben.

> **Beispiel Dübel**
>
> In einer Hochschule fiel eines schönen Tages ein Beamer von der Decke. Der Zeitpunkt war gut gewählt – der Beamer fiel in der Nacht herunter, am nächsten Morgen war die Überraschung groß, aber niemand war verletzt worden. Was war die Ursache für den Beamerabsturz? Die Halterung hatte sich von der Decke gelöst, weil die falschen Dübel bei der Befestigung verwendet worden waren. Das Problem wurde mit den richtigen Dübeln behoben und auch in allen anderen Vorlesungsräumen wurden die Dübel ausgetauscht. Problem gelöst, könnte man denken. Dennoch kam ein sehr eifriger und sehr ängstlicher Verwaltungsmitarbeiter, Herr Löblich, auf die Idee, von allen Dozenten zu verlangen, vor jeder Lehrveranstaltung den festen Sitz der Beamer an der Decke zu prüfen – man weiß ja nie. Wenn ein Beamer herunterfällt, könnten die anderen Beamer sich an der Revolution beteiligen und Lust am freien Fall entwickeln. Die Beamer sind je nach Hörsaal in 3 bis 6 m Höhe befestigt. Ganz schön hoch – ohne Leiter. Was nun? Nun, wer nicht arbeiten möchte, kann jetzt vor jeder Veranstaltung die Beamer prüfen und, weil er den festen Sitz nicht aus sechs Meter Entfernung von unten überprüfen kann, die Veranstaltung absagen. Macht natürlich niemand, zumindest niemand, der keine Freude an Quertreiberei hat. Aber: Diese Regel wird nicht eingehalten. Vielleicht sind Sie beim Lesen auf die Idee gekommen: Wo ist das Problem? Diese sinnlose Regel kann man doch einfach abschaffen. Nun ja, der eifrigängstliche Herr Löblich hat mehr Zeit als die Dozenten, sich in einen bürokratischen Stellungskrieg zu begeben. Auch der Kampf gegen sinnlose Regeln kostet Energie. Und wenn Herr Löblich noch immer ängstlich und eifrig ist, dann gibt es die Regel noch heute.

Berechtigter Widerstand

Wenn berechtigter Widerstand nicht ernst genommen, sondern gebrochen wird, leidet die Regeltreue. Mitarbeiter müssen aussprechen dürfen, welche unerwünschten Nebenwirkungen eine neue Regel hat und sie können von der Leitung einer Organisation oder derjenigen Person, die eine Regel einführt, zu Recht erwarten, dass die Folgen einer Regeleinführung akzeptiert werden, beispielsweise weniger Umsatz oder Gewinn und nicht zu vergessen ein niedrigerer Bonus für das Topmanagement. Während Regeln gerne und schnell eingeführt werden, sieht das mit der Akzeptanz der Folgen schon anders aus. Wenn man sich nicht um die Nachteile von Regeln kümmert, wenn berechtige Einwände der Mitarbeiter nicht interessieren, wenn Regeln formell durchgesetzt werden – am besten mit persönlicher Unterschrift der Kenntnisnahme und Strafandrohung bei Abweichungen, dann zeigt das, wie wenig man letztlich von den Mitarbeitern hält. Perfide ist es, wenn die Organisationsleitung formell Regeln zur eigenen Absicherung einführt, implizit aber erwartet, dass alles so weiterläuft wie zuvor. Das ist Führungsversagen aus Feigheit, siehe dazu auch Abschn. 3.1 *Die Zeit der Feigenblätter läuft ab.*

Das Problem der Vereinbarkeit der neuen Regeln mit Geschäftsprozessen wird dann auf die einzelnen Mitarbeiter abgewälzt. Führung ist zielbezogene Einflussnahme (Rosenstiel, 2009, S. 3). Dazu muss man erreichbare Ziele anstreben. Wenn eine Leitung Regeln einführt, muss sie bereit sein, die Konsequenzen zu tragen. Rosenstiel (2009, S. 9) fasst prägnant zusammen, was eine gute Führungskraft ausmacht:

- mindestens durchschnittliche Intelligenz,
- gute soziale Kompetenzen: sich auf verschiedene Menschen einstellen können,
- hohe Zielbindung: ein wichtiges Ziel auch bei Widerständen verfolgen,
- Offenheit für neue Erfahrungen: flexibel reagieren,
- ausgeprägte Lernbereitschaft und Lernfähigkeit: sich aktiv auf neue Situationen einstellen können und wollen.

Eine im Sinne Rosenstiels (2009) gute Führungskraft schafft es, Regeln so einzuführen, dass berechtigter Widerstand ernst genommen statt bekämpft wird.

Mikropolitik
Beim Einführen von Regeln sollte man mit mikropolitischen Attacken rechnen. Man kann Regeln auch nutzen, um eigene Interessen durchzusetzen.

> **Definition** Mikropolitik ist nach Neuberger (2009, S. 30) die Summe der alltäglichen Einflussversuche einzelner Akteure, um eigene Interessen durchsetzen.

Durch Mikropolitik werden eigene Handlungsspielräume erweitert und der Zugriff durch Kontrollen wird vermindert. Neuberger (2009, S. 30–31) zählt typische mikropolitische Verhaltensweisen auf. Hier ein Auszug zur Veranschaulichung:

- Informationskontrolle, beispielsweise durch Schönfärberei, das Verbreiten von Gerüchten, Informationszurückhaltung
- Kontrolle von Verfahren, Regeln und Normen, beispielsweise Präzedenzfälle schaffen

- Beziehungen nutzen oder stören, beispielsweise durch das Bilden von Seilschaften oder die Herabsetzung unliebsamer Konkurrenten
- Selbstdarstellung, beispielsweise durch das Übertreiben eigener Leistungen
- Handlungsdruck erzeugen, beispielsweise durch Emotionalisierung oder das Hochspielen von Schwierigkeiten
- Zeitpunkte steuern, beispielsweise ein Problem nicht beim Auftreten bekannt machen, sondern erst dann, wenn es den eigenen Zielen dient

Man sollte Mikropolitik als das akzeptieren, was sie ist: das übliche Verhalten von Menschen. Mikropolitik kann sogar nützlich sein, wenn beispielsweise ein ehemaliger Mitarbeiter aus dem operativen Geschäft, der in die Revisions- oder Compliance-Abteilung gewechselt ist, seine alten Kontakte ins Operative nutzt, um dort für Regeleinhaltung zu werben. Man sollte damit rechnen, dass Mikropolitik das Einführen einer neuen Regel fördern oder hemmen kann. Klug genutzt, kann Mikropolitik auch zur schnelleren Etablierung einer neuen Regel beitragen.

7.7 Keine Regel ist perfekt – deshalb gibt es Ausnahmen

Für fast jede Regel gibt es eine wirklich gute Ausnahme. Würden Sie 20 Mio. Euro, die als Fehlbuchung auf Ihrem Konto landen, von sich aus zurückgeben? Klar, wird ja sowieso bemerkt. Verändern wir die Situation: Würden Sie das Geld auch dann zurückgeben, wenn man nicht feststellen könnte, dass Sie das Geld erhalten haben? Okay, drehen wir etwas mehr an der Veränderungsschraube: Bleiben Sie bei einer Rückgabe, auch wenn die 20 Mio. von einem Drogenkartell stammen, das damit verschiedene Bürgermeister bestechen wollte, um ihr Geschäftsgebiet auszuweiten? Würden Sie in einem solchen Fall das Geld behalten? Oder würden Sie das Geld offiziell melden, damit es konfisziert werden kann? Auch dann, wenn so ihr Name bekannt wird und das Kartell erfahren würde, bei wem die 20 Mio. gelandet sind und wer dafür verantwortlich ist, dass das Drogenkartell auffliegen könnte? Wie lautet eigentlich die dazugehörige Regel? Ach ja, Geld, das einem nicht gehört, muss man an denjenigen zurückgeben, dem es gehört. Oder behalten Sie einen auf der Straße gefunden Geldbeutel mit Personalausweis, Führerschein und 200 Euro? So sinnvoll es für eine Gesellschaft ist, Dinge an denjenigen zurückzugeben, dem sie gehören, so leicht ist es, sich eine Situation vorzustellen, in der die Einhaltung der Regel nicht das Ziel erreicht, für das sie gemacht war.

Keine Perfektion – nirgendwo
Was folgt daraus? Keine Regel kann für alle denkbaren Situationen gute Lösungen bieten. Viele Menschen suchen in solchen Fällen einen inneren Kompromiss zwischen ihren eigennützigen und ihren moralischen Tendenzen. Dieser drückt sich etwa dadurch aus, dass die meisten Menschen, auch wenn sie keine negativen Folgen zu erwarten hätten, nur bis zu einem gewissen Grad unmoralisch handeln. Dieser Grad definiert sich durch eine Schwelle, bis zu der man sich selbst noch als guten Menschen betrachten kann, obwohl man faktisch gegen moralische Normen verstößt. Bildlich gesprochen handelt es sich hierbei um moralische Verstöße, die unter dem Radar des Gewissens begangen werden. Einen herrenlos im Park umherflatternden 5-Euro-Schein bringt man wohl kaum zum Fundbüro, weil es unwahrscheinlich ist, dass der richtige Besitzer ermittelt wird und der Betrag nicht allzu hoch ist. Einen Geldbeutel mit Personalausweis, Führerschein und 200 € bringt man zum Fundbüro, weil man noch in den Spiegel schauen können möchte und darauf hofft, dass es umgekehrt auch jemand tun würde, wenn man selbst Papiere und so viel Geld verliert.

Widerstand kann ins Destruktive kippen
Wenn vernachlässigt wird, welche Auswirkungen eine Regel im operativen Geschäft auf der ausführenden Ebene hat, hilft selbst eine eindringliche und wiederholte Kommunikation der Regel kaum. Vielmehr fühlen sich Mitarbeiter nicht ernst genommen, sind von den Regeln frustriert und versuchen, die Regeln zu unterlaufen, teilweise sogar im vermeintlichen Interesse des Unternehmens. Die Regel verhindert, dass ich einem Kunden schnell helfe und deshalb setze ich die Regel aus. Ist ja gut für das Unternehmen, wenn die Kunden zufrieden sind.

Wird in einem solchen Fall zur Regeleinhaltung ermahnt, fühlt man sich gegängelt, weil man an guter Arbeit (Kundenbindung) gehindert wird. Die Folge sind Widerstand und ein Unwillen, sich mit einer Regel überhaupt auseinander zu setzen. Passiert das häufiger, kann dies sogar dazu führen, dass die Mitarbeiter eine gegen den eigenen Arbeitgeber gerichtete destruktive Einstellung entwickeln. Sie werden also illoyal und verlieren die Bindung zur Organisation. Verhärtet sich diese Haltung, spricht man von organisationalem Zynismus (Schilling, 2019). Hier sind Führungskräfte besonders gefragt. Sie müssen verhindern, dass Frustrationen über Regeln in organisationalem Zynismus münden, siehe dazu ausführlich Kap. 9 *Vorbilder müssen integer sein, nicht perfekt*. Führungskräfte als Vertreter einer Organisation sollten versuchen, mit Mitarbeitern gangbare Lösungen zu finden, wie Regeln eingehalten werden können, ohne dass das operative Geschäft gravierend beeinträchtigt wird (Linssen, 2018, S. 66). Und sie sollten als Rückmeldefunktion an die oberste Entscheidungsebene fungieren. Denn oftmals können Regeln mit kleinen Modifikationen viel besser umsetzbar sein als in der ursprünglichen Variante.

> **Beispiel mein Schatz**
>
> Stellen Sie sich vor, Sie sind als Compliance-Beauftragter einer Behörde mit vielen Auslandskontakten für die grundsätzliche Regeleinhaltung zuständig. Sie stehen vor dem Problem, dass Behördenmitarbeiter in bestimmten Ländern nahezu bei jedem Besuch Gastgeschenke bekommen, die zum Teil einen erheblichen Wert haben. In der Kultur der betreffenden Länder sind solche Gastgeschenke fest verankert. Eine Nichtannahme kommt einem Affront gleich. Dennoch gilt für die Beamten Ihrer Behörde, wie grundsätzlich für alle Beamten, dass das Annehmen von Geschenken, auch ohne dienstliche Gegenleistung, eine Straftat darstellt, nämlich Vorteilsannahme gemäß § 331 StGB (Strafgesetzbuch). Die betroffenen Beamten sind sich des Dilemmas bewusst und treten an Sie als Verantwortlichen heran. Zunächst können Sie darüber aufklären, dass die Annahme solcher Geschenke nur strafbar ist, wenn sie heimlich angenommen werden. Beamte dürfen nämlich Geschenke in einem gewissen Rahmen annehmen, wenn sie deren Erhalt bei der Behörde anzeigen und sich die Annahme genehmigen lassen. Schon das ist vielen nicht bewusst – obwohl das in § 331 StGB Abs. 3 eindeutig formuliert ist. Offensichtlich hatte niemand die Regel nachgelesen. Soviel zur Wichtigkeit der Regelkommunikation. Viele Geschenke haben jedoch einen so hohen Wert, dass das Geschenk nicht mehr genehmigungsfähig ist. Ein Beamter darf nun mal keine goldene Uhr annehmen, egal ob das angezeigt wird oder nicht. Gleichzeitig sehen die Betroffenen keine Möglichkeit, wertvolle Geschenke abzulehnen, um die Beziehungen zu den Auslandsinstitutionen nicht zu beeinträchtigen. Und einige wollen die Geschenke auch unbedingt behalten. Sie müssen sich Sätze anhören wie: „Tu was, damit ich das Ding behalten kann!" Was würden Sie nun tun? Sie würden Ihren Kollegen ja gerne Lösungen anbieten, aber eine Änderung des StGB ist doch vielleicht ein zu dickes Brett. Sie können die Regeln nicht ändern. Und gleichzeitig erkennen Sie, dass die stumpfe Durchsetzung der Regel nicht nur Widerstand bei Ihren Kollegen, sondern durchaus auch Komplikationen provozieren könnte.
>
> Der Compliance-Beauftragte aus unserem Beispiel agierte klug. Er trug das Problem in die Führungsebene und diskutierte mit den Behördenleitern. Schließlich gab man den Mitarbeitern die Wahl zwischen zwei Optionen. Zum einen konnten sie für das Geschenk eine Ausgleichszahlung in Form einer gemeinnützigen Spende tätigen, wenn sie ein Geschenk behalten wollten. Die andere Möglichkeit war, das Geschenk nach Ende der Auslandsreise in der Behörde beim Vorgesetzten abzugeben. Die Behörde ließ die Sachen dann einmal im Jahr für einen gemeinnützigen Zweck versteigern.

Das Gute daran: Die Regel, keine Vorteile anzunehmen, wurde eingehalten, die Einhaltung war kompatibel mit den Dienstaufgaben bzw. dem operativen Geschäft der Mitarbeiter und diese hatten sogar eine Wahlmöglichkeit, wie sie die Regeln einhalten können. Das Dilemma war beseitigt, die Mitarbeiter zufrieden. Möglicherweise gibt es auch hier noch das eine oder andere juristische Haar in der Suppe. Daher empfehlen wir das geschilderte Vorgehen nicht als Musterlösung, sondern verwenden es nur als Denkanstoß, einen gangbaren Weg für die jeweilige Situation zu finden.

7.8 Brauchbare Illegalität

Hätten in dem obigen Beispiel die Mitarbeiter den Compliance-Beauftragten nicht zu Rate gezogen, sondern die teuren Geschenke einfach heimlich behalten, könnte das ein Fall von brauchbarer Illegalität sein. Dieser Begriff bezeichnet funktionale Regelabweichungen (Kühl, 2020, S. 11). Man könnte zugespitzt formulieren: Regeln brechen, um Gutes zu tun. Im Beispiel also das Geschenk trotz Strafandrohung behalten, um die Auslandspartner nicht zu brüskieren. Das Phänomen der brauchbaren Illegalität wird unterschätzt. Der Begriff wurde von dem Soziologen Niklas Luhmann geprägt und beschreibt ein Verhalten, das gegen die formellen Regeln einer Organisation verstößt, aber insofern hilfreich ist, als dass die Organisation von dem illegalen Verhalten profitiert. Nach Kühl (2020, S. 10) sind formelle Regeln oft zu starr, um situationsangemessen zu sein.

> **Wichtig** Abweichungen von formellen Regeln können sinnvoll sein, wenn eine strikt formelle Regeleinhaltung zu unerwünschten Folgen führen würde. Oft wird das in Organisationen toleriert oder sogar gefördert.

Nach Schütz et al., (2018, S. 105) handelt es sich um eine Art geduldete Suspendierung der Regeln. Das ist eine Gratwanderung, weil die formelle Ordnung als solche nicht infrage gestellt werden sollte (Kühl, 2020, S. 10). Beispielsweise kann eine lustlose oder nachlässige Rüge eines Fehlverhaltens den Eindruck in dem nachlässig gerügten Menschen hervorrufen, das formell nicht zulässige Verhalten sei eigentlich gar nicht so schlimm (Schütz et al., 2018, S. 109). Auch der Verzicht auf eine eigentlich festgeschriebene Sanktion kann einen vergleichbaren Effekt haben (Schütz et al., 2018, S. 110). Deshalb muss beispielsweise Mobbing Folgen haben. Wird nicht oder nur nachlässig auf Mobbingvorwürfe reagiert, können das die Mobbingtäter als indirekte Duldung oder Ermunterung auffassen.

> **Beispiel Gewindebohrer**
>
> Hank und Meck (2015) beschreiben brauchbare Illegalität besonders anschaulich bei einer Fabrik im US-Bundesstaat New York nach dem Zweiten Weltkrieg. Dort mussten beim Bau von Kampfflugzeugen an den Tragflächen Schrauben in vormontierte Muttern eingeführt werden. Das gestaltete sich oft schwierig, die Muttern passten nicht exakt. Man kam daher auf die Idee, die Arbeit zu erleichtern und Gewindebohrer einzusetzen. Diese vergrößerten die Öse der Mutter, sodass die Schrauben leicht festzuziehen waren. Offiziell war der Einsatz solcher Bohrer zwar verboten, da sich bei zu stark geweiteten Gewinden im Betrieb des Flugzeugs möglicherweise durch Vibration Schrauben lösen können. Dies hätte bis zum Absturz eines Flugzeugs führen können. Die Monteure hatten dennoch alle einen solchen Bohrer und setzten ihn auch ein. Die Vorarbeiter, die für die Regeltreue und Kontrolle der Monteure zuständig waren, ließen die Monteure mit ihren Bohrern gewähren. Nur so konnten die knappen Zeitvorgaben erfüllt werden. Es wurde systematisch gegen die kein-Bohrer-Regel verstoßen. Lediglich wenn sich externe Kontrolleure ankündigten, die als sehr streng galten, wurden alle Monteure gewarnt und ließen die Bohrer verschwinden, bis die Kontrolle vorbei war.

Ob diese Illegalität tatsächlich brauchbar war, hängt wie so oft von der Perspektive ab. Aus Sicht der Monteure ja, aus Sicht eines Piloten eher nicht. Würden Sie als Monteur gegen das Verwenden der Gewindebohrer durch Kollegen vorgehen? Die meisten würden das nicht tun, da die Folgen drastisch sein können. Sich an allgemein üblichen Regelbrüchen zu beteiligen wird informell erwartet, die Regelbrüche sind Teil der Kultur geworden.

Regelbrüche mit gutem Gewissen

An brauchbarer Illegalität ist bemerkenswert, dass ein Regelbruch aus Sicht der Handelnden gar keiner ist. Vielmehr werden aus deren Sicht die Regeln sogar übererfüllt: Man gibt tatsächlich ‚alles', um Organisationsziele zu erreichen. Und: Der Verstoß dient nicht einem Einzelnen, sondern der Organisation an sich. Eigennutz ist also nur insofern ein Motiv, als dass der Mitarbeiter durch den Regelbruch eine Lösung zur Bewältigung seiner Aufgabe findet. Eigentlicher Nutznießer ist die Organisation. Die Mitarbeiter reagieren letztlich auf ein Führungsversagen. In dem Flugzeugbeispiel werden zwei zeitgleich nicht erfüllbare Vorgaben gemacht: Schrauben wie vorgeschrieben ohne Gewindebohrer einsetzen und Zeitvorgaben einhalten.

Mer dunn et ja för Kölle
Das hat zur Folge, dass die handelnden Mitarbeiter die Verantwortung für einen Verstoß von sich weisen können. Dementsprechend haben sie auch kaum oder kein Unrechtsbewusstsein. Im Rheinland hat sich dafür der Satz „Mer dunn et ja för Kölle" (Wir tun das ja nur für Köln) herausgebildet. In solchen Fällen ist es schwer, Regeltreue einzufordern, insbesondere, wenn man keine Alternativen zum nützlichen Regelbruch anbieten kann. Jeder Hinweis auf Einhaltung der Regeln würde als weltfremd oder unrealistisch abgetan werden. Auch Schulungen helfen in solchen Fällen nicht weiter. Im Beispiel der Flugzeugmontage wäre die Aufhebung des Zielkonflikts zwischen Zeitvorgabe und korrekter Fertigung angezeigt gewesen. Einen solchen Konflikt aufzulösen ist eine Führungsaufgabe. Der einzelne Mitarbeiter kann ein solches Problem nicht alleine lösen. Im Zweifel ist ein Gespräch mit der Führungsebene nötig und wenn Sie den Gedanken weiterspinnen, im Extremfall mit dem zuständigen Vorstand. Allerdings, diesen Gedanken gilt es zu bedenken, hängt es oft von Zufällen ab, ob Regelbrüche bekannt werden und wirklich schaden (Kühl, 2020, S. 13). Öffentlich bekannt werden nur diejenigen Fälle, in denen die Regelbrüche geschadet haben. Die erfolgreichen Fälle von Regelbrüchen erfolgen meist unbemerkt. In unserer eigenen Forschung und Beratung sind uns zahlreiche Beispiele für geräuschlose brauchbare Illegalität in Unternehmen und in staatlichen Organisationen begegnet.

Wer am Ende die Zeche zahlt
So gut Gründe für brauchbare Illegalität einem vorkommen mögen, am langen Ende kann das auf einen zurückfallen. Wenn der Erfolg ausbleibt oder der Wind schärfer wird, wird nach den formellen Regeln abgerechnet (Schütz et al., 2018, S. 110). Stellen Sie sich vor, Sie hätten den Verdacht, dass ein Mitarbeiter in einer Schlüsselposition der Forschungsabteilung eine Affäre mit einer Mitarbeiterin der russischen Botschaft unterhält, oder der chinesischen oder der amerikanischen Botschaft. Würden Sie dann wissen wollen, ob da mehr als ein privates Techtelmechtel dahintersteckt oder würden Sie denken, das ist eine Privatsache, wird schon nichts passieren? Würden Sie auch dann nicht wissen wollen, ob Informationen abfließen, wenn der liebestolle Mitarbeiter ein Projekt leitet, bei dem es um den Fortbestand des Unternehmens geht? Wie weit würden Sie gehen, um die Frage zu klären? Und: Wie viel Aufklärung sind Sie dem Fortbestand ihres Unternehmens schuldig? Wer tiefer in das Thema brauchbare Illegalität einsteigen will, dem sei das Buch von Kühl (2020) empfohlen.

7.9 Ist doch nicht so schlimm

Eine weitere Strategie zur Legitimation von Regelbrüchen ist die Anwendung von Neutralisierungstechniken (siehe auch Abschn. 7.4 *Fehler ohne Reue*). Sie funktionieren am besten, wenn der Mensch, der sie einsetzt, deren Wirkweise nicht kennt (Holzmann, 2019, S. 123). Daher kann es helfen, Mitarbeitern gängige Neutralisierungstechniken zu erklären.

> **Definition**
>
> Eine Rechtfertigung vor der Begehung eines Regelbruches nennt man Neutralisierung. Damit wird es leichter, gegen eine Regel zu verstoßen. Die Hemmschwelle wird niedriger.
>
> Eine Rechtfertigung nach Begehung eines Regelbruches nennt man Rationalisierung. Das ist eine Art Entschuldigung für zurückliegendes Fehlverhalten (Bertsch, 2008).

Die nachfolgenden Ausführungen basieren auf einer überarbeiteten Version des Abschn. 2.6 *Rechtfertigungstechniken* von Litzcke et al., (2012, S. 34–40). Die meisten Menschen rechtfertigen ein Fehlverhalten, zumindest vor sich selbst, damit sie sich trotzdem als ein grundsätzlich integrer Mensch fühlen und noch in den Spiegel schauen können. Wenn man nach einem Regelbruch eine plausible Ausrede findet (Rationalisierung), kann man sein positives Selbstbild trotz des Fehlverhaltens aufrechterhalten. Die meisten Menschen möchten sich in einem positiven Licht sehen. Dafür setzen Menschen Rationalisierungstechniken ein (Fleming & Zyglidopoulos, 2009).

Geschmeidige Auslegung von Regeln
Aus der Korruptionsforschung ist beispielsweise bekannt, dass korrupte Menschen größtenteils gesellschaftliche Normen und Werte nicht generell ablehnen, sondern Normen und Werte in bestimmten Situationen aus ihrer Sicht lediglich abweichend auslegen (Rabl, 2008). Wenn man sich bestechen lässt, wird das euphemistisch umschrieben, beispielsweise als *Dankeschön für gute Zusammenarbeit* oder als *Pflege des Geschäftsklimas* (Schaupensteiner, 2004, S. 121) oder als *Bearbeitungsgebühr*. Wenn eine Rationalisierungstechnik funktioniert, bleibt das Gewissen derjenigen Person, die eine Regel bricht, rein. Wenn man einen solchen Menschen auf seinen Regelbruch anspricht, erntet man eher aggressive Gegenwehr als Einsicht und Scham. Man kann sich das so vorstellen, dass ein solcher Mensch Normen oder

Regeln nicht insgesamt als falsch oder entbehrlich bewertet, sondern dass Normen und Regeln für diesen Menschen unter bestimmten Umständen nicht gelten (Rabl, 2008).

Vor dem Fehlverhalten

Werfen wir einen Blick zurück auf die Zeit vor dem Fehlverhalten. Eine Neutralisierung im Vorfeld eines Regelbruches führt zu einer Relativierung der Handlung und lässt mögliche Sanktionen in den Hintergrund treten (Bannenberg & Schaupensteiner, 2007). Beispielsweise so: Niemand wird zu Schaden kommen, die Handlung erfolgt im Interesse des Unternehmens, die anderen sind auch korrupt (Linssen & Pfeiffer, 2009). Da die Mechanismen bei Neutralisierungen vor der Tat und bei Rationalisierungen nach der Tat viel Ähnlichkeit aufweisen, behandeln wir beide Techniken gemeinsam unter dem Begriff *Rechtfertigungstechniken*.

Leugnung eigener Verantwortung

Häufig findet man eine Leugnung der eigenen Verantwortung. Ein ehemaliger Manager hat im Oktober 2000 vor dem Berliner Untersuchungsausschuss zur CDU-Spendenaffäre berichtet, dass Schmiergeldzahlungen im internationalen Geschäftsverkehr, wie auch in Deutschland, üblich seien (Schaupensteiner, 2004). In der Aufarbeitung von Korruption durch die Siemens AG hat der damalige Vorstandsvorsitzende Heinrich von Pierer beteuert, dass er nicht gewusst habe, was in seinem Unternehmen vorgegangen sei (Fleming & Zyglidopoulos, 2009, S. 36, Englisch im Original, eigene Übersetzung). Ein anderer Siemens-Mitarbeiter hat seine Verantwortung geleugnet, weil er nur die Wahl gehabt hätte, mitzumachen oder den einen Arbeitsplatz zu riskieren (Dombois, 2009, S. 143). Und Hand aufs Herz. Wenn das stimmt, wenn dieser Mitarbeiter seinen Arbeitsplatz verloren hätte, wenn er aufrichtig gewesen wäre, kann man es dann nicht zumindest ein wenig verstehen, dass er einfach mitgemacht hat? Ja, kann man schon. Interessant ist, warum der Mitarbeiter davon ausging, dass er seinen Job verloren hätte, wenn er nicht mitgemacht hätte. Man macht es sich zu leicht, wenn man den einzelnen Siemens-Mitarbeitern alleine die Schuld zuschiebt. Beim Bekanntwerden von Regelbrüchen ist ein gängiger Reflex von Organisationen, die Schuld wenigen Einzelpersonen in die Schuhe zu schieben (Kühl, 2020, S. 24). Meist stellen sich Organisationen dann als Opfer krimineller Handlungen Einzelner dar (Kühl, 2020, S. 24). Ja, es gibt auch kriminelle Einzeltäter, die in die eigene Tasche wirtschaften und der eigenen Organisation schaden. Aber nein, oft genug handeln die später als Täter titulierten Mitarbeiter nicht egoistisch, sondern im tatsächlichen oder vermeintlichen Interesse der Organisation, beispielsweise zur Sicherung von Aufträgen in Unternehmen oder zur Sicherung höherer Erstattungen in Einrichtungen der sozialen Arbeit.

Soziale Verstärkung
Rechtfertigungstechniken sind kulturell erlernt und werden sozial verstärkt (Rabl, 2008). Wenn alle oder viele gegen Regeln verstoßen, kann sich nur schwer ein Unrechtsbewusstsein bilden. Selbst wenn man Zweifel hat, werden die von den Rechtfertigungstechniken der Kollegen gleich mit erledigt.

> **Wichtig** Wird eine Regel von vielen Menschen gebrochen, wird ein Regelbruch nicht mehr als Unrecht angesehen.

Übertragen auf Regeln bedeutet das: Wenn sich kaum jemand an eine Regel hält und wenn Regelbrüche keinerlei Folgen nach sich ziehen, wird ein Regelbruch üblich. Gerade in unsicheren Situationen neigen Menschen dazu, der Mehrheit zu folgen, beispielsweise dann, wenn man neu in eine Organisation kommt oder die Abteilung wechselt. Cialdini (2007) nennt das soziale Bewährtheit, man orientiert sich bei eigener Unsicherheit an anderen und tut genau das, was die anderen tun. Wenn die sich an Regeln halten, tut man das auch. Wenn die sich nicht an Regeln halten, tut man das auch nicht.

Fremdinteressen
Fehlverhalten kann man leichter rechtfertigen, wenn man es nicht zum Eigennutz zeigt, sondern wenn man tatsächliche oder vermeintliche Organisationsinteressen verfolgt. Wir haben dieses Phänomen unter dem Stichwort *brauchbare Illegalität* in Abschn. 7.8 erläutert. Im Nachhinein wird daraus eine brauchbare Rationalisierung. Ein Mitarbeiter sagte zur Siemens-Affäre, dass er dachte, im Unternehmensinteresse zu handeln (Bannenberg & Schaupensteiner, 2007, S. 59). So werden korrupte Geschäftspraktiken mit ökonomischen Gründen sowie mit sozialer Verantwortung gegenüber den Beschäftigten gerechtfertigt. Ob das stimmt oder nicht, ist schwer von außen zu beurteilen. Zumindest kann massiver Ergebnisdruck Regelbrüche wahrscheinlicher machen. Das Bequeme an Rechtfertigungstechniken ist: Hat man erst einmal eine schicke Rechtfertigungstechnik für sich entdeckt, kann man sie auch in anderen Situationen einsetzen. Das passiert dann zunehmend automatisch.

Moralisches Konto

Regeln werden eher gebrochen, wenn man das vor sich und vor anderen rechtfertigen kann, beispielsweise durch *Moral Licensing*.

> **Definition** Moral Licensing umschreibt, dass Menschen von einer Art mentalem moralischen Konto ausgehen, auf das sie quasi einzahlen, wenn sie gute Taten vollbringen. Wenn dieselben Menschen später etwas Schlechtes tun, verrechnen sie das auf dem mentalen moralischen Konto. Solange das Konto insgesamt im Plus ist, entwickelt man keine Schuldgefühle wegen einer einmaligen schlechten Tat.

Man kann beobachten, dass Menschen, die in einem Lebensbereich Gutes tun, in anderen Bereichen weniger strenge Maßstäbe an sich anlegen (Linssen, Litzcke & Schön, 2015b, 80). Wann jemand Gutes tut, also etwa beim Biobauern einkauft statt im billigeren Supermarkt, verbucht er mental einen kleinen Beitrag zur Rettung der Umwelt als Einzahlung auf sein moralisches Konto, sodass er bei späteren Handlungen leichter ein Auge zudrücken kann, etwa, wenn er mit seinem 400 PS starken SUV zum Biobauern fährt (Cascio & Plant, 2015; Lin et al., 2016) oder wenn er in den Urlaub fliegt statt mit der Bahn zu reisen.

Ein gutes Polster

Wenn Menschen jahrelange korrekte und gute Arbeit mit einzelnen Verstößen verrechnen, kommen sie insgesamt zu dem Schluss, dass vor dem Hintergrund des langjährigen normkonformen Verhaltens kleine Regelbrüche nicht ins Gewicht fallen. Oft haben die Regelbrecher sogar das Gefühl, ein Recht auf Verstöße zu haben, weil sich ihr Konto satt im Plus befindet. Wenn Regelbrüche mit Vorteilen für diese Person verbunden sind, werden die Vorteile als etwas empfunden, was ihnen zusteht. Die durch Regelbruch erlangten Vorteile sind also Teil einer Ausgleichsstrategie, bei der jemand subjektiv sehr viel Gutes investiert hat. Wenn Sie so jemanden auf Fehlverhalten ansprechen, wird er eher mit Wut als mit Scham reagieren. Möglicherweise wird er sogar sagen, dass er sich angesichts seines hohen moralischen Kontostandes noch viel mehr hätte leisten können. Nachfolgend finden Sie einige Originalzitate aus Interviews mit Polizeibeamten zu Korruptionsrisiken aus unseren eigenen Forschungsarbeiten. Die Zitate verdeutlichen exemplarisch die innere Argumentation, die dem Moral Licensing zugrunde liegt.

> **Beispiel Polizei**
>
> „Als Polizeibeamter ist man zu Objektivität und Gleichbehandlung verpflichtet. Leichte Rabatte tun diesem keinen Abbruch, sondern sind der guten Einsatzmoral eines zu Teilen belastenden Jobs bei mittelmäßiger Bezahlung geschuldet."
> Oder: „Die Schichten sind sehr belastend und die Mitarbeiter haben das Gefühl, für ihre Arbeit nicht gerecht bezahlt zu werden. Gerade auf Dienststellen, die mit sozial schwachem und schwierigem Umfeld zu tun haben. Durch den Wegfall von Weihnachts- und Urlaubsgeld z. B. fühlen sich viele Kollegen verarscht. Sie denken, es wäre nur Recht, sich dafür selbst wieder etwas nehmen zu dürfen. Oder sie denken, es muss ja irgendwo lohnenswert sein, sich mit dem ‚Pack' rumzuschlagen."

In den Beispielen wird die Unzufriedenheit mit der Arbeitsstelle und der Besoldung subjektiv ausgeglichen. Die vermeintliche Vorleistung und damit moralische Berechtigung für den Regelbruch entstehen subjektiv durch ertragene Unannehmlichkeiten (Linssen et al., 2011, S. 455). Direkte Kritik an solchen Regelbrüchen läuft regelmäßig ins Leere. Zunächst muss man die zugrunde liegende Selbsttäuschung (Moral Licensing) erklären.

Moralkonto wirkt auch bei anderen
Wenn jemand gute Leistungen bringt und sich viele Jahre verdient gemacht hat, fällt eine konsequente Bestrafung schwerer. Man kann also Regeln leichter brechen, wenn man einen Weg findet, weiter zu den Guten zu gehören. Aber ein Regelbruch kann nicht mit einem anderen Regelbruch entschuldigt werden, auch wenn die Rechtfertigungstechnik der sozialen Gewichtung das glauben machen will. Deshalb werden beispielsweise auch Fälle von Selbstjustiz, jemand rächt sich selbst an einem Täter, strafrechtlich verfolgt.

Rechtfertigungen – systematische Übersicht
Bislang haben wir gängige Rechtfertigungstechniken exemplarisch vertieft. Nachfolgend finden Sie etwas systematischer diejenigen Rationalisierungstechniken, die Ashforth und Anand (2003) für wirtschaftskriminelles Verhalten unterscheiden (Tab. 7.1) – bezogen auf den Anwendungsfall Korruption. Die Techniken sind auf andere Regelbrüche übertragbar.

Besonders beliebt: Höhere Ziele und Konto
Rabls (2008) Studie zu Korruption, bei der Schüler und Studierende im Rahmen eines Planspiels befragt wurden, zeigt, dass der Appell an

Tab. 7.1 Rationalisierungstechniken (Darstellung angelehnt an Litzcke et al., 2012, 38; nach Anand et al., 2005; Ashforth & Anand, 2003; Rabl, 2008)

Technik	Erläuterung	Beispiel
Legalität	Person sieht eigenes Verhalten nicht als illegal an	Wenn nirgendwo steht, dass es verboten ist, dann ist es erlaubt
Verantwortung wird geleugnet	Eine Person handelt regelverletzend, weil es aus deren Sicht keine andere Möglichkeit gibt	Es war die einzige Möglichkeit, unser Ziel zu erreichen. Oder: Das machen alle so!
Schaden wird geleugnet	Eine Person ist überzeugt, dass niemand geschädigt wird	Es hat niemandem geschadet. Es war doch nur eine Kleinigkeit
Opfer werden negiert	Die Person ist der Meinung, dass es keine Negativfolgen gibt	Die Mitbewerber werden es schon überleben
Vergleich	Eine Person vergleicht ihr Verhalten mit anderen, schlimmeren Vergehen	Das war harmlos. Andere verhalten sich viel schlimmer
höhere Ziele	Eine Person begründet ihr Verhalten dadurch, dass sie ein höheres Ziel erreichen muss	Ich habe alles getan, um die Arbeitsplätze zu retten
moralisches Konto	Eine Person rechtfertigt ihr Verhalten dadurch, dass sie durch viele gute Taten ein Guthaben angesammelt hat	Wenn ich schon so hart arbeiten muss, darf ich mir auch etwas nehmen

höhere Ziele sowie die Metapher des Kontos (Moral Licensing) besonders häufig sind. Auch andere Studien zeigen, dass sich Menschen häufig mit der Berufung auf ein aufgebautes moralisches Guthaben rechtfertigen (Bannenberg & Schaupensteiner, 2007; Linssen et al., 2012). In der Studie von Litzcke et al. (2012) nannten knapp die Hälfte der befragten Studierenden situative Aspekte als Rechtfertigungsgründe. Korruption sei eher dann entschuldbar, wenn man sich nicht persönlich bereichere, sondern für einen guten Zweck handele. Fehlverhalten für einen guten Zweck wird als eine entschuldbare Ausnahme umgedeutet. Die Ergebnisse lassen zudem vermuten, dass ein Mitarbeiter, der ein Fehlverhalten eines Kollegen beobachtet, diesen eher nicht ansprechen und das Fehlverhalten eher nicht melden wird, wenn der Kollege einen aus Sicht des Beobachters plausiblen Rechtfertigungsgrund hat. Rechtfertigungen funktionieren also nicht nur bei denjenigen, die sich selbst nicht an Regeln halten, sondern auch bei denen, die Fehlverhalten anderer erkennen und das Fehlverhalten melden könnten, es aber nicht tun.

7.10 Wissenschaftliche Handlungsmodelle – ein kurzer Ausflug

Wir haben in diesem Kapitel verschiedene Mechanismen geschildert, die Regelbrüche begünstigen können. Die Wissenschaft befasst sich schon lange mit theoretischen Modellen, die eine Prognose von Regelverletzungen ermöglichen. Aus diesen sogenannten Handlungsmodellen lassen sich ebenfalls Gründe für Regelbrüche ableiten, weshalb wir an dieser Stelle exemplarisch zwei Modelle vorstellen.

Wer sich in Unternehmen oder anderen Organisationen professionell mit Regeln befasst, also etwa in der Revision oder im Compliance-Bereich arbeitet, stolpert früher oder später über das Triangel-Modell oder auch Betrugsdreieck von Cressey (1971). Deshalb möchten wir kurz darauf eingehen. Das Betrugsdreieck ist Grundlage vieler Konzepte zur Regeleinhaltung (Nimwegen, 2009), wird aber auch in anderen Bereichen eingesetzt, etwa in der Prävention von Industriespionage (Blume, 2018). Das Modell wurde zum Betrugsdiamanten (Kassem & Higson, 2012) weiterentwickelt. Für unsere Zwecke genügt ein Blick in das Ausgangsmodell von Cressey (1971). Das ursprüngliche Modell hatte Cressey bereits in den 50er-Jahren des 20. Jahrhunderts entwickelt (Blume, 2018, S. 21). Die Grundaussage ist schlicht und kann zum Einstieg nach wie vor hilfreich sein. Drei Faktoren müssen zusammentreffen, damit die Wahrscheinlichkeit von Regelbrüchen steigt (Blume, 2018, S. 21):

- Druck
- Gelegenheit
- Rechtfertigung

Dabei wird *Druck* beispielsweise hervorgerufen durch das Vorliegen eines finanziellen Bedürfnisses, eines Motivs oder eines Anreizes. Unter Anreiz versteht Cressey keine äußeren Anreize, sondern Merkmale der Person, insofern ist der Begriff missverständlich. Das kann sich auf die Persönlichkeit beziehen, wie etwa Narzissmus, auf Einstellungen, also etwa Gleichgültigkeit gegenüber negativen Folgen von Betrug, oder auf Handlungsmotive wie etwa Gier, Ehrgeiz oder auf Erwartungsdruck. Anreize werden jedoch im professionellen Kontext von Regeln, also etwa in der Revision eines Unternehmens, nur selten erfasst (Nimwegen, 2009). Hinzu kommt eine als gut bewertete Tat*gelegenheit*. Ohne sie wird selbst starker Druck nicht zu Fehlverhalten führen. Ein Täter braucht also zum Anreiz immer auch die Erwartung, eine Tat relativ risikolos begehen zu können. Was nützt einem das schönste Sümmchen, wenn man es nur im Gefängnis genießen kann? Bei der Gelegenheit setzen viele Strategien zur Regeleinhaltung in Unternehmen an. Schließlich braucht man für den Giftcocktail noch eine persönliche *Rechtfertigung* für ein Fehlverhalten. Ein Täter braucht eine Legitimierung für die Tat, zumindest vor sich selbst. Er will schließlich später noch in den Spiegel schauen können (Nimwegen, 2009).

Einfache Modelle sind beliebt, aber unzureichend
Das Modell von Cressey (1971) ist nicht mehr ganz neu, hat seine Plausibilität für die professionelle Praxis aber offenkundig bis heute nicht verloren. Und das Modell liefert Ansätze für konkrete Präventionsmöglichkeiten. Wahrscheinlich auch deshalb ist das Modell so weit verbreitet. Wir meinen: Dieses Modell ist ein guter Anfang, aber nicht mehr. Zum einen umfassen Regelbrüche mehr als Betrugsstraftaten und Machenschaften mit ähnlich hoher krimineller Energie. Zum anderen wird die Wechselwirkung zwischen Person und Situation mit dem Modell nur unzureichend beschrieben. Nicht zuletzt ist es schwer, mit einem so einfachen Modell viele unterschiedliche Handlungen unterschiedlicher Menschen zu erklären oder vorherzusagen.

Situational Action Theory
Diese Mängel beheben kann die Situational Action Theory (Wikström, 2010; Wikström et al., 2012). Dieses Modell erklärt allgemein normverletzende Handlungen und ist für das Verständnis von Regeltreue hilfreich. Außerdem versucht die Situational Action Theory, Aspekte der Person, des Umfeldes und der Situation in die Ursachenanalyse zu integrieren. Im Kern geht es darum, dass jede Handlung von einem Wahrnehmungs-Entscheidungs-Prozess bestimmt wird. Personen treffen mit bestimmten Voraussetzungen auf eine spezifische Situation. Die Theorie spricht bewusst nicht von Tatgelegenheiten, sondern bleibt allgemeiner. Die Voraussetzungen sind dabei eine bestimmte Handlungsmotivation (Was will ich erreichen?), aber auch innere Überzeugungen, also Moral und Werte (Was finde ich richtig, was nicht?). Für welche Handlungsalternative (regelverletzend oder -konform) sich eine Person in einer Situation entscheidet, hängt ab von der Wechselwirkung zwischen den eigenen relevanten moralischen Verhaltensregeln der Person und den (wahrgenommenen) Regeln des Umfeldes (in der Theorie spricht man von moralischen Normen), sowie der Durchsetzung dieser Regeln. Der Theorie zufolge ist vor allem dann ein Regelbruch zu erwarten, wenn das Umfeld Regelbrüche begünstigt, Regelbrüche quasi üblich sind,

und zu Regelbrüchen neigende Personen zusammentreffen. Umgekehrt sind Regelbrüche unwahrscheinlich, wenn das Umfeld sehr sensibel für Regelbrüche ist und eine Person ausgeprägte moralische und damit regeltreue Überzeugungen hat (Kammigan & Linssen, 2012; Wikström, 2010, S. 226–227). Interessant daran ist, dass formelle Kontrollen für die Handlungsentscheidung in diesen beiden Konstellationen nicht wichtig sind. Übersetzt in die Praxis heißt das:

> **Wichtig** Wenn Regelbrüche an der Tagesordnung sind, helfen auch Kontrollen nicht weiter. Regelbruch ist dann schon zur Normalität geworden.

Selbstkontrolle

Es gibt jedoch auch andere denkbare Konstellationen. Trifft eine Person mit ausgeprägten regeltreuen Überzeugungen auf ein Umfeld, in dem Regelbrüche üblich sind, so wird diese Person unter Druck geraten. Sie wird Normverletzungen in Betracht ziehen und diesem Druck nur widerstehen können, wenn ihre Fähigkeit zur Selbstkontrolle stark ist. Je massiver der Druck des Umfelds ist, desto mehr Selbstkontrolle muss eine Person mit regelkonformen Überzeugungen aufbringen, um sich dem zu widersetzen. Dabei ist die individuelle Überzeugung umso stärker, je stärker die mit einem Regelbruch verbundenen Emotionen wie Schuld (vor sich selbst) oder Scham (gegenüber anderen) ausgeprägt sind. Ist eine Person hingegen geneigt, die im Umfeld maßgeblichen Regeln zu verletzen, hängt es von der abschreckenden Wirkung des Umfelds, also von den sozialen und formellen Kontrollen ab, ob sich eine Person tatsächlich für den Bruch der geltenden Regeln entscheidet (Wikström, 2010, S. 226–227, 232–235).

Risiko

Laut der Situational Action Theory begehen Menschen dann eine regelverletzende Handlung, wenn sie

1. selbst ein solches Verhalten nicht unbedingt falsch finden und ihr aktuelles Handlungsumfeld dem nicht entgegensteht. Entweder findet man das Verhalten nicht falsch, oder die Gelegenheit ist günstig, weil gerade keine wirksam abschreckenden Kontrollen vorhanden sind.

2. selbst eine solche Handlung zwar eigentlich falsch finden, sich aber durch ihr unmittelbares Handlungsumfeld dazu verleitet oder gedrängt sehen und sich dem nicht durch ausreichend Selbstkontrolle widersetzen können, oder wenn sie
3. automatisiert mit regelverletzendem Verhalten auf bestimmte Reize der Situation reagieren, etwa aus Gewohnheit, aufgrund starker Emotionen, unter großem Stress (Kammigan & Linssen, 2012, S. 334) oder aufgrund generalisierter Reaktanz.

Entscheidend ist letztlich das Zusammenspiel von Personenfaktoren, vor allem von Werten sowie Einstellungen, und Einflüssen des Umfeldes für die Handlungsentscheidung in einer bestimmten Situation.

> **Wichtig** Nur mit der Person allein oder nur mit der Situation allein kann man Regelbrüche nicht erklären. Man muss sich schon das Gesamtpaket ansehen: Person, Umfeld, Situation und Wechselwirkungen.

Kein Modell ist perfekt
Obwohl die Situational Action Theory wichtige und interessante Aspekte liefert, was die Erstellung und Durchsetzung von Regeln und das Verstehen von Regelbrüchen angeht, haben wir uns in diesem Buch dafür entschieden, keinem theoretischen Modell in Gänze zu folgen und theoretische Überlegungen nicht in den Vordergrund zu stellen. In der praktischen Anwendung ergeben sich bei jedem theoretischen Modell Erklärungslücken, hier haben wir zwei Modelle einmal kurz exemplarisch vorgestellt. Wir halten Modelle und Theorien für wichtig, nur stehen sie nicht im Mittelpunkt dieses Buches. Wer sich für Modelle und Theorien interessiert, findet Anregungen in unseren fachwissenschaftlichen Veröffentlichungen, beispielsweise Linssen & Litzcke, 2018; Linssen et al., 2015a, b; Litzcke et al., 2014, 2012). Wie zeigen in diesem Buch anhand vieler Praxisbeispiele aus verschiedenen Bereichen, welche typischen Mechanismen bei Regelbrüchen immer wieder auftauchen, was Regelbrüche mit Personen, aber auch mit den Regeln selbst zu tun haben und vor allem: wie man die Wahrscheinlichkeit erhöht, dass Menschen Regeln einhalten.

> **Zusammenfassung**
>
> Wenn sich andere nicht an Regeln halten, tut man das selbst mit der Zeit auch nicht mehr. Dabei fällt ein Verstoß gegen Regeln leichter, wenn man dafür eine Rechtfertigung hat. Solche Rechtfertigungen sollte man ausräumen, sonst suchen sich Menschen einen Weg, Regeln zu umgehen, und haben nicht einmal ein schlechtes Gewissen.

Literatur

Anand, V., Blake, E., Ashforth, E., & Joshi, M. (2005). Business as usual: The acceptance and perpetuation of corruption in organizations. *Academy of Management Executive, 18*(2), 39–53.

Ashforth, E., & Anand, V. (2003). The normalization of corruption in organizations. *Organizational Behavior, 25*, 1–25.

Bannenberg, B., & Schaupensteiner, W. (2007). *Korruption in Deutschland – Portrait einer Wachstumsbrache* (3. Aufl.). Beck.

Bertsch, H. (2008). *Neutralisationen und Normaktivation. Empirische Modellintegration der Neutralisationstheorie von Sykes und Matza (1957) und des Normaktivationsmodells von Schwartz (1977) im Umweltbereich.* Dissertation [Elektronische Ressource]. Universität Heidelberg. http://archiv.ub.uni-heidelberg.de/volltextserver/9460/1/Neutralisationen_Normaktivation.pdf. Zugegriffen: 12. Aug. 2021. Universität Heidelberg.

Blume, A. (2018). Industriespionage in innovationsgetriebenen Großunternehmen. In: S. Seibold & H. Müller-Enbergs (Hrsg.), *Analysen zu Sicherheitsfragen* (Bd. 7). Verlag für Polizeiwissenschaft.

Cascio, J., & Plant, E. A. (2015). Prospective moral licensing: Does anticipating doing good later allow you to be bad now? *Journal of Experimental Social Psychology, 56*, 110–116.

Cialdini, R. (2007). *Influence: The psychology of persuasion.* Collins.

Cressey, D. R. (1971). *Other people's money. A study in the social psychology of embezzlement.* Wadsworth Publishing.

Dombois, R. (2009). Von organisierter Korruption zu individuellem Korruptionsdruck? Soziologische Einblicke in die Siemens-Korruptionsaffäre (S. 131–150). In: P. Graeff, K. Schröder & S. Wolf (Hrsg.), *Der Korruptionsfall Siemens. Analysen und praxisnahe Folgerungen des wissenschaftlichen Arbeitskreises von Transparency International Deutschland.* Nomos.

Ellgring, J. H. (1989). Facial expression as a behavioral indicator of emotional states. *Pharmacopsychiatry, 22*(Suppl 1), 23–28.

Fleming, P., & Zyglidopoulos, S. (2009). *Charting corporate corruption.* Elgar.

Hank, R., & Meck, G. (2015). *Nützliche Kriminalität.* Frankfurter Allgemeiner Zeitung. https://www.faz.net/aktuell/wirtschaft/auto-verkehr/was-geschah-bei-vw-nuetzliche-kriminalitaet-13837008.html#void. Zugegriffen: 12. Aug. 2021.

Holzmann, R. (2019). *Wirtschaftsethik* (2. Aufl.). Springer Gabler.

Kammigan, I., & Linssen, R. (2012). Korruption als ‚Situational Action'. Eine theoretisch-integrative Erklärung korrupten Verhaltens auf Basis der ‚Situational Action Theory'. *Monatsschrift für Kriminologie und Strafrechtsreform*, 95 (5), S. 331–347.

Kassem, R., & Higson, A. (2012).The new fraud triangle model. *Journal of Emerging Trends in Economics and Management Sciences, 3*(3), 191–195.

Kette, S., & Barnutz, S. (2019). *Compliance managen.* Springer VS.

Kühl, S. (2020). *Brauchbare Illegalität. Vom Nutzen des Regelbruchs in Organisationen.* Campus.

Lin, S. H. J., Ma, J., & Johnson, R. E. (2016). When ethical leader behavior breaks bad: How ethical leader behavior can turn abusive via ego depletion and moral licensing. *Journal of Applied Psychology, 101*(6), 815.

Linssen, R. (2018). Wer auf Widerstand stößt, sollte nicht noch hinein beißen… Gute Compliance Kommunikation geht auf Widerstände ein statt sie abzuwehren. *Comply. Das Fachmagazin für Compliance-Verantwortliche, 4*, 64–67.

Linssen, R., & Litzcke, S. (2018). Wenn zwei das Gleiche tun, ist es noch lange nicht dasselbe. Compliance und deren Bewertung in Organisationen des Sozialwesens. *Zeitschrift für Sozialmanagement, 2*, 106–118.

Linssen, R., Litzcke, S., & Schön, F. (2011). Korruption in der Polizei: Erscheinungsformen, Rechtfertigungen. *Motive. Kriminalistik,* 65(7), 454–459.

Linssen, R., Litzcke, S., & Schön, F. (2012). „Man kennt sich, man hilft sich" oder doch schon Korruption? Empirische Hinweise zu fragwürdigen Praktiken im Sozialwesen. Neue Praxis. *Zeitschrift für Sozialarbeit, Sozialpädagogik und Sozialpolitik, 42* (1), 27–43.

Linssen, R., Litzcke, S., & Schön, F. (2015a). Auf einem Auge blind - Korruptionsbekämpfung läuft oft ins Leere, weil informelle psychologische und soziale Prozesse ignoriert werden – Teil 1. *Zeitschrift für Risk, Fraud & Compliance (ZRFC), 10*(1), 24–32.

Linssen, R., Litzcke, S., & Schön, F. (2015b). Auf einem Auge blind - Korruptionsbekämpfung läuft oft ins Leere, weil informelle psychologische und soziale Prozesse ignoriert werden – Teil 2. *Zeitschrift für Risk, Fraud & Compliance (ZRFC), 10*(2), 74–81.

Linssen, R., & Pfeiffer, H. (2009). Strategien zur Korruptionsbekämpfung als Sicherheitsfaktor für Organisationen. In: S. Litzcke, H. Müller-Enbergs & D. Ungerer (Hrsg.), *Sicherheit in Organisationen.* Frankfurt a. M.: Verlag für Polizeiwissenschaft.

Litzcke, S., Linssen, R., & Hermanutz, M. (2014). Hannoversche Korruptionsskala (HKS 38). Schriftenreihe Personalpsychologie (Band 1). https://serwiss.bib.hs-hannover.de/frontdoor/index/index/start/2/rows/10/sortfield/score/sortorder/desc/searchtype/simple/query/HKS+38/docId/488. Zugegriffen: 12. Aug. 2021.

Litzcke, S., Linssen, R., Maffenbeier, S., & Schilling, J. (2012). *Korruption: Risikofaktor Mensch*. Springer VS.

Meyer, W.-U., & Försterling, F. (1993). Die Attributionstheorie (S. 175–214). In: D. Frey & M. Irle (Hrsg.), *Theorien der Sozialpsychologie. Band 1: Kognitive Theorien*. Huber.

Neuberger, O. (2009). Mikropolitik (S. 28–35). In: L. von Rosenstiel, E. Regnet & M. E. Domsch (Hrsg.), *Führung von Mitarbeitern* (6. Aufl.). Schäffer-Poeschel.

Nimwegen, S. (2009). *Vermeidung und Aufdeckung von Fraud*. Eul.

Rabl, T. (2008). *Private corruption and its actors. Insights into the subjective decision making processes*. Pabst.

Rosenstiel, L. von (2009). Grundlagen der Führung (S. 3–27). In: L. von Rosenstiel, E. Regnet & M. E. Domsch (Hrsg.), *Führung von Mitarbeitern* (6. Aufl.). Schäffer-Poeschel.

Schaupensteiner, W. (2004). Korruption in Deutschland. Lagebild. Maßnahmen und Gefahren (S. 117–136). In: A. Schilling & U. Dolata (Hrsg.), *Korruption im Wirtschaftssystem Deutschland. Jeder Mensch hat seinen Preis* (3. Aufl.). Mankau.

Schilling, J. (2019). Umgang mit zynischen Mitarbeitenden. Eine Herausforderung für Unternehmen und Führungskräfte. *Zeitschrift für Führung und Organisation, 88*(5), 307–310.

Schüler-Lubienetzki, H., & Lubienetzki, U. (2015). *Schwierige Menschen am Arbeitsplatz*. Springer.

Schütz, M., Beckmann, R., & Röbken, H. (2018). *Compliance-Kontrolle in Organisationen*. Springer Gabler.

Werth, L., Seibt, B., & Mayer, J. (2020). *Sozialpsychologie – Der Mensch in sozialen Beziehungen* (2. Aufl.). Springer.

Wikström, P.-O. H. (2010). Explaining crime as moral actions (S. 211–239). In: S. Hitlin & S. Vaisey (Hrsg.), *Handbook of the sociology of morality*. Springer.

Wikström, P.-O. H., Oberwittler, D., Treiber, K., & Hardie, B. (2012). *Breaking rules. The social and situational dynamics of young people's urban crime*. University Press.

Zimbardo, P. (2008). *Der Luzifer-Effekt*. Springer Akademischer Verlag.

8

Strafen, Kontrollieren, Ignorieren – Umgang mit Regelbrüchen

In diesem Kapitel zeigen wir, warum man auf Regelbrüche früh reagieren sollte: Ansonsten leidet das Vertrauen in Regeln und man gefährdet letztlich nicht nur die Einhaltung einer einzigen Regel, sondern regelkonformes Verhalten insgesamt. Kontrollen sind ein heikles Thema: Kontrolliert man Menschen, die sich korrekt verhalten auf ungeschickte Art und Weise, wird das als Misstrauen erlebt und kann zu Widerständen führen. Zudem können Kontrollen trügerische Sicherheit vermitteln.

Deutlich vor Einführung einer Regel sollte man sich Gedanken machen, wie man mit Regelbrüchen umgehen wird. Dabei sollte man sich mit Gelassenheit wappnen und auf Regelbrüche nicht allzu ärgerlich oder gereizt reagieren. Emotionen sind kein guter Ratgeber (Seibold & Horn, 2021). Ärger ist ansteckend und trägt einen Konflikt, der auf inhaltlicher Ebene möglicherweise lösbar gewesen wäre, auf eine persönliche Ebene. Und ab da geht es in der Regel mehr um das Rechthaben als um das Lösen eines Problems. Schreiten Sie gegen Regelbrüche ein, tun Sie das möglichst früh und möglichst gelassen.

8.1 Zuerst die Ursache des Regelbruchs klären

Um die richtige Umgangsweise mit Regelbrüchen zu finden, sollte man sich vorab einige Fragen stellen. Eine davon lautet: Mit welcher Intention wird der Regelbruch begangen? Um das zu verstehen, helfen die beispielsweise von

Holzmann (2019, S. 109) beschriebenen idealtypischen Phasen moralischen Handelns:

- Wahrnehmung eines moralischen Problems
- Beurteilung moralischer Handlungsalternativen
- Bildung einer Handlungsabsicht (Intention)
- Entscheidung
- Handlung
- Reflexion und Bewertung der Handlung

Auch wenn diese Phasen eine idealtypische Vereinfachung sind – im Alltag geschieht viel gleichzeitig und möglicherweise auch in anderer Reihenfolge – erkennt man, dass man wissen sollte, warum sich ein Mensch nicht an eine Regel hält. Hat er das Problem gar nicht gesehen (Wahrnehmung), oder hat er Handlungsalternativen verworfen, und wenn ja, aus welchen Gründen (Motivation)? Wollte er im Sinne der Regeln handeln (Intention) oder hat er sich das gar nicht erst vorgenommen? Aus welchen Gründen traf dieser Mensch seine Entscheidung, gab es möglicherweise andere Regeln oder widersprechende Vorgaben? Wie genau hat er gehandelt und was denkt er jetzt über seinen Regelbruch? Und, das ist die entscheidende Frage: Wie wird sich dieser Mensch künftig verhalten? Wenn jemand sein Fehlverhalten einsieht und man damit rechnen kann, dass er sich künftig regelkonform verhält, hat man sein Ziel erreicht. Wenn jemand keinerlei Einsicht erkennen lässt und man weitere Regelbrüche befürchten muss, sollte man anders mit einem Regelbruch umgehen.

Man kann unterscheiden zwischen denjenigen Mitarbeitern, die sich absichtlich organisationsschädigend verhalten, und jenen Mitarbeitern, die eigentlich im Sinne der Organisation handeln wollen und dabei Regeln verletzen. Müthel (2017, S. 31) spricht von anti-organisationalem und pro-organisationalem illegalen Verhalten. Müthel (2017, S. 32) bringt es auf den Punkt, indem sie schreibt, dass auch regeltreue Mitarbeiter mitunter illegal handeln, wenn sie damit die Organisationsziele erreichen können.

Wer vorsätzlich eine Regel verletzt, sollte anders behandelt werden als jemand, der aus Versehen eine Regel verletzt. Menschen verhalten sich je nach Situation gut oder böse, man macht es sich zu leicht, wenn man davon ausgeht, dass ein Mensch sich durchgängig gut oder böse verhält (Holzmann, 2019, S. 108). In diesem Spannungsfeld verschiedener Ursachen von Regelbrüchen gilt es, klug auf Regelbrüche zu reagieren.

Schusseligkeit

Die Schusseligen, die eine Regel im Alltagsgetümmel übersehen haben, sollte man sensibilisieren. Sensibilisieren bedeutet, bestimmte Regeln als wichtig herausstellen. Das klingt nur auf den ersten Blick befremdlich. Wenn beispielsweise ein Mitarbeiter tatsächlich alle Regeln seiner Organisation einhalten würde, könnte er nur noch wenig arbeiten. Oftmals behindert ein zu umfassendes Regelwerk das operative Geschäft erheblich oder blockiert es gänzlich. Die Folge ist Dienst nach Vorschrift (Kühl, 2020, S. 11), die Mitarbeiter wollen nicht mehr primär Probleme lösen und Ziele erreichen, sondern vor allem Fehler vermeiden. Das ist kontraproduktiv. Deshalb lernen Menschen, welche Regeln wichtig sind, welche nicht so sehr, welche manchmal und so weiter. Auf einem ganz anderen Blatt steht der Umgang mit Menschen, die absichtlich und fortgesetzt gegen Regeln verstoßen. Solches Verhalten muss sanktioniert werden. Eine Unterscheidung zwischen den Schusseligen und den anderen ist wichtig. Ein Regelbruch kann eine einmalige Unachtsamkeit sein, die nie wieder passieren wird, nachdem man für die Regel sensibilisiert wurde. Oder derselbe Regelbruch ist nur die Spitze des Eisbergs, nur das eine von vielen Malen, bei denen jemand ertappt wurde. Daher sollte man bei Regelbrüchen vor dem Ahnden prüfen, ob es sich um einen Einzelfall oder um ein systematisches Fehlverhalten handelt.

Pro-organisationales illegales Verhalten

Mitarbeiter zeigen vor allem dann pro-organisationales illegales Verhalten, wenn sie Gesichtsverlust, Misserfolge oder negative Konsequenzen für ihren Arbeitsbereich verhindern wollen, siehe hierzu Abschn. 7.8 *Brauchbare Illegalität*. Zu hohe, von außen vorgegebene Ziele, die nicht unter Einhaltung aller Regeln erreichbar sind, können Mitarbeiter als aussichtslos erleben und die illegale Handlung, mit der die Ziele doch noch eingehalten werden können, als Schutzmaßnahme gegen äußere Zumutungen einzustufen (Mürhel, 2017, S. 32), siehe hierzu auch Abschn. 2.3 *Fehlsteuerung durch Regeln*. Führungskräfte erhöhen durch das Vorgeben faktisch nicht erreichbarer Ziele die Wahrscheinlichkeit, dass Mitarbeiter im vermeintlichen Organisationsinteresse gegen Regeln verstoßen. Auch wenn Mitarbeiter, die mit gutem Gewissen gegen Regeln verstoßen, das nicht wahrhaben wollen, bleibt es ein Regelbruch. Und sofern ein Regelbruch zugleich ein Verstoß gegen geltendes Recht ist, wird das subjektive Gefühl, Gutes getan zu haben, nicht helfen, wenn der Regelbruch auffliegt. Führungskräfte können Regelbrüche aus gefühlter Notwehr vermeiden, wenn klar kommuniziert wird, dass Ziele nur regelkonform erreicht werden dürfen (Müthel, 2017, S. 34). Ein Darübersprechen reicht nicht. Im Zweifel muss derjenige Mitarbeiter befördert werden, der sich an die Regeln gehalten hat und nicht derjenige, der die Ziele auf unsauberem Weg erreicht hat.

Vorsatz
Wer vorsätzlich gegen Regeln verstößt und erwischt wird, muss mit Strafen rechnen. Auch wenn man eigentlich zu den Guten gehört. Hier ein Beispiel aus dem sozialen Bereich. Die Darstellung basiert auf einem Zeitungsartikel von Harpers (2018) in RP-Online.

> **Beispiel Duisburger Werkstatt**
>
> Die Geschäftsführerin der Duisburger Werkstatt für Menschen mit Behinderungen wurde fristlos gekündigt, weil sie sich überhöhte Bezüge erschlichen haben soll. Die Kündigung wurde mit einer irreparablen Schädigung des Vertrauensverhältnisses begründet. Das überhöhte Gehalt war mehrere Jahre gezahlt worden und durch eine externe Kontrolle aufgefallen. Nach dem Votum von Wirtschaftsprüfern habe die Geschäftsführerin rund 370.000 € erhalten statt der maximal angemessenen 150.000 bis 180.000 €. Die Geschäftsführerin zeigte öffentlich kein schlechtes Gewissen. In einer von ihr selbst initiierten Pressekonferenz verteidigte sie das überhöhte Gehalt. Der Aufsichtsrat geht davon aus, dass die Geschäftsführerin bei der Vertragsverlängerung absichtlich nur die Vertragsverlängerung, nicht aber die Gehaltsanhebung vorgelegt hatte.

Fehlende Integrität
Die Integrität der Geschäftsführerin der Duisburger Werkstatt für Menschen mit Behinderungen kann auch deshalb bezweifelt werden, weil das zu viel bezahlte Gehalt den Behinderten zugute hätte kommen können, wie der stellvertretende Aufsichtsratsvorsitzende selbst sagte (Harpers, 2018). So ganz scheint selbst der stellvertretende Aufsichtsratsvorsitzende das Ausmaß des Integritätsverstoßes der Geschäftsführerin nicht erfasst zu haben, da er die eigentliche Arbeit der Geschäftsführerin lobte (Harpers, 2018). Die Arbeit war schon deshalb nicht gut, weil sie das Vertrauen in die Duisburger Werkstatt und auch in die Arbeit des Aufsichtsrats erschüttert hat. Würden Sie weiter Geld für einen Verein spenden, der seiner Geschäftsführerin fünf Jahre lang ein Gehalt von mehr als 370.000 € bezahlt hätte? Lehnen wir uns einmal zurück und überdenken das Geschehene. Hat die Duisburger Werkstatt für Menschen mit Behinderungen konsequent gehandelt? Ja, nach Bekanntwerden des überhöhten Gehalts wurde der Geschäftsführerin

sofort gekündigt. Und nein, fünf Jahre lang blieb das überhöhte Gehalt unbemerkt. Immerhin wurden überhaupt irgendwann externe Kontrollen durchgeführt, sodass der Fehler auffallen konnte.

Verbindlichkeit und Relevanz von Regeln prüfen
Um die richtige Umgangsweise mit Regelbrüchen zu finden, sollte man nicht nur die Intention des Regelbrechers klären, sondern auch, wie verbindlich und relevant eine Regel ist. Wir haben dazu in Kap. 2 *Meine Welt, Deine Welt, Regelwelt* die Unterscheidung von Kann-, Soll- und Muss-Regeln vorgestellt. Die Relevanz einer Regel lässt sich aus deren Sinnhaftigkeit ableiten. Dennoch kann sich die Bewertung von Regelbrüchen schnell ändern. Aus Elefanten können Mücken werden und umgekehrt. Auch hierfür liefert die Covid-19-Pandemie ein Beispiel.

> **Beispiel Joe Biden, US-Wahlkampf im Jahr 2020**
> So traf der Unmut etwa den Präsidenten der USA, Joe Biden. In einem Fernsehinterview, das er im April 2020 noch als Präsidentschaftskandidat von zu Hause aus per Video gab, räusperte er sich zweimal kurz, indem er in die Hand hustete. Sofort wies der Reporter ihn auf die Husten-Etikette hin, in die Armbeuge zu husten. Dies würde Leben retten. Es nützte nichts, dass Biden einwendete, gerade alleine zu Hause vor dem Computer zu sitzen. Biden wurde öffentlich für sein Verhalten gerügt und so an den Pranger gestellt, was angesichts der objektiven Situation – Vorbildfunktion hin oder her – eher fragwürdig ist. Auch wenn diese Rüge nicht unabhängig vom damaligen Wahlkampf gesehen werden darf: Eine solche öffentliche Rüge wird überhaupt erst denkbar, wenn die Relevanzeinschätzung einer Regel kollektiv geteilt wird. Dann ist ein Regelbruch ein Angriff auf alle – zumindest dem Prinzip nach. Ein öffentliches Anprangern eines solchen Verstoßes bestärkt alle Regelkonformen in der Regeleinhaltung. Strafrechtler würden wohl sagen, dass das Ziel hier die positive Generalprävention ist, alle sollen sich an die Regel halten, und nicht die Spezialprävention, also Joe Biden soll künftig immer in die Armbeuge husten.

Aushaltbarkeit von Regeln hinterfragen
Wir haben in den vorausgegangenen Kapiteln erklärt, dass auch Art und Menge von Regeln das Verhalten von Menschen beeinflussen können. Als sinnlos empfundene Regeln, nicht anschlussfähige Regeln oder schlichtweg zu viele Regeln sind ebenfalls Ursachen von Regelbrüchen. Bevor man sich also überlegt, wie man mit Regelbrüchen umgeht, sollte man sich auch fragen, ob die betroffene Regel ein- und aushaltbar ist. Lautet die Antwort nein, kann man auch einfach die Regeln ändern. Das ist gar nicht so absurd,

wie es vielleicht im ersten Moment klingen mag. Vor allem, wenn man feststellt, dass viele Menschen sich nicht an eine Regel halten, weil sie im operativen Geschäft kaum praktikabel ist. Oder weil man festgestellt hat, dass die Regel entbehrlich ist. Wenn zu viele Menschen sich nicht an eine Regel halten, findet ohnehin eine Regelerosion statt. Das ist dann so etwas wie eine Abstimmung mit den Füßen oder die Macht des Faktischen.

Nicht auf verlorenem Posten kämpfen
Deshalb ist es in einem solchen Fall geschickter, sich dem Willen einer Mehrheit zu beugen, gegen die man langfristig sowieso nicht ankommen würde. Die Mehrheit muss zwar nicht immer Recht haben. Aber auf Regeln zu pochen, die nicht durchsetzbar sind, kostet viel Kraft und ist ein Kampf, den man am langen Ende verliert. Und es kostet Glaubwürdigkeit. Das haben zum Beispiel auch Stadtverwaltungen eingesehen, als sie im Einzelfall schließlich Einbahnstraßen für Fahrradfahrer in beide Richtungen freigaben, weil sie von diesen sowieso schon längst so genutzt werden. Wenn die Straße breit genug ist und keine Unfallgefahr besteht, ist es nicht zielführend, Menschen mit Regeln zu behelligen, die nicht eingehalten werden und die auch nicht wirklich nötig sind, um Gefahren abzuwehren.

Breiter suchen
Nicht zuletzt sollte man prüfen, ob diejenigen Menschen, die gegen die Regel verstoßen, tatsächlich die einzigen Verantwortlichen sind. Wir schlagen vor, immer auch eine Ebene höher genauer hinzusehen und etwas breiter zu suchen. So beschreibt beispielsweise Müthel (2017, S. 34–35), durch welche Verhaltensweisen Führungskräfte pro-organisationales illegales Verhalten fördern:

- unrealistische Ziele setzen
- Desinteresse über den Weg zur Zielerreichung
- destruktiv führen
- Signale der Mitarbeiter zu nicht erreichbaren Zielen nicht ernst nehmen oder ignorieren
- keine Wege zur Zielerreichung aufzeigen

Sofern mehrere Mitarbeiter regelverletzendes Verhalten zeigen, weil unerreichbare Ziele vorgegeben werden und keine legale Möglichkeit der Zielerreichung gesehen wird, sind diese Mitarbeiter nicht nur Täter im Sinne des Regelbruches, sondern auch Opfer von Führungsversagen. Das sollte man bei den Konsequenzen für Regelbrüche berücksichtigen.

8.2 Wie man richtig bestraft

In der allgemeinen Psychologie werden Lernverhalten von Menschen und die Wirkung von Strafen untersucht. Dabei sollte man im Auge behalten, dass viele grundlegende Experimente in Tierversuchen durchgeführt wurden, eine Übertragung auf menschliches Verhalten also nicht 1:1 erfolgen sollte. Viele Befunde aus Tierversuchen wurden allerdings auch bei Menschen gefunden, beispielsweise in der Erziehung oder in der Psychotherapie. Nachfolgend stellen wir die für den Umgang mit Regeln wichtigsten Befunde vor.

Mit einer Bestrafung unterdrückt man Verhalten. Man kann bestrafen, indem man etwas Angenehmes entfernt (Vergünstigung streichen) oder indem man etwas Unangenehmes hinzufügt (Rüge) (Spada et al., 2018, S. 347). Sobald eine Bestrafung wegfällt, kann das Fehlverhalten wieder häufiger werden (Spada et al., 2018, S. 359). Das Fehlverhalten wurde eben nur unterdrückt und nicht gelöscht. Mit einer Bestrafung alleine erreicht man in der Regel keine dauerhafte Verhaltensänderung, ganz zu schweigen von einer Einstellungsänderung. Zudem sollte man bedenken, dass eine Bestrafung die Beziehung zwischen Bestrafendem und Bestraftem schädigen kann und dass Bestrafungen negative emotionale und motivationale Folgen haben können (Spada et al., 2018, S. 359).

Wenn bestraft wird, sollte die bestrafte Person wissen, warum sie bestraft wird, ansonsten geht eine Bestrafung ins Leere. Und eine Strafe sollte unmittelbar auf ein Fehlverhalten erfolgen (Spada et al., 2018, S. 359), auch weil die bestrafte Person dann einen direkten Bezug zwischen Fehlverhalten und Strafe herstellen kann. Zudem sollte man, wenn eine Bestrafung nötig ist, konsequent strafen (Spada et al., 2018, S. 360). Grundlose Strafen gilt es zu vermeiden, weil grundlose Strafen die Wirkung späterer gezielter Strafen verringern (Spada et al., 2018, S. 360).

Nicht ignorieren

„Hart in der Sache, milde in der Form" (Fortiter in re, suaviter in modo). Das Zitat wird dem jesuitischen Ordensgeneral Claudio Acquaviva (1543–1615) zugeschrieben. Milde in der Form meint, auf Regelbrüche zu reagieren, aber nicht überhart. Selbst die am besten formulierte und begründete Regel wird von manchen Menschen nicht eingehalten werden. Das ist heikel und für dieses Problem muss man sich eine Lösung überlegen. Wenn man Regelbrüche laufen lässt, werden Regelbrüche zur Routine. Passiert das oft, werden Regeln allgemein als unverbindlich angesehen. Mit jeder nicht durchgesetzten Regel baut man eine Hypothek auf, die man später mühsam abtragen muss, weil die Menschen generalisieren: Regeln sind unverbindlich. Aber auf der anderen Seite müssen Strafen nur so hart sein, dass sie wirken und nicht überhart. Viele Menschen schämen sich für einen Regelbruch, das ist unangenehm genug, und daran kann man anknüpfen.

Scham (Shaming)

> **Beispiel Fußgänger**
>
> Vielleicht kennen Sie diese Situation: Die Fußgängerampel springt auf Rot, aber ein Nachzügler hüpft noch schnell über die Straße. Ein Auto des Querverkehrs muss bremsen, um den Nachzügler nicht anzufahren. Der Fahrer kurbelt die Scheibe herunter und schreit wütend. „Mensch, es ist rot! Das heißt stehenbleiben!"

Der Autofahrer hat sich geärgert, weil er durch einen Regelbruch persönlich beeinträchtigt wurde und er fast den Fußgänger angefahren hätte. Solcher Ärger entsteht ständig. Dass es einem Nichtraucher etwa im wahrsten Sinne des Wortes stinkt, wenn jemand im Nichtraucherbereich oder im Bus eine Zigarette raucht, und er das auch kundtut, ist wenig überraschend. Je mehr einen die Verletzung einer Regel beeinträchtigt, desto mehr ist man an der Durchsetzung der Regel interessiert und ergreift dafür Eigeninitiative, insbesondere, wenn gerade niemand vom Ordnungsamt oder der Polizei vor Ort ist. Diese Feststellung mag auf den ersten Blick banal wirken, ist aber dennoch einen Gedanken wert. In unserem Alltag sind etwa Polizei oder Ordnungsdienste formell für die Ahndung von Regelbrüchen wie die im Bus oder an der Ampel zuständig. Aber viel häufiger werden Regelbrüche durch soziale Kontrolle und damit meist milde sanktioniert, vor allem wenn es um alltägliche Verstöße geht, wie bei einem Nachzügler an einer Ampel. Jemand meckert, beschwert sich oder macht einfach nur auf die Regel aufmerksam. Ein solches Verhalten mag situativ unterschiedlich geschickt sein, kann aber wirksam sein, weil es dem Regelbrecher unangenehm ist. Dahinter steckt aus kriminologischer Sicht das Konzept des Shaming (reintegratives Beschämen). Wird man bei einem offensichtlichen Regelbruch ertappt, so ist das den meisten Menschen peinlich. Um diese Peinlichkeit in Zukunft zu vermeiden, strengt man sich mehr an. Braithwaite (1989) bezeichnet diese Form der sozialen Kontrolle als positiv gewendete

Beschämung. Sie funktioniert vor allem dann, wenn die Person, die gegen eine Regel verstößt und die Person, die das anspricht, eine gewisse Bindung zueinander haben. Diese Bindung kann in der Familie oder im Freundeskreis vorhanden sein, aber auch unter Kollegen.

Signalwirkung
Das Bestrafen von Regelbrüchen kann manchmal gravierende Folgen haben, die auf den ersten Blick hin unverhältnismäßig erscheinen mögen. Siehe hierzu den folgenden Fall von Schaaf (2015).

> **Beispiel Lehrerin**
> Eine Mathematiklehrerin eines Berliner Gymnasiums hatte von Eltern einer Klasse, die sie 6 Jahre lang geführt hatte, ein Geschenk erhalten. Jede Familie zahlte einen kleinen Betrag und man schenkte der Lehrerin eine Skulptur. Die Skulptur kostete knapp 200 €, zusätzlich schenkte man der Lehrerin einen Blumenstrauß für 20 €. Ein Elternteil, ein Schuldirektor, erhob Dienstaufsichtsbeschwerde und erstattete zusätzlich Strafanzeige. Die Lehrerin gab die Skulptur zurück. Die Ermittlungen wurden wegen geringer Schuld eingestellt, allerdings gegen die Zahlung von 4000 €.

Wir wollen keine Regelbrüche schönreden. Beamte und Angestellte des öffentlichen Dienstes dürfen keine Geschenke annehmen und haben selbst den Anschein einer Vorteilsannahme zu vermeiden. Rein rechtlich ist die Entscheidung des Gerichts nicht zu beanstanden. Die Geldstrafe, deren Höhe sich an Tagessätzen bemisst, erschien jedoch vielen Menschen unangemessen, zumal die Abschlussklasse höchstwahrscheinlich in Zukunft keinen Kontakt mehr zu der Lehrerin haben wird. Und auch die Ermittlungen gegen die Eltern, die wohl nicht im Entferntesten an Korruption dachten, als sie das Geschenk für die Lehrerin planten, erschien vielen als unangemessen. Die öffentliche Empörung gipfelte schließlich in einer Crowdfunding-Initiative eines unbeteiligten Münchners, der in wenigen Tagen im Internet 5000 € an Spenden für die sanktionierte Lehrerin sammelte (Schaaf, 2015). Man mag sich nicht ausmalen, wie die nächste Sanktionierung ausgefallen wäre, wenn die Lehrerin dieses Geld angenommen hätte.

Das Lehrerinnenbeispiel zeigt, dass Sanktionen, die kollektiv als zu hart empfunden werden, ihr Ziel der Generalprävention verfehlen. Vielmehr wird die Empörung über die Sanktion dann zur Empörung über die Regel selbst. Und das ist das Letzte, was man will. Aber auf der anderen Seite erodieren Regeln, wenn ein Fehlverhalten keinerlei Folgen hat. Und gerade von Beamten erwartet man zu Recht Regeltreue.

Sanktionen dienen primär der Verhinderung von künftigem regelverletzendem Verhalten und der Bestärkung der regelkonformen Menschen. Das sind diejenigen, die sehen wollen, dass es sich lohnt, die Mühe aufzuwenden, die für regelkonformes Verhalten nötig ist. Werden Regelbrüche einfach ignoriert bzw. sogar toleriert, so ist dies ein Signal an alle, die sich an Regeln halten. Das Signal heißt: „Ihr seid ja blöd, wenn ihr euch die Mühe macht. Es passiert schließlich nichts, wenn man einfach tut, was man will. Und das Leben ist so viel angenehmer."

> **Wichtig** Wenn man sich daran gewöhnt, dass Regeln ab und zu mal nicht eingehalten werden, werden sich Regelbrüche häufen und irgendwann wird der Regelbruch normal und die Regel wird nur noch ab und zu eingehalten.

Wenn man sieht, wie jemand folgenlos gegen eine Regel verstößt, wird sich über kurz oder lang der Gedanke einnisten, dass es scheinbar in Ordnung ist, Regeln nicht einzuhalten. Je mehr Menschen sich ab und zu nicht an eine Regel halten, desto schneller erodieren Regeln. Deshalb sollte man bei Regelbrüchen einschreiten. Die Bestrafung kann milde sein und kann informell erfolgen. Wichtig ist das Signal: Es ist nicht in Ordnung, eine Regel zu verletzen, auch nicht manchmal und auch dann nicht, wenn der Arbeitsdruck groß ist. Wir sehen das wie Ariely (2012, S. 276): Der größte Teil der Menschen ist die meiste Zeit ehrlich. Ob das so wäre, wenn keinerlei Regeln gelten würden? Wir bezweifeln es. Aber: Fehlverhalten zu bestrafen bedeutet nicht, dass man maßlos bestrafen soll. Eine Strafe muss im Verhältnis zum Fehlverhalten stehen.

8.3 Kontrollieren ist nichts für Anfänger

Bislang haben wir uns mit der Frage beschäftigt, wie man mit Regelbrüchen umgeht, wenn sie passiert sind. In diesem Abschnitt werfen wir einen Blick darauf, was zu tun ist, damit Regelbrüche gar nicht erst passieren. Kontrollen sind ein beliebtes Mittel, um Regelbrüche jeglicher Art zu unterbinden. Aber sind sie auch wirksam? Halten Kontrollen, was sie versprechen? Werfen wir einen Blick auf verschiedene Situationen und verschiedene Menschen.

8 Strafen, Kontrollieren, Ignorieren – Umgang mit Regelbrüchen

Beispiel Gelegenheitsdiebstahl

Herr Saalbach hat wenig Geld und hält sich mit Sozialleistungen und Gelegenheitsjobs über Wasser. Und er klaut am Bahnhof und an verschiedenen Stellen in der Stadt gelegentlich mal ein Fahrrad. Vorzugsweise ein Mountainbike oder ein Pedelec, die lassen sich gut weiterverkaufen. Er weiß genau, dass die Polizei Fahrraddiebe nur sehr selten erwischt. Das liegt auch daran, dass es in seiner Stadt zwar viele Fahrradfahrer, aber kaum noch Polizeikontrollen gibt, bei denen routinemäßig Rahmennummern überprüft werden. Wenn überhaupt, ist ein gestohlenes Fahrrad eher ein Beifang der Polizei, etwa, wenn sie einen Drogenkonsumenten aufgreift oder jemand betrunken Schlangenlinien mit dem Fahrrad in den Asphalt malt. Daher fühlt sich Herr Saalbach sicher mit seinem kriminellen Nebengeschäft. Er stiehlt im Übrigen nur so viele Fahrräder, dass er damit über die Runden kommt.

Keine oder zu wenige Kontrollen können demnach Regelbrüche begünstigen. Auf der anderen Seite können Kontrollen auch gezielt ins Leere laufen gelassen werden. Stellen Sie sich einen rasend eifersüchtigen Ehemann vor, der seine Frau auf Schritt und Tritt überwacht. Kann er sicher sein, dass er mit penibler Kontrolle eine Affäre seiner Ehefrau verhindert? Mal abgesehen davon, dass eine solche Überkontrolle die Frau vielleicht erst zu einem anderen Mann hintreibt, könnte die Frau den eifersüchtigen Ehemann auch glauben lassen, dass er sie vollständig kontrolliert, und dennoch einen Weg für eine Affäre finden. Jedenfalls sind keine oder zu lasche Kontrollen ebenso wenig eine gute Lösung wie Überkontrollen. In emotional aufgeladenen Situationen sind Kontrollen sogar weitgehend unwirksam, wie das folgende Beispiel zeigt.

Regeln und Emotionen

Beispiel Hitzkopf

Karsten ist 17 Jahre alt und ein Hitzkopf. Natürlich weiß er, dass in U-Bahnen und in U-Bahnhöfen Kameras hängen. Dennoch hat er gerade drei Anzeigen nacheinander wegen Körperverletzung am Hals, weil er sich in der U-Bahn und im Bahnhof geprügelt hat. Jetzt hat er arge Probleme. Aber er wurde jedes einzelne Mal von anderen Jugendlichen beleidigt und wollte sich das einfach nicht gefallen lassen. Wegen der Kameraüberwachung war die Polizei in allen drei Fällen schnell zur Stelle und er wurde als Täter identifiziert. Doch in dem Moment dachte Karsten nicht an Kameras und die möglichen Folgen seines Handelns. Er wollte den pöbelnden Jungs schlichtweg eine reinhauen – das hatten die auch wirklich verdient. Er findet es nicht fair, dass er bestraft wird, obwohl er provoziert wurde. Karsten wusste, dass in der U-Bahn und in den U-Bahnhöfen Kameras hängen, aber das war ihm in dem Moment völlig egal.

Ständige Kontrolle und Überwachung verhindert nicht immer Straftaten – und in manchen Fällen nicht einmal eine Wiederholungstat. Denn man könnte ja denken, nach der ersten Anzeige wäre sich Karsten über die Kameras und die Folgen einer Prügelei im Klaren. Man hätte erwarten können, dass Karsten das kein zweites und erst recht kein drittes Mal passiert. Karsten wusste, wo die Kameras hängen und hätte Ärger vermeiden können. Hat er aber nicht. Wollte er auch gar nicht. Regelbrüche aus einem emotionalen Impuls heraus sind durch Kontrollen nicht gut in den Griff zu bekommen. Auch Widerstand gegen Regeln kann beispielsweise emotional aufgeladen werden und dann nur schwer überwunden werden.

Schauen wir uns noch ein Beispiel an. Um Wirkung zu erzielen, muss man nicht immer kontrollieren. Manchmal reicht es schon, wenn man nur so tut als ob.

> **Beispiel vorgetäuschte Kontrolle**
>
> Die Polizei registrierte an einem bestimmten Autobahnabschnitt besonders viele Unfälle. Es handelte sich um eine sehr enge Baustelle, in die fortwährend Fahrzeuge mit überhöhter Geschwindigkeit hineinfuhren und dann Unfälle verursachten. Was tun? Man konnte wegen knapper Ressourcen nicht 24 h am Tag eine mobile Geschwindigkeitskontrolle dort positionieren. Einer der Beamten kam auf die Idee, stetige Kontrolle einfach zu simulieren: Man parkte einen alten Streifenwagen gut sichtbar kurz vor der Baustelle. Schon war der Effekt da.

Die Autofahrer vermuteten eine Kontrolle und hielten das Tempolimit ein. Damit nicht auffiel, dass nur der Wagen positioniert war, aber niemand wirklich kontrollierte, parkte die Autobahnpolizei das Auto mindestens zweimal täglich in unregelmäßigen Abständen um. Das Auto wurde aber immer in Sichtweite der Baustelle abgestellt. Die Unfallhäufigkeit sank drastisch. Hier hat simulierte Kontrolle zur Regeleinhaltung beigetragen.

Kontrollieren will gelernt sein

Die Beispiele zeigen: Mit Kontrollen ist es nicht so einfach wie man denkt. Nicht immer bewirkt viel Kontrolle viel Regeltreue. Manchmal ist es sogar umgekehrt. In einer amerikanischen Studie wird die Wirkung externer Kontrollmechanismen zur Verhinderung von Betrug in Unternehmen dargestellt. Die Forscher stellten fest, dass ein Zuviel an Kontrolle genau das Gegenteil dessen bewirken kann, was sie erreichen soll: Bei sehr vielen Kontrollen tendierten die untersuchten Manager zu finanziellem Fehlverhalten (Shi et al., 2017). Denn sehr häufige Kontrollen werden als Grundmisstrauen und unterstellte Unehrlichkeit wahrgenommen. Diese Grundannahme, Menschen seien grundsätzlich unehrlich, ist falsch (Ariely, 2012). Die meisten Menschen wollen sich an Regeln halten. Das Zuviel an Kontrolle hatte die intrinsische Motivation der Manager, einen guten, aber auch regelkonformen Job machen zu wollen, offenbar so gestört, dass viele dann tatsächlich Regelbrüche begingen. Zudem sahen viele Manager ihre Autonomie und Entscheidungsfreiheit durch die strikte Regulierung zu sehr eingeschränkt und betrogen quasi aus Reaktanz. Was kann man daraus lernen? Führen wenige oder keine Kontrollen zu mehr Regeleinhaltung? Dagegen spricht das Beispiel von Herrn Saalbach und dessen kriminellen Nebengeschäften. Die Autoren der Betrugsstudie jedenfalls betonen, dass zu viel Spielraum ebenfalls einen negativen Effekt hat. Aus ihrer Sicht wäre das eine Lösung: Manager können sich Freiräume erarbeiten, wenn sie eine Zeit lang nachweisbar im Interesse des Unternehmens handeln (Shi et al., 2017, S. 1286). Wenn man sich an die Regeln hält, werden die Kontrollen gelockert. Das hat ein bisschen was von Arbeiten auf Bewährung. Man kann festhalten, dass es nicht nur darum geht, ob man kontrolliert oder nicht, oder darum, wie häufig man kontrolliert, sondern auch, wer, wen, in welchen Situationen wie kontrolliert. Unserer Erfahrung nach ist die Haltung der Kontrollierenden ein entscheidender Faktor. Wenn Kontrollierte den Eindruck haben, mit Kontrollen soll nur Macht ausgeübt werden oder die Kontrollierenden haben Spaß an Kontrollen, wehrt man sich. Wenn der Druck zu hoch ist und offene Kritik im Keim erstickt wird, wehrt man sich eben heimlich.

Einschränkend muss man dazu sagen, dass in dem Beispiel der kontrollierten Manager Aufgabenbereich, Entscheidungsspielraum und die jeweilige Bindung an ein Unternehmen ebenfalls eine Rolle spielen. Kontrollen können kontraproduktiv wirken, wenn es sich um langjährige Mitarbeiter handelt, wenn die Firmenkultur von Vertrauen geprägt ist (siehe dazu auch Abschn. 6.1 *Ehrlichkeit, Eigennutz und Steuerhinterziehung*) und die Mitarbeiter lange genug im Unternehmen sind, um diese Kultur und die Regeln auch verinnerlicht zu haben. Anders können Kontrollen bewertet werden, wenn die Belegschaft eines Unternehmens eine hohe Fluktuation und wenig Bindung aufweist, also auch die Unternehmenskultur und -regeln nicht profund verinnerlicht haben kann. Dann führen Kontrollen zwar immer noch zum Eindruck des Misstrauens, aber sie sind unter Umständen wirksamere Weg der Verhaltenssteuerung.

Vertrauensseligkeit
Und für die misstrauischen Zeitgenossen unter Ihnen: Ja, Sie haben Recht. Wer vertraut, kann enttäuscht werden. Deshalb ist zu viel oder gar blindes Vertrauen gerade im beruflichen Kontext unklug. Hierzu ein Fall von Stirnimann (2018, S. 44).

> **Beispiel Betrug**
>
> Der Chief Executive Officer (CEO) saß sichtbar schockiert am Besprechungstisch und starrte in seinen Kaffee. Immer wieder sagte er halblaut, mehr zu sich als zu den anderen Anwesenden: Sie sei seine brillanteste Mitarbeiterin gewesen. Die brillante Mitarbeiterin hatte das Unternehmen über mehrere Jahre hinweg um viele Millionen betrogen. Der CEO hatte keine Probleme damit, sein Unternehmen auch in wirtschaftlich rauen Zeiten zu führen, aber dieser Verrat war zu viel. Er hatte sein Vertrauen in seine Mitarbeiter und in sein eigenes Urteilsvermögen verloren.

Wäre der CEO etwas weniger begeistert und dafür etwas misstrauischer gewesen, hätte Schaden verhindert werden können. Zu wenig Kontrolle kann ebenso schaden wie zu viel Kontrolle. Im Beispielfall kann das dysfunktionale Folgeeffekte haben: Weil eine sehr wichtige Mitarbeiterin das Vertrauen missbraucht hat, besteht nun das Risiko, dass der CEO anderen, loyalen Mitarbeitern gegenüber zu misstrauisch wird. Wer zu misstrauisch wird oder bleibt, kontrolliert in der Regel überhart. Wer zu wenig misstrauisch ist, übersieht Warnsignale. Beides ist nicht hilfreich. Tatsächlich sollte man sich in einem solchen Fall Hilfe holen (Stirnimann, 2018, S. 45), um eine kluge Balance zwischen Vertrauen und Kontrolle zu finden oder wiederzufinden.

Persönliches Vertrauen – institutionalisiertes Vertrauen
In dem Beispiel von Stirnimann (2018) ging es um persönliches Vertrauen. Bei den meisten unmittelbaren Führungskräften ist das so. In der Regel besteht ein persönlicher Kontakt zwischen Mitarbeiter und unmittelbarem Vorgesetzten, sodass man zumindest glaubt, die Personen einschätzen zu können. Das Instrument des Vertrauens statt Kontrolle hier anzuwenden, mag im Einzelfall fehleranfällig sein, falsch ist es unserer Einschätzung nach nicht. Etwas anders sieht die Sache bei institutionalisiertem Vertrauen statt Kontrolle aus. Damit meinen wir beispielsweise, dass der Staat, aus unterschiedlichen Gründen, Kontrollaufgaben an die zu kontrollierenden Unternehmen abgibt. Ein bekanntes Beispiel hierfür ist wohl das

Kraftfahrbundesamt (KBA), das sich beim sogenannten Dieselskandal nicht mit Ruhm bekleckert hat.

> **Beispiel Kraftfahrbundesamt**
>
> Die Behörde ist unter anderem dafür zuständig, dass die Abgasgrenzwerte von Fahrzeugen eingehalten werden. Das KBA übertrug jedoch seine Kontrollpflicht auf die Hersteller, sodass diese selbst ihre Fahrzeuge und die Einhaltung der Abgas-Grenzwerte kontrollieren durften. Das Kraftfahrbundesamt prüfte also lediglich die Prüfunterlagen der Hersteller. Auch ob die tatsächlich produzierten Fahrzeuge den Vorschriften entsprechen, überprüften die Hersteller selbst (Viehmann, 2018).

Derlei institutionalisierte Selbstkontrollen, die eine Bezeichnung als Kontrolle unserer Ansicht nach nicht wirklich verdienen, werden immer dann problematisch, wenn die Einhaltung von Regeln, hier von Abgasgrenzwerten, einem zentralen Unternehmensziel, hier Gewinnmaximierung, entgegenläuft. Unternehmen sind keine Wohltätigkeitsorganisationen. Und je nachdem, welchen Stellenwert Gewinnmaximierung in einem Unternehmen hat, ist die Wahrscheinlichkeit hoch, dass Kontrollen unterlaufen werden. Wenn man auf eines der Beispiele zu Beginn des Kapitels zurückblickt, wird auch die Rolle des Kraftfahrbundesamtes für den Regelverstoß verständlich. Im Beispiel hielten sich die Autofahrer am Unfallschwerpunkt nicht an das Tempolimit und fuhren nicht deshalb unvorsichtig, weil sie das richtig fanden. Vielleicht fanden sie das Tempolimit sogar richtig, hatten aber einen Zielkonflikt, weil sie es sehr eilig hatten. Da gewinnt das Tempolimit nur, wenn man zumindest glaubt, kontrolliert zu werden. Wenn das Kraftfahrbundesamt jedoch seine Kontrolle an die Hersteller abgibt und lediglich fordert: „sagt uns doch, ob ihr euch auch daran haltet", dann ist die Motivation, die Abgas-Grenzwerte einzuhalten und dafür teure Technik zu installieren wohl verständlicherweise überschaubar. Die Aktionäre der Unternehmen wollen schließlich ihre Dividende und die Manager ihre Boni einstreichen.

8.4 Effizienz von Kontrollen

Damit Kontrollen durch Führungskräfte nicht willkürlich und damit inquisitorisch erscheinen, hat man in Unternehmen verschiedene Formen der formellen Kontrolle etabliert, angefangen bei Revisionsabteilungen, elektronischen Erfassungssystemen bis hin zu formalisierten Formen sozialer Kontrolle wie dem Mehr-Augen-Prinzip. Doch sind diese Kontrollmechanismen auch effizient? Halten Sie, was sie versprechen? Wir meinen: Jein. Bei genauem Hinsehen muss man feststellen, dass die Wirksamkeit vieler beliebter Kontrollmechanismen nicht gesichert ist (Linssen et al., 2015b, S. 79–81). Vielmehr fußt die Annahme, dass die eingesetzten Instrumente wirken, auf Plausibilitäten. Das liegt unter anderem daran, dass es schwierig zu zählen oder nachzuweisen ist, wenn etwas wegen erfolgreicher Kontrollen nicht passiert. Sind die Instrumente wirksam, gibt es keine oder nur wenige Regelbrüche. Es dürfte aber klar sein, dass dies nicht unbedingt an der Wirksamkeit der Verhaltenskontrolle liegen muss, sondern schlichtweg auch damit zu tun haben kann, dass Regelbrüche nicht auffallen bzw. nicht bekannt werden. Das Dunkelfeld ist bei Regelbrüchen sehr groß. Insofern ist eine Erfolgsmessung schwer. Wir haben einige Beispiele gesammelt.

Vier Augen sehen nicht immer mehr als zwei
Nach dem Mehr-Augen-Prinzip kann ein einzelner Mitarbeiter nicht autonom und abschließend wichtige Entscheidungen treffen, sondern muss sich von mindestens einem Kollegen kontrollieren lassen, der seine Kontrolle durch Unterschrift dokumentiert. Durch das Mehr-Augen-Prinzip sollen Transparenz und Kontrolle gewährleistet und der (soziale) Druck zur Regeleinhaltung erhöht werden (Mischkowitz et al., 2000, S. 345–347). Die Beliebtheit des Mehr-Augen-Prinzips ergibt sich aus dessen Plausibilität und aus der vergleichsweise einfachen Umsetzung. Dennoch kann das Mehr-Augen-Prinzip umgangen werden. Problematisch für eine wirksame Kontrolle sind etwa mangelnde Fach- und Detailkenntnisse beim Zweitkontrollierenden. Das Mehr-Augen-Prinzip wird wirkungslos, wenn sich aufgrund langjähriger gemeinsamer Arbeit zwischen Prüfenden und Überprüften ein persönliches Vertrauensverhältnis bildet, aus dem heraus Kontrollen nicht mehr oder nicht mit der gebotenen Präzision erfolgen.

> **Beispiel Integrative Kindertagesstätte**
>
> In einer integrativen Kindertagesstätte ist die Stellenausstattung auch abhängig von der Anzahl und dem Förderbedarf der betreuten Kinder. Je mehr Kinder betreut werden und je größer deren Förderbedarf ist, desto mehr Finanzmittel, etwa für zusätzliche Honorarkräfte, werden bereitgestellt. Das klingt erst einmal vernünftig, muss es aber nicht sein. Die Kindertagesstätte wollte nicht auf eine Zusatzkraft zur Entlastung der fest angestellten Kräfte verzichten. Deshalb wurden Gutachten und Förderpläne sowie Informationen an Eltern so verändert, dass Kinder als förderbedürftiger eingestuft wurden,

als es bei fachlich korrekter Diagnose der Fall gewesen wäre. Die Diagnosen wurden, wie es üblich ist, von einer weiteren pädagogischen Fachkraft nach Aktenlage geprüft. Wenn eine Schilderung plausibel ist, befürwortet diese in aller Regel eine zusätzliche Förderung, ohne das Kind je gesehen zu haben. So konnte die Kindertagesstätte den Bedarf einer Zusatzkraft formal nachweisen, ohne dass dieser Bedarf tatsächlich vorhanden war. Neben dem finanziellen Schaden wurden die Kinder als förderbedürftiger und damit defizitärer eingestuft, als sie es waren (Linssen et al., 2012).

Im Beispiel ist das Mehr-Augen-Prinzip nicht nur vorgesehen, sondern wird sogar umgesetzt. Dennoch führt dieser Kontrollmechanismus nicht zu Regeltreue. Aus subjektiv guten Gründen wurden Gutachten frisiert und Fördermittel über den eigentlichen Bedarf hinaus beschafft. Das Beispiel zeigt, Menschen schaffen es, Schlupflöcher zu finden. Risikoüberwachung ist sinnvoll, birgt aber auch die Gefahr der formellen Überkontrolle, ohne dass die Kontrolle inhaltlich besonders wirksam ist. Es ist sinnvoll, eine Balance zwischen Kontrolle und Eigenverantwortung der Mitarbeiter zu finden. Die Ausgestaltung dieser Balance hängt von Organisationskultur, Mitarbeiterstruktur, Branche und vielen anderen Faktoren ab, sodass allgemeingültige Empfehlungen hier schlichtweg nicht sinnvoll sind. Es gibt keine goldene Regel, die für alle gilt.

Eigennutz
Doch während man im Beispiel der Kindertagesstätte vielleicht noch brauchbare Illegalität als Grund für den Regelverstoß und das Unterlaufen der Kontrolle anführen könnte, siehe Abschn. 7.8 *Brauchbare Illegalität*, passieren Regelverstöße unter Umgehung formeller Kontrollen auch aus Eigennutz. Hierzu ein Beispiel ausgerechnet aus einer Behörde, die ja in besonderer Weise an der Einhaltung von Regeln interessiert sein sollte (Alemann, 2007, S. 68):

Beispiel Scheinrechnungen

Eine Staatsanwaltschaft nahm im April 2006 einen leitenden Beamten einer Bundesbehörde wegen Untreue und Bestechlichkeit fest. Nach Angaben der Staatsanwaltschaft hatte der leitende Beamte, der für die IT der Behörde zuständig war, Aufträge im Umfang von rund acht Millionen Euro an die Firma eines Komplizen vergeben. Für mindestens zwei Millionen Euro habe die Behörde aber keine Gegenleistungen erhalten. Offenbar war es dem Beamten gelungen, die internen Kontrollsysteme weitgehend auszuschalten. Die Scheinaufträge und -rechnungen an die Firma seines Komplizen durfte seine Sekretärin gegenzeichnen, ohne jedoch von den wahren Hintergründen

> Kenntnis gehabt zu haben. Der leitende Staatsanwalt kritisierte das in der Behörde praktizierte Mehr-Augen-Prinzip, bei dem es an der notwendigen gleichen Augenhöhe der Kontrollperson fehle.

Man findet vergleichbare Beispiele in vielen Organisationen und auf verschiedenen hierarchischen Ebenen. Ein anderes Beispiel, diesmal aus einer Krankenkasse als Körperschaft öffentlichen Rechts, schildert Voigt (2020):

> **Beispiel Pflegeanträge**
>
> Das Amtsgericht Karlsruhe hat einen ehemaligen Krankenkassenmitarbeiter zu einer Gefängnisstrafe von zwei Jahren und acht Monaten verurteilt, weil dieser über einen längeren Zeitraum Pflegeanträge fingiert und das Geld an Familienmitglieder überwiesen hatte. Der Täter stellte im Namen kurz zuvor verstorbener Kassen-Mitglieder Pflege-Anträge und verursachte einen Gesamtschaden von rund 200.000 €.

Die Krankenkasse selbst bemerkte den Betrug nicht. Erst ein Hinweis der Sparkasse Heidelberg auf mögliche Manipulationen ließ die Krankenkasse misstrauisch werden. Der Teamleiter des Täters wurde vor Gericht befragt. Laut Voigt (2020) erläuterte der Teamleiter, dass Kontrollen stattgefunden hätten und dass auch das Mehr-Augen-Prinzip gelte. Weil man aber so viele Anträge bearbeiten müssen, könnte man nicht alle Vorgänge überprüfen. Was erstaunt, ist die Einigung der Krankenkasse mit dem Täter auf eine Ratenrückzahlung zu je 50 €. Rechnen Sie ruhig mal aus, wie lange der Täter bezahlen müsste, um den Schaden wiedergutzumachen.

Psychologisches Kontrollversagen
Das Mehr-Augen-Prinzip wird oft als ein sehr wirksames Instrument der Kontrolle beschrieben. Wenn dem so ist, warum fiel dann lange Zeit niemandem auf, dass der Kontrollmechanismus in der Krankenkasse unterlaufen wurde? Wahrscheinlich hängt das weniger mit dem Versagen des Kontrollinstruments, als vielmehr mit einer falschen Einschätzung der Kontrolle durch die Vorgesetzten des kriminellen Mitarbeiters zusammen. Dazu muss man die psychologischen Prozesse hinter der Geschichte rekonstruieren. Von Vorgesetzten erwartet man vor allem eines: Dass sie ihren Laden, also die Organisation, die Abteilung, das Team, im Griff haben. Dass sie alles unter Kontrolle haben. Dass sie die Mitarbeiter steuern

und lenken, so wie es das Unternehmen oder eben eine Behörde erfordert. Das ist oft genug eine Illusion, wie wir im nächsten Abschnitt beschreiben.

8.5 Trügerische Kontrollüberzeugungen

Das Gefühl, Vorgänge und Mitarbeiter steuern zu können, ist für Führungskräfte ungemein wichtig. Was dabei manchmal aus dem Blick gerät: Selbst für Führungskräfte gibt es Vorgänge, die sich jenseits ihres Einflussbereichs abspielen. Das Wetter zum Beispiel oder was Mitarbeiter tatsächlich über sie denken. Und wenn Führungskräfte vergessen, dass sie das Wetter nicht beeinflussen oder kontrollieren können, handeln sie so, als hätten sie einen Einfluss darauf. Etwa so: „Immer, wenn ich einen Schirm mit zur Arbeit nehme, fängt es an zu regnen. Also lasse ich den Schirm heute zu Hause, weil ich will, dass die Sonne scheint". Das ist eine Kontrollillusion. Damit beschreibt man die Tendenz, zu glauben, Dinge kontrollieren zu können, die tatsächlich nicht beeinflussbar sind. Und diese Tendenz ist nachvollziehbar: Das Gehirn hat sich im Lauf der Evolution dahin entwickelt, die Welt verstehen zu wollen – und zwar um jeden Preis. Denn nur, wenn man den Grund für ein Ereignis kennt, kann man etwas verändern oder sich zumindest darauf einstellen. Ohne Grund oder Erklärung fühlt man sich ausgeliefert. Das erträgt man so schlecht, dass unser Gehirn verzweifelt versucht, jede Situation berechenbar zu machen. Und weil das nicht in allen Situationen möglich ist, denkt sich der Mensch Zusammenhänge aus, die zum Teil unsinnig sind, einem aber wenigstens das Gefühl von Kontrolle geben: Wenn ich beim Knobeln die Würfel langsam ausrollen lasse, erwürfele ich die gewünschte sechs. Wenn ich den Knobelbecher kräftig schüttele, bekomme ich eine hohe Augenzahl. Oder: Wenn ich Zuckerkügelchen (Globuli) lutsche, geht es mir besser.

Homöopathie und Kontrollillusion
Die Homöopathiebranche verdient mit dem Phänomen der Kontrollillusion jedes Jahr sehr viel Geld. So erhält man sich zumindest die Illusion, eine Situation beeinflussen zu können und fühlt sich nicht mehr ausgeliefert. Was fehlt, ist der Vergleich mit einer wirksamen Behandlung und der Vergleich mit gar keiner Behandlung. In den Fällen von Spontanheilungen hätte es weder eine echte Behandlung noch Zuckerkügelchen gebraucht. Wer das nicht weiß und die Zuckerkügelchen eifrig geschluckt hat, glaubt rückwirkend in den Fällen von Spontanheilung, dass die Kügelchen geholfen haben. So hat das früher mit Wunderheilern funktioniert oder mit den

diversen anderen Quacksalbereien in den zurückliegenden Jahrhunderten. Das Beispiel zeigt: Auch, wenn man sich subjektiv noch so sicher ist, dass etwas wirkt, ist das kein Beweis für tatsächliche Wirksamkeit.

> **Wichtig** Überzeugung ist kein Qualitätskriterium.

Wer sich detailliert zur Wirkungslosigkeit von Homöopathie informieren möchte, dem sei die Seite des National Health and Medical Research Council empfohlen (NHMRC, Australien) (NHMRC, 2015). Die Kontrollillusion schlägt nicht nur bei Zuckerkügelchen zu, sondern auch im Verhältnis von Führungskräften und ihren Mitarbeitern.

Brandbeschleuniger
Letztlich ist Kontrollüberzeugung elementar für Menschen. Das trifft nicht nur auf Führungskräfte zu, sondern auf alle Menschen. Kontrollillusionen können in Fällen von Regelbrüchen wie ein Brandbeschleuniger wirken. Zurück zum leitenden Beamten der IT-Abteilung einer Behörde: Formell hatte die Behördenleitung viele Dinge richtig gemacht: Das Mehr-Augen-Prinzip sollte bei Großaufträgen verhindern, dass unlautere Absprachen oder Vergaben erfolgen. Doch in diesem Fall führte das Mehr-Augen-Prinzip zu einer Kontrollillusion. Die Vorgesetzten dachten, in dem Bereich kann nichts mehr passieren, dort schauten immer zwei Augenpaare auf eine Vergabe. Die subjektive Sicherheit der Entscheidungsträger war dementsprechend hoch: Sie glaubten, sie hätten die Vergabesituation im Griff, weil das Mehr-Augen-Prinzip etabliert war. Folglich überließen sie dem Mitarbeiter und dessen Sekretärin die Vergabeentscheidungen guten Gewissens und haben ihre wachsamen Augen woanders hin gerichtet. Objektiv betrachtet war die Situation jedoch die gleiche wie ohne Kontrollmechanismen. Das gab dem Beamten die Gelegenheit, sich ungeniert zu bedienen. Das Mehr-Augen-Prinzip war in dieser Situation schlichtweg keine funktionierende Kontrollmaßnahme. Es war eine rein formelle Maßnahme, ohne echte Wirkung.

Objektive Sicherheit und subjektive Sicherheit
Man kann das Paradoxon des Kontrollverlusts durch Kontrollmechanismen am Beispiel von Bremssystemen veranschaulichen.

Beispiel Bremsen

Wenn Sie wissen, dass ihre Bremsen nicht besonders gut greifen, werden Sie vorsichtiger fahren. Sowohl die objektive Sicherheit (Bremsen greifen nicht gut) als auch die subjektive Sicherheit (Sie trauen Ihren Bremsen nicht) ist gering. Das ist zwar nicht gut, aber immerhin besser, als zu glauben, ihre Bremsen seien gut (hohe subjektive Sicherheit), tatsächlich sind sie es aber nicht (geringe objektive Sicherheit). Aufgrund einer bei hoher subjektiver Sicherheit geringeren Aufmerksamkeit stiege nämlich das Unfallrisiko.

Übertragen auf das IT-Beschaffungsbeispiel bedeutet dies: Wenn man ungeeignete Regeln oder Kontrollen einführt (geringe objektive Sicherheit), von denen geglaubt wird, dass sie helfen (hohe subjektive Sicherheit), sinkt letztlich die tatsächliche Sicherheit (Linssen et al., 2015a, b). Wir empfehlen beides: Gute Bremsen und dennoch vorsichtig fahren.

Beispiel John-F.-Kennedy-Zentrum für darstellende Kunst

Ein weiteres Beispiel für Kontrollillusion schildert Ariely (2012, S. 15–17). Es hat sich im John-F.-Kennedy-Zentrum für darstellende Kunst in Washington ereignet. Die Geschenkeläden des Museums setzten pro Jahr Waren im Wert von über 400.000 US$ um, allerdings kamen nur 250.000 US$ in der Buchhaltung an. Wohin verschwanden 150.000 US$? Rund 300 ehrenamtliche Mitarbeiter, meist Rentner mit Interesse an den schönen Künsten, verkauften in den verschiedenen Geschenkeläden. 150.000 US$ ist viel Geld und so beauftragte das Zentrum eine Detektei und dem Dieb wurde mit markierten Geldscheinen eine Falle gestellt. Und tatsächlich, ein junger Angestellter hatte einen Teil der markierten Scheine in seiner Tasche, als er kontrolliert wurde (60 US$). Klar, der Mann wurde entlassen und das Problem schien gelöst. Alle entspannten sich. Dann verschwand wieder Geld. Erst als Verkaufslisten eingeführt wurden, in der die philanthropen Rentner eintragen mussten, was verkauft und was eingenommen wurde, hörten die Diebstähle auf. Es war nicht ein einzelner Dieb gewesen, sondern die vielen freiwilligen Helfer, die ab und zu mal einen Schein eingesteckt hatten. Manche Menschen brauchen Kontrollen, hier Verkaufslisten, um sich an die Regeln zu halten (Ariely, 2012, S. 17).

Kontrollillusionen verhindern die Aufnahme von Informationen, die konträr zu unserer Kontrollauffassung oder unserer Bequemlichkeit sind. Im Behördenbeispiel hätte den Vorgesetzten eine Lücke von zwei Millionen Euro bei Materialwerten und Lieferumfängen auffallen können und müssen. Man redet hier schließlich nicht von zwei fehlenden Pappkartons. Doch fühlten sich die Vorgesetzten durch die internen Kontrollmechanismen so gut abgesichert, dass sie nicht mehr vorsichtig waren. Eine Kontrollillusion führt dazu, dass man sich selbst kaum prüft oder infrage stellt und Kritik von außen schlecht aushält. Wenn etwas schiefläuft, muss es an den Anderen liegen. Oder an den Umständen. Zurück zur Wetter-Kontrollillusion: Immer, wenn ich einen Schirm mit zur Arbeit nehme, fängt es an zu regnen. Also lasse ich den Schirm heute zu Hause, weil ich will, dass die Sonne scheint. Dunkle Wolken am Himmel interessieren mich nicht. Es wird trotzdem trocken bleiben, weil ich den Schirm zuhause lasse. Viel Glück!

Selbstüberschätzung – mit gutem Gefühl Mist bauen
Fenton-O'Creevy und seine Mitarbeiter fanden in einer Studie unter Investmentbankern 2003 heraus, dass Händler mit starker Kontrollillusion bei Analyse, Risikomanagement und Gewinnbeiträgen deutlich schlechter abschnitten. Sie verdienten auch weniger (Fenton-O'Creevy et al., 2003) als die Kollegen mit schwächerer Kontrollillusion. Investmentbanker mit starker Kontrollillusion führten positive Verläufe auf eigene Entscheidungen zurück, negative spielten sie als vorübergehende Abweichungen herunter oder begründeten sie mit äußeren Einflüssen – und reagierten weder rechtzeitig noch angemessen. Und sie lernten nicht aus ihren Fehlern, weil sie diese gar nicht erkannten. Vom schlechten Investmentbanker zum Spieler ist es nicht weit. Beide verbindet, dass sie nicht zum richtigen Zeitpunkt aufhören können. Sie glauben, beim nächsten Spiel oder beim nächsten Handel greife ihre Strategie, sie unterliegen also anhaltenden Kontrollillusionen. Ohne Kontrollillusionen hätte es wohl so manche Bankenkrise nicht gegeben.

Mentale Plagegeister
Das Phänomen der Kontrollillusion ist in der Forschung schon lange bekannt. Warum gibt es das Problem noch immer? Nun, erstens werden sehr viele Forschungsergebnisse von der Gesellschaft nicht oder mit erheblicher Zeitverzögerung zur Kenntnis genommen und zweitens ist es schlicht und einfach viel zu bequem, sich seinen Kontrollillusionen hinzugeben. Eine Kontrollillusion schafft einem mentale Plagegeister vom Hals, man kann sich guten Gewissens anderen Dingen zuwenden und Probleme aus dem Arbeitsspeicher werfen. Das ist in manchen Fällen sogar sinnvoll, weil man auf diese Weise selbst dann handlungsfähig bleibt, wenn sehr viele Probleme auf einen einprasseln. Allerdings wächst mit der Zeit das Risiko, tatsächliche Probleme nur scheingelöst zu haben. Und scheingelöste Probleme fallen einem später wieder auf die Füße – auch wenn es manchmal etwas länger dauert, bis es soweit ist. Zum Ausgleich ist das Problem dann meist größer als zuvor.

Kontrollen erhöhen die sichtbaren Fallzahlen

Kontrollmechanismen führen also nicht zwingend zu regelkonformem Verhalten. Nicht nur, dass man sich vielleicht zu sehr auf die Kontrollen verlässt und dadurch Regelbrüche übersieht, man kann auch nie alles und jeden lückenlos kontrollieren – jedenfalls nicht zu vertretbaren Kosten. Menschen können aus unterschiedlichen Gründen und mit unterschiedlichen Mitteln Kontrollmechanismen unterlaufen. Und es gibt noch einen Haken. Wie Heißner (2014, S. 168) schreibt, führen mehr Kontrollen dazu, dass man mehr Verstöße findet. Auf den ersten Blick führen also funktionierende Kontrollen zu mehr (entdeckten) schwarzen Schafen. Auch dies sollte man bei der Einführung von Kontrollen bedenken und auch bekannt machen, sonst sind Kollateralschäden möglich. In Kombination damit, dass Kontrollen als etwas erlebt werden können, wodurch seit Jahren funktionierende Geschäftsprozesse hinterfragt und Mitarbeiter sich schikaniert fühlen, kann sich Widerstand regen. Im schlimmsten Fall führen Regeln und Kontrollen zu einer bürokratischen Parallelorganisation, die als Störung erlebt und entsprechend behandelt wird. Hier besteht die Aufgabe von Führungskräften darin, die unterschiedlichen Anforderungen an die Mitarbeiter zu einem stimmigen Ganzen zu formen. Das ist schwer.

Demut

Wenn Sie zu denjenigen gehören, die andere kontrollieren müssen oder dürfen, bleiben Sie demütig. Wer kontrolliert oder bestraft, muss sich selbst in besonderem Maße an Regeln halten. Das macht die Suche nicht einfacher, ist aber unverzichtbar. Wie Rudkowski und Schreiber (2018) beschreiben, gibt es eine Reihe von Regeln, an die sich die Hüter von Regeln halten müssen: Datenschutzrecht, Telekommunikationsgesetz und so weiter.

8.6 Schädliche Belohnung

Statt Regelbrecher zu bestrafen oder allen Mitarbeitern potenziell Regelbruch zu unterstellen und sie zu kontrollieren, könnte man natürlich auch auf die Idee kommen, Regeleinhaltung zu belohnen. Zumindest scheuen sich viele Organisationen, Regelbrüche deutlich und zumindest unternehmensöffentlich zu sanktionieren. Und auch Kontrollen sind, wie gezeigt, ein zweischneidiges Schwert. Deshalb suchen Unternehmen nach Wegen, korrektes Verhalten zu belohnen statt Fehlverhalten zu bestrafen. Man befürchtet interne Kritik an einer Bestrafung und ein Negativimage, weil vor dem Bestrafen das Vorhandensein von Regelbrüchen erst einmal eingeräumt werden muss.

Keine Belohnung ist genug Bestrafung
Deshalb wählen einige Verantwortliche den Weg, regelkonformes Verhalten zu belohnen. Mitarbeiter, die Regeln einhalten, erhalten dafür nicht nur Lob, sondern unter Umständen auch Vergünstigungen oder monetäre Zuwendungen. So meint man, Bestrafungen für Regelbrüche vermeiden zu können, weil ein Regelbrecher schließlich schon genug gestraft ist durch das Verwehren einer Belohnung: Nicht belohnt zu werden ist genug bestraft. Man hofft auf eine breite Zustimmung zu den Regeln sowie eine bereitwillige Regeleinhaltung.

Ins Knie geschossen
Abgesehen davon, dass die Idee, erwartbares, fast selbstverständliches regelkonformes Verhalten zu belohnen, nüchtern betrachtet etwas wunderlich daherkommt: Regeleinhaltung zu belohnen, kann sogar kontraproduktiv wirken. Die meisten Menschen tendieren dazu, Regeln zu befolgen, wenn sie ihnen nicht völlig absurd, unsinnig oder besonders einschränkend oder widersprüchlich erscheinen, siehe hierzu Kap. 6 *Das Gute ist stets das Böse, das man lässt* und vertieft Ariely (2012). Insbesondere in der Arbeitswelt, in der sowieso häufig ein gewisser Grad an Anpassung erwartet wird, damit Arbeitsabläufe reibungslos funktionieren, ist der größte Teil der Mitarbeiter bereit, Regeln zu befolgen. Für diese Menschen ist Regeleinhaltung quasi eine Selbstverständlichkeit, sie befolgen die Regeln, weil sie dies für richtig halten und weil das allen im Alltag irgendwie auch hilft. Man spricht dann von einer intrinsischen Motivation zur Regeleinhaltung. Notorischen Regelbrechern fehlt eine solche intrinsische Motivation.

Kurzfristiger Effekt
Belohnt man die vielen Regelkonformen, die Regeln sowieso von sich aus einhalten, so wird man kurzfristig die Bereitschaft zur Regeleinhaltung weiter steigern können. Eine Belohnung wirkt als positiver Verhaltensverstärker. Personen werden das gewünschte Verhalten so oft zeigen wie möglich, weil eine Belohnung als angenehm empfunden wird. Auch diejenigen, denen eine intrinsische Motivation zur Regeleinhaltung ganz oder teilweise fehlt, könnten durch positive Anreize, also Belohnungen, dazu gebracht werden, Regeln zu befolgen. Nicht weil sie die Regeleinhaltung für zwingend halten, sondern weil sie belohnt werden wollen (Koch & Stahl, 2017, S. 323–328 und 339–340). Insgesamt kann man durch Belohnen die Regeltreue kurzfristig erhöhen.

Korrumpierungseffekt

Der Nachteil eines solchen Vorgehens zeigt sich, sobald die Belohnungen wegfallen, etwa, weil weniger Mittel zur Verfügung stehen oder weil andere Regeln wichtiger werden. Zunächst wird die Regeltreue bei denjenigen wieder schwinden, die keine intrinsische Motivation haben. Die vormals notorischen Regelbrecher kehren zu ihrer Routine zurück. Dies wäre zu verkraften. Schlimmer sind die Folgen jedoch bei denjenigen, die sich vor der Belohnungsphase von sich aus an Regeln gehalten hatten. Bei ihnen tritt der sogenannte *Korrumpierungseffekt* ein. Das heißt, die Bereitschaft zur Regeleinhaltung sinkt unter das Ausgangsniveau vor der Belohnungsphase. Es funktioniert dummerweise nämlich auch umgekehrt: Der Wegfall einer Belohnung wird als Bestrafung erlebt.

> **Beispiel Kindertagesstätte**
>
> In einer Kindertagesstätte wurde ein Bußgeld für Eltern eingeführt, die ihr Kind zu spät abholen. Das Bußgeld verringerte die Quote der Zuspätabholer nicht. Langfristig verschlechterte sich die Situation. Vor Einführung eines Bußgeldes hatten die Eltern ein schlechtes Gewissen, wenn sie ihr Kind zu spät abholten und die Erzieher länger arbeiten mussten. Wenn also ein Elternteil einmal zu spät gekommen war, riss er sich für die nächsten Tage besonders zusammen, um pünktlich zu sein. Mit dem Bezahlen des Bußgeldes schwand das schlechte Gewissen. Zuspätkommen wurde durch das Bußgeld ausgeglichen, ein schlechtes Gewisse war nicht nötig und deshalb musste man sich in den nächsten Tagen nicht stärker um Pünktlichkeit bemühen. Was macht man nun als Management der Kindertagesstätte? Natürlich das Bußgeld abschaffen. Nur, das schlechte Gewissen kam nicht mehr zurück und die Zahl unpünktlicher Eltern ging ebenfalls nicht zurück auf das Ausgangsniveau, sondern verharrte auf hohem Niveau (Ariely, 2015, S. 122–123).

Insgesamt erreicht man durch das Belohnen regelkonformen Verhaltens am langen Ende oft das Gegenteil des Gewünschten. Irgendwann fallen die Belohnungen oder Anreize weg, weil man die Regeln für etabliert hält oder weil man sich das dauernde Belohnen nicht leisten kann. Dann hat man weniger Regeltreue als zuvor.

> **Zusammenfassung**
>
> Nehmen Sie Regelbrüche ernst. Dabei sollte nicht jeder Regelbruch auf dieselbe Art und Weise bestraft werden. Auch wenn es mühsam ist, man muss differenzieren. Kontrollen zur Vermeidung von Regelbrüchen können kontraproduktiv wirken und sollten daher gut überlegt und klug umgesetzt werden.

> Kontrollillusionen erleichtern Regelbrüche, weil Fehlverhalten erst spät oder nie auffällt. Zwar ist es klug, Mitarbeitern einen Vertrauensvorschuss zu gewähren. Nicht klug ist es, vertrauensselig zu sein.

Literatur

Alemann, U. V. (2007). *Studie zur Korruption innerhalb des staatlichen Bereichs der EU-Mitgliedstaaten.* Heinrich-Heine-Universität.

Ariely, D. (2012). *Unerklärlich ehrlich. Warum wir weniger lügen, als wir eigentlich könnten.* Droemer.

Ariely, D. (2015). *Denken hilft zwar, nützt aber nichts. Warum wir immer wieder unvernünftige Entscheidungen treffen.* Droemer.

Braithwaite, J. (1989). *Crime, shame and reintegration.* Cambridge University Press.

Fenton-O'Creevy, M., Nicholson, N., Soane, E., & Willman, P. (2003). Trading on illusions: Unrealistic perceptions of control and trading performance. *Journal of Occupational and Organizational Psychology, 76,* 53–68.

Harpers, T. (2018). *Geschäftsführerin von Behinderten-Werkstatt in Duisburg fristlos entlassen.* Rheinische Post. https://rp-online.de/nrw/staedte/duisburg/duisburg-geschaeftsfuehrerin-roselyne-rogg-von-behinderten-werkstatt-fristlos-entlassen_aid-24267437. Zugegriffen: 25. Juli 2021.

Heißner, S. (2014). *Erfolgsfaktor Integrität.* Springer Gabler.

Holzmann, R. (2019). *Wirtschaftsethik* (2. Aufl.). Springer Gabler.

Koch, I., & Stahl, C. (2017). Lernen – Assoziationsbildung, Konditionierung und implizites Lernen. In J. Müsseler & M. Rieger (Hrsg.), *Allgemeine Psychologie* (3. Aufl., S. 319–355). Springer.

Kühl, S. (2020). *Brauchbare Illegalität. Vom Nutzen des Regelbruchs in Organisationen.* Campus.

Linssen, R., Litzcke, S., & Schön, F. (2012). „Man kennt sich, man hilft sich" oder doch schon Korruption? Empirische Hinweise zu fragwürdigen Praktiken im Sozialwesen. Neue Praxis. *Zeitschrift für Sozialarbeit, Sozialpädagogik und Sozialpolitik, 42*(1), 27–43.

Linssen, R., Litzcke, S., & Schön, F. (2015a). Auf einem Auge blind – Korruptionsbekämpfung läuft oft ins Leere, weil informelle psychologische und soziale Prozesse ignoriert werden – Teil 1. *Zeitschrift für Risk, Fraud & Compliance (ZRFC), 10*(1), 24–32.

Linssen, R., Litzcke, S., & Schön, F. (2015b). Auf einem Auge blind – Korruptionsbekämpfung läuft oft ins Leere, weil informelle psychologische und soziale Prozesse ignoriert werden – Teil 2. *Zeitschrift für Risk, Fraud & Compliance (ZRFC), 10*(2), 74–81.

Mischkowitz, R., Bruhn, H., Desch, R., Hübner, G.-E., & Beese, D. (2000). *Einschätzungen zur Korruption in Polizei, Justiz und Zoll* (BKA-Forschungsreihe Bd. 46). Bundeskriminalamt.

Müthel, M. (2017). Pro-organisationales illegales Verhalten. *Zeitschrift für Führung und Organisation, 1/2017*(86), 31–36.

National Health and Medical Research Council. (2015). *Evidence on the effectiveness of homeopathy for treating health conditions*. National Health and Medical Research Council (NHMRC).

Rudkowski, L., & Schreiber, A. (2018). *Aufklärung von Compliance-Verstößen* (2. Aufl.). Springer Gabler.

Schaaf, J. (2015). Korruption an Berliner Schule: Das war es uns auch einmal wert. *Frankfurter Allgemeine Zeitung*. https://www.faz.net/aktuell/gesellschaft/geldstrafe-fuer-lehrerin-aus-berlin-wegen-schuelergeschenk-13376014.html?printPagedArticle=true#pageIndex_2. Zugegriffen: 12. Aug. 2021.

Seibold, S., & Horn, A. (2021). *Emotion und Fehlentscheidung*. Springer.

Shi, W., Connelly, B. L., & Hoskisson, R. E. (2017). External corporate governance and financial fraud: Cognitive evaluation theory insights on agency theory prescriptions. *Strategic Management Journal, 38*(6), 1268–1286.

Spada, H., Rummel, N., & Ernst, A. (2018). Lernen. In A. Kiesel & H. Spada (Hrsg.), *Lehrbuch Allgemeine Psychologie* (4. Aufl., S. 335–421). Hogrefe.

Stirnimann, S. (2018). *Der Mensch als Risikofaktor bei Wirtschaftskriminalität*. Springer Gabler.

Viehmann, S. (2018). *Untersuchungsausschuss: Das Geheimnis der "Golden Cars": Was Sie zum Abgas-Skandal nie erfahren sollten*. https://www.focus.de/auto/news/abgasskandal/untersuchungsausschuss-das-geheimnis-der-golden-cars-was-wirklich-im-abgas-skandal-passierte_id_7118623.html. Zugegriffen: 18. Juli 2021. Zugegriffen: 12. Aug. 2021.

Voigt, W. (2020). *Ex-Mitarbeiter betrügt Barmer-Krankenkasse in Karlsruhe um 200.000 €*. Badische Neueste Nachrichten. Onlineausgabe vom 14.08.2020. https://bnn.de/karlsruhe/karlsruhe-stadt/ex-mitarbeiter-betruegt-barmer-krankenkasse-in-karlsruhe-um-200000-euro. Zugegriffen: 12. Aug. 2021.

9

Vorbilder müssen integer sein, nicht perfekt

In diesem Kapitel erläutern wir, warum man Regeln vorleben muss. Wenn sich Vorbilder in Unternehmen, anderen Organisationen oder in der Politik selbst nicht an Regeln halten, ist die Wirkung fatal. Veränderungen zu gestalten, also auch das Einführen von Regeln, ist eine Führungsaufgabe. Das erfordert keine Übermenschen. Vorbilder müssen nicht perfekt sein, aber integer. Entscheidend ist die Glaubwürdigkeit von Vorbildern.

Zeit, Bequemlichkeit und Geld – der Preis für Regeltreue

Die Ansprüche an Vorbilder sind hoch. Das nennt man *Tone from the top*, dazu gehört das vom Machtzentrum einer Organisation kommunizierte und gelebte Leitbild (Femers-Koch, 2018, S. 12; Möhrle, 2012, S. 878). In der einschlägigen Literatur wird darauf verwiesen, wie wichtig es ist, dass die jeweilige Führungsspitze die Regeln kommuniziert und vorlebt. Regeln können nur dann Teil einer Organisationskultur werden, wenn das die Mächtigen in einer Organisation so wollen. Das liest sich gut und wer möchte hier widersprechen. Nur hat der *Tone from the top* zwei Komponenten: Das Kommunizieren *und* das Vorleben von Regeltreue. Es reicht nicht, andere zu vorbildlichem Verhalten anzutreiben. Man muss selbst vorbildlich handeln, selbst wenn es Zeit, Bequemlichkeit oder Geld kostet – meist alle drei Dinge zusammen. Andere aufzufordern, sich an die Regeln zu halten, ist nicht schwer. Sich selbst an Regeln zu halten strengt schon mehr an.

Menschen folgen Menschen

Schnebel (2017, S. 6) beschreibt, dass Regeln und Routinen den Einzelnen stark beeinflussen. Mitarbeiter orientieren sich an konkreten Entscheidungen, nicht an Sprechblasen. Wenn beispielsweise ein Mitarbeiter gefördert wird, der seine Ziele rücksichtslos erreicht, wird das Wirkung bei allen Mitarbeitern hinterlassen, die einen solchen Vorgang beobachten. Wenn man bemerkt, dass ein rücksichtloser Mensch befördert wird und die Führungsspitze gleichzeitig das Hohelied der Fairness singt, was glauben Sie, wird das auslösen? Mittlere Intelligenz und mittleren Ehrgeiz vorausgesetzt, werden Mitarbeiter in einem solchen Fall die Ellenbogen ebenfalls ausfahren und so tun, als würden sie die als Lippenbekenntnisse entlarvten Regeln einhalten. Im Zweifel wird das getan, was Erfolg verspricht.

9.1 Alle sind gleich, aber manche sind gleicher

Besonders gravierend sind Regelbrüche ganz oben in der Hierarchie. Warum ist das so? Wenn ein einfacher Mitarbeiter gegen eine Regel verstößt, ist das zunächst einmal ein bedauerlicher Einzelfall. Wenn ein Vorstand oder ein Minister gegen eine Regel verstößt, sehen das viele Menschen und es wird darüber berichtet. Sobald jemand Mächtiges eine Regel bricht, richten sich die Augen darauf, ob eine Bestrafung erfolgt, oder vielleicht wenigstens eine Entschuldigung. Bleibt das aus, wird nach George Orwells Parabel *Animal Farm* (2005/1972) unterstellt: Alle Tiere sind gleich, aber manche sind gleicher. Wenn jemand Mächtiges sich nicht an Regeln hält, dies aber zugleich von anderen einfordert, so ist Widerstand geradezu vorprogrammiert. Hierfür gibt es viele Beispiele.

> **Beispiel Niedersächsische Corona-Verordnung**
>
> Liest man beispielsweise in § 3 der Niedersächsischen Corona-Verordnung vom 30.10.2020 nach, so waren bestimmte Personen und Veranstaltungen in öffentlichen Gebäuden von der generellen Maskenpflicht ausgenommen, etwa Personen, die „ein politisches Mandat wahrnehmen" sowie „Veranstaltungen und Sitzungen des Niedersächsischen Landtags, seiner Gremien und Fraktionen und von kommunalen Vertretungen, deren Gremien und Fraktionen". Gleichzeitig beschwor die Bundesregierung die Bürger eindringlich, Verantwortung zu übernehmen und die Maskenpflicht einzuhalten.

Auch wenn eine Verordnung auf Landesebene und ein Appell auf Bundesebene zwei Paar Schuhe sind: Das passte inhaltlich aus Sicht vieler Bürger nicht so richtig zusammen. Man könnte auf die Idee kommen, dass die Politik sich selbst wichtiger nimmt als andere Berufsgruppen. Denn warum sollte ein Gastronom seinen Betrieb über Wochen schließen, und zur gleichen Zeit treffen sich im Landtag viele Menschen, die keine Maske tragen? Man kann argumentieren, dass die Parlamente als Volksvertretung auf jeden Fall offenbleiben und die gewählten Volksvertreter sich treffen müssen. Ob das Menschen überzeugt, deren berufliche Existenz gefährdet ist, ist eine andere Frage. Solche Ausnahmen haben das Potenzial, die Glaubwürdigkeit der politisch Handelnden zu untergraben. Man sollte nur dann Wasser predigen, wenn man selbst bereit ist Wasser zu trinken.

Eine sachlich begründete Ungleichbehandlung kann sinnvoll und nötig sein. Das muss man dann allerdings nachvollziehbar erklären. Auf der anderen Seite gilt: Regeln, die nicht für alle gleich gelten, werden als ungerecht erlebt. Zudem sollten Regeln einfach sein, sonst fällt das Einhalten schwer. Also auf der einen Seite einfache Regeln für alle und auf der anderen Seite verschiedene Menschen situativ unterschiedlich behandeln. Das ist ein Spannungsfeld, das im Einzelfall zu lösen ist, beispielsweise durch einen definierten Handlungsspielraum für die Entscheider vor Ort.

Gefühlte Wichtigkeit – FC Bayern München
Für den Amateurfußball galt in der zweiten Pandemiewelle in den meisten Kommunen die Regel, dass bei einem positiv getesteten Spieler auch alle anderen Spieler aus dessen Mannschaft 14 Tage in Quarantäne müssen. Dies galt selbst dann, wenn die anderen Spieler negativ getestet worden waren. Im Profifußball wurden von den Gesundheitsämtern mitunter andere Maßstäbe angelegt: Beispielsweise wurde beim FC Bayern München ein Spieler nach einem Mannschaftstraining im Oktober 2020 positiv getestet. Wäre der FC Bayern München ein Amateurverein, so hätten sich alle Mitspieler, die mittrainiert haben, ebenfalls in Quarantäne begeben müssen – unabhängig von einem negativen Testergebnis. Tatsächlich fuhren die übrigen Spieler am nächsten Tag zum Champions League Spiel gegen Atletico Madrid.

Man kann das unterschiedlich bewerten. Es geht im Profifußball um viel Geld und man kann sich wichtiger fühlen als Amateurfußballer (Meltzer, 2020), weil es eine Berufsausübung ist und kein Hobby. Man kann auch infrage stellen, ob es sinnvoll ist, die gesamte Mannschaft selbst bei negativen Tests in Quarantäne zu schicken, wenn lediglich ein einzelner Mitspieler positiv getestet wurde. Und man kann auch darüber diskutieren, ob Fußball als Beruf zurecht einen anderen Stellenwert hat als Fußball als Hobby. Auch sind die strengen Hygieneregeln im Profibereich einfacher durchzusetzen. Man kann also Sachgründe finden, warum an Profifußballer ein anderer Maßstab als an Amateurfußballer angelegt wird. Aber unabhängig davon, wie man sich entscheidet, sollte die Regel für alle vergleichbaren Fälle gelten. Leider ist das Covid-19-Virus kein Fußballfan und unterscheidet deshalb nicht zwischen Freizeit- und Profifußballern. Werden Regeln inkonsistent angewendet, erodiert die Regeltreue, weil man sich unfair behandelt fühlt. Es geht auch anders, wie das Landratsamt Traunstein zeigte: Zu einem Trainingslager des FC Bayern reisten, mit Einverständnis des Vereins, Frauen, Freundinnen und Kinder der Spieler mit an. Das zuständige Landratsamt wies an, dass Frauen, Freundinnen und Kinder das Trainingslager wieder verlassen mussten (ntv, 2021).

Ehrenrettung des FC Bayern München
Bei dem positiv getesteten Spieler des FC Bayern München ergab ein Folgetest übrigens, dass das erste, positive Testergebnis falsch war. Das spielt für das Signal bezüglich der Regeleinhaltung indes kaum eine Rolle. Was als Eindruck bleiben kann: Man muss nur wichtig oder mächtig genug sein, dann werden die Regeln schon passend ausgelegt. Das Gesundheitsamt München hatte die Praxis des FC Bayern jedenfalls offenbar abgenickt. Dass man auch im Profisport anders agieren kann, zeigt auch das Beispiel der Handballmannschaft Rhein-Neckar-Löwen, denen das Gesundheitsamt der Stadt Mannheim untersagte, in der Champions League gegen Trimo Trebnje anzutreten, nachdem ein Spieler dieser slowenischen Mannschaft sich mit dem Covid-19-Virus infiziert hatte (Meltzer, 2020). Werden vergleichbare Sachverhalte unterschiedlich geregelt, leidet die Regeltreue, weil Zweifel an der Gerechtigkeit keimen. Uns geht es nicht darum, den einen Weg (FC Bayern) oder den anderen Weg (Rhein-Neckar-Löwen) als besser zu bewerten, sondern um eine konsistente Regelanwendung. Aus unserer Sicht sind beide Varianten gangbar, nur eben nicht gleichzeitig.

Ausnahmen nur aus Sachgründen
Nur weil man die Macht hat, die Regeln nach seinen Gunsten zu beugen, sollte man davon noch lange nicht Gebrauch machen. Das gilt umso mehr, je höher man in einer Hierarchie steht. Ein Negativvorbild sorgt dafür, dass sich immer weniger Menschen Regeln verpflichtet fühlen. Insofern ist es berechtigt, bei der Frage nach der Einhaltung von Regeln den Blick besonders intensiv nach oben zu richten. Vorstand, Topmanagement und direkte Führungskräfte sind Vorbilder. Das gilt in beide Richtungen – im Positiven wie im Negativen.

9.2 Macht heißt Verantwortung

Wer keine Verantwortung übernimmt, erreicht die Mitarbeiter nicht. Wenn eine neue Regel in einem Unternehmen Umsatz kostet, muss das vom Topmanagement akzeptiert werden. Also nicht: Das ist die neue Regel, führen Sie die mal ein und der Umsatz wird um 10 % erhöht. Das kann man auch als Botschaft verstehen, den Umsatz um 10 % zu erhöhen und die Regeln einzuhalten, aber nur, wenn es nicht zu sehr stört. Wenn ein Mitarbeiter auf einen möglichen Konflikt einer neuen Regel mit anderen Zielen hinweist, wird von manchen Führungskräften die Loyalität infrage gestellt. Obwohl der Mitarbeiter loyal und im Unternehmensinteresse handelt, wird eine abweichende Meinung oder Widerspruch von schwachen Führungskräften als Angriff gewertet. Wie verhalten sich so behandelte Mitarbeiter künftig? Sie schlucken Kritik hinunter und stimmen in die öffentliche Lobhudelei ein, davon hängt schließlich die eigene Karriere ab. Damit werden Lernchancen für die Zukunft verpasst.

Tun statt nur Sagen

Regeltreue ist sozial erwünscht und ein Verstoß kann formelle und soziale Sanktionen nach sich ziehen. Das gilt auch in Unternehmen. Mitunter können Regelbrüche sogar die eigene Karriere gefährden oder beenden. Man klassifiziert etwas als wichtig, weil alle es irgendwie wichtig finden. So wird man beispielsweise positive Aussagen von fast jedem Unternehmen zum Umweltschutz bekommen, sogar von Kreuzfahrtunternehmen und Fluggesellschaften. Natürlich ist Umweltschutz wichtig, ganz und gar unverzichtbar, gar keine Frage. Doch Worte sind geduldig und im Zweifelsfall Auslegungssache oder man kauft sich für sein gutes Gewissen ein Ausgleichszertifikat – früher hieß das in Kirchenkreisen Ablasshandel. In Zeiten, in denen ein unbedachtes Wort einen Shitstorm auslösen und das Geschäft gefährden kann, haben viele Organisationen ihre Sprachhülsen verfeinert. Das Phänomen ist nicht neu. Auf Dauer kann dieser Trend zu einer Entkoppelung von realer Welt und Sprachwelt führen. Man hat gelernt, nach außen sprachlich Stolpersteine politischer Korrektheit zu vermeiden, ohne dass sich substanziell etwas ändert. Diese Diskrepanz birgt Risiken, weil es sich nur um eine scheinbare Anpassung handelt.

> **Beispiel Sprachurlaub**
>
> Ein Vorstandvorsitzender eines deutschen Unternehmens beauftragte seine Sekretärin damit, den Sprachurlaub der eigenen Tochter in den Vereinigten Staaten zu organisieren. Die Tochter war dazu nicht selbst in der Lage und der Vorstandsvorsitzende hatte gerade viel zu tun. Die Sekretärin hat den Tochterurlaub organisiert, was sollte sie auch machen, und sich dafür der Hilfe anderer Unternehmensmitarbeiter bedient. Aufgemuckt hat niemand, aber gemerkt haben es sich alle. Nur ein Tag zuvor hatte der Vorstandschef nämlich die zentrale Bedeutung von Compliance für das Unternehmen betont. Wie sehen Sie das? Gehört es zu den Aufgaben der Sekretärin, den Urlaub der Vorstandstochter zu organisieren? Wir finden nicht. Und wie glauben Sie, haben wir von dem Vorfall erfahren? Genau, einer der Mitarbeiter, der als Hilfskraft für die Reiseplanung der Vorstandstochter eingespannt wurde, war so sauer, dass er es uns wutentbrannt erzählt hat. Inzwischen haben viele Mitarbeiter des Unternehmens vom Tochterurlaub erfahren. Nur der Vorstandsvorsitzende weiß nicht, dass es viele Mitarbeiter wissen.

Die Wirkung in das Unternehmen hinein ist: Der Vorstandsvorsitzende fordert etwas von uns Mitarbeitern, an das er sich selbst nicht hält. Damit hat der Vorstandsvorsitzende der Compliance einen Bärendienst erwiesen und er hat Zweifel an seiner Integrität gesät.

9.3 Die Botschaft hör ich wohl, allein mir fehlt der Glaube

„Die Botschaft hör ich wohl, allein mir fehlt der Glaube" (Goethe, Faust. Der Tragödie erster Teil, 1808). Auch dieses Phänomen des Zweifels an Integrität ist also nicht sonderlich neu. Glaubhaft wird die offiziell betonte Wichtigkeit einer Regel genau dann, wenn Worten Taten folgen. Das heißt auch, Regeln gegenüber konkurrierenden Zielen zu priorisieren.

Moral als Ware
Moral wird gerne dann entdeckt, wenn die eigene Reputation bedroht ist (Kohlhof, 2016, S. 66). Das ist die Benutzung von Moral als Ware oder als Werkzeug. Wenn die Reputation durch Fehlverhalten gefährdet erscheint, kauft man sich, vorzugsweise bei einer teuren Unternehmensberatung, Moral ein. Die wird dann in Hochglanzregeln gegossen und alle Mitarbeiter werden damit malträtiert, auch diejenigen, die gar kein Fehlverhalten gezeigt haben. Ein Positivbeispiel ist Hans-Jochen Vogel (1926–2020), ehemaliger Ober-

bürgermeister Münchens, Vorsitzender der SPD und Vorsitzender der Bundestagsfraktion der SPD. Gathmann (2016) beschreibt Hans-Jochen Vogel als beharrlich, detailversessen und bescheiden. Hans-Jochen Vogel hat seine Versprechen ernst genommen und das getan, was er zuvor gesagt hatte. So hat er beispielsweise eine Dienstwagenbenutzung in Berlin abgelehnt und ein Taxi genommen, weil er zu dem fraglichen Zeitpunkt noch nicht in Amt und Würden war und daher keinen Anspruch auf einen Dienstwagen hatte.

Umweltschutz mit Flugreisen
Wenn Worte und Taten auseinanderklaffen, schwächt das Regeln. Verlassen wir für ein Beispiel die Unternehmenswelt und wenden den Blick der Politik zu – Stichwort Reisebilanz des Deutschen Bundestags. Statt mit gutem Beispiel voranzugehen, flogen Abgeordnete des Deutschen Bundestags im Jahr 2018 mehr als in den Jahren zuvor. Dazu berichtet der Focus (2019), dass ausgerechnet Abgeordnete der Grünen vergleichsweise viel geflogen waren. Zwar war das Gesamtaufkommen der Reisen bei den Abgeordneten von CDU und CSU mit 330 Einzeldienstreisen seit Beginn dieser Legislaturperiode am höchsten. Jedoch handelte es sich bei der Union um die größte Fraktion Im Bundestag. Pro Kopf ergibt sich ein anderes Bild: Hiernach flogen die Grünen-Abgeordneten am meisten. Die Fraktion erklärte ihr hohes Reiseaufkommen damit, dass den Grünen-Abgeordneten der Dialog mit Fachleuten vor Ort besonders wichtig sei. Offensichtlich war das mit von selbiger Partei gepriesenen Bahnreisen nicht möglich. Immerhin wolle man auch weiterhin jeweils die Erfordernis von Flugreisen kritisch prüfen und zudem nehme man eine CO_2-Kompensation bei Flugreisen vor. Kennen wir schon, moderner Ablasshandel. Mit anderen Worten: Alles völlig in Ordnung und nicht zu beanstanden. Wir sind die Guten. Und wenn wir fliegen, dann nur aus ganz und gar wichtigen Gründen. Fliegen ist nicht verboten und insofern haben die Grünen nicht gegen eine formelle Regel verstoßen. Heikel ist in diesem Fall, dass der Anspruch an andere höher zu sein scheint als an sich selbst. Wir hätten eine beliebige andere Partei auswählen können. Nicht speziell die Grünen, sondern Parteien im Allgemeinen haben einen vergleichsweise schlechten Ruf (Enste & Suling, 2020, S. 7). Woran das wohl liegen mag? An den bösgläubigen, halsstarrigen Bürgern? Natürlich gibt es auch solche Bürger. Aber wer von anderen korrektes Verhalten fordert, sollte sich selbst auch korrekt verhalten. Vergleichbare Beispiele für das Auseinanderfallen von Wort und Tat kann man in allen politischen Parteien und auch in anderen gesellschaftlichen Institutionen finden. Es ist halt einfacher, von anderen etwas zu fordern als es selbst zu tun.

Vertrauensverlust
Wenden wir den Blick von den Parteien zu anderen gesellschaftlichen Akteuren, die sich selbst als moralische Instanzen sehen. Wie bewerten Sie beispielsweise die Rolle der Kirchen bei der Aufarbeitung von sexuellem Missbrauch durch offizielle Kirchenvertreter? Finden Sie das vorbildlich? Vielleicht zumindest erträglich? Natürlich wird es in jeder Organisation immer Einzelne geben, die Vertrauen enttäuschen, und das Fehlverhalten einer Einzelperson sollte man nicht auf die jeweilige Organisation übertragen. Was man aber schon der jeweiligen Organisation zurechnen kann, ist der Umgang mit Regelbrechern und mit den Opfern solcher Regelbrüche. Was haben die Kirchen getan als sie von sexuellem Missbrauch erfahren haben? Wie gehen die Kirchen heute damit? Und: Welche Folgen hat das für das Vertrauen der Menschen in die Kirchen?

Glaubwürdigkeit ist nicht ersetzbar
Regeln werden seltener befolgt, wenn es denjenigen Personen an Glaubwürdigkeit mangelt, die eine Regeln einführen oder sie hochhalten. Ein Widerspruch zwischen propagiertem Verhalten und tatsächlichem Tun, Stichwort CO_2-Kompensation bei Flugreisen, ist ein Glaubwürdigkeitsrisiko. Wir finden übrigens, dass auch Abgeordnete der Grünen fliegen können und dürfen – manchmal ist ein Termin nur so wahrnehmbar. Hilfreich wäre dann nur, die mitunter moralinsaure öffentliche Kritik am Verhalten anderer Menschen zu zügeln. Auch Unternehmensberater können wichtige Termine haben und auch ein privater Termin kann so wichtig sein, dass eine Flugreise nicht vermeidbar ist. Die Kumulation von Widersprüchen und enttäuschten Erwartungen mündet schließlich in Politikverdrossenheit. Übertragen auf Regeln insgesamt wäre die Entsprechung eine Regelverdrossenheit. Leider wirkt Verdrossenheit pauschal, trifft also alle Regeln.

Organisationaler Zynismus
Etwas Vergleichbares wie Politikverdrossenheit gibt es auch in Organisationen. Das nennt man organisationalen Zynismus. Zynische Mitarbeiter entwickeln negative Gefühle gegenüber der eigenen Organisation, finden, dass es in der Organisation an Integrität fehlt und kritisieren die eigene Organisation abschätzig. Organisationaler Zynismus entsteht dann, wenn sich Mitarbeiter ungerecht behandelt fühlen und kein Vertrauen in die Führung haben. Auch wenn Veränderungsprozesse scheitern, weil sie schlecht vorbereitet, nicht überzeugend durchgeführt oder nicht sachorientiert nachgesteuert werden, steigt das Risiko von organisationalem

Zynismus. Wenn man eine neue Regel einführt, ist das eine Veränderung, und die sollte gut vorbereitet, durchgeführt und evaluiert werden. Tut man das nicht, wird man gerade diejenigen in den Zynismus treiben, die hinter der neuen Regel stehen und die enttäuscht sind, wenn sie selbst sich an die Regel halten, andere aber nicht und seitens der Führung keine Anstalten gemacht werden, die neue Regel durchzusetzen. Organisationaler Zynismus lockert die emotionale Bindung. Eine geringe emotionale Bindung an eine Organisation führt dazu, dass auch gegen bisher eingehaltene Regeln eher verstoßen wird. Zudem leidet die Arbeitsmotivation (Schilling, 2019). Zur Vermeidung von organisationalem Zynismus sind vor allem die direkten Führungskräfte gefragt. Werden neue Regeln eingeführt, hat sich transformationales Führungsverhalten besonders bewährt. Das heißt unter anderem, dass Führungskräfte besonderen Wert auf die Motivation von Mitarbeitern zur Regeleinhaltung legen und versuchen, den Regeln Sinn zu verleihen. Es heißt aber auch, dass sie Kritik an Regeln nicht unterdrücken, sondern sich sachlich damit auseinandersetzen und berechtigte Kritik berücksichtigen (Schilling, 2019).

Schlechtes Vorbild
Wenn Vorbilder sich nicht vorbildlich verhalten, brechen Menschen eher Regeln. Nicht nur das Verhalten der Organisationsleitung ist wichtig, sondern auch das der direkten Führungskräfte. Da ist es schon überraschend, wie so manche Führungskraft sich verhält. Hier ein Beispiel, bei dem wir aus Gründen des Quellenschutzes, Ort und Namen verändert haben.

> **Beispiel Bauzaun**
>
> Herr Bach (Name geändert), Abteilungsleiter einer Behörde, trifft sich zum Austausch mit anderen Abteilungsleitern auf einem zweitägigen Seminar. Da gerade Vorweihnachtszeit ist, beschließt man, den Abend mit einem Besuch des Weihnachtsmarktes und einem anschließenden Abendessen in einem schönen Restaurant ausklingen zu lassen. Schon auf dem Weihnachtsmarkt leert Herr Bach – wie auch seine Kollegen Abteilungsleiter – mehrere Becher Glühwein mit Schuss, man gönnt sich ja sonst nichts. Zum Abendessen darf es vom Wein noch etwas mehr sein, und nach dem Essen gibt es einen Digestiv aufs Haus. Da die Stimmung gut ist, beschließen einige aus der Gruppe, nach dem Essen auf einen Absacker in eine benachbarte Kneipe zu gehen. Auch hier ist Herr Bach gut dabei und führt sich noch einige Gläser Hochprozentiges zu Gemüte. Zwischen 1 und 2 Uhr nachts löst sich die Runde langsam auf, einige nehmen ein Taxi. Herr Bach spürt allmählich den Alkohol, immerhin, und braucht frische Luft. Er will daher zu Fuß zurück zum Hotel gehen,

> frische Luft kann nicht schaden und spazieren gehen ist zudem gesund. Auf dem Weg zurück zum Hotel kommt Herr Bach an einer Baustelle vorbei, klettert mit seinen 50 Jahren und einigen Promille über den Bauzaun, verliert dabei sein Handy und beschmutzt seine Hose. Er irrt auf dem Gelände umher, sucht sein Handy, findet es und schickt eine wirre Whatsapp-Nachricht an einen Kollegen. Irgendwann, nachdem er sich in einer Baugrube übergeben hatte, und dabei auch noch den Mantel verschmutzt hat, verlässt er das Baugelände wieder über den Zaun. Wie er ins Hotel gekommen ist, weiß er am nächsten Morgen nicht mehr, sein Fitnessarmband teilt ihm immerhin mit, dass er gegen 5.30 Uhr wieder im Zimmer war. Fitnessarmbänder sind eine tolle Sache. Das Treffen der Abteilungsleiter geht um 8.30 Uhr weiter, Herr Bach stößt kurz vor 10 Uhr etwas derangiert dazu. Hose und Mantel hat Herr Bach gewechselt, sein Gesicht musste er so mitnehmen, wie es war.

Nun könnte man sagen: Klar, sich auf einer beruflichen Veranstaltung zu betrinken, noch dazu als Führungskraft, macht einen nicht zum Favoriten bei der Wahl der Führungskraft des Monats. Wenn es eine Behörde ist und Herr Bach Beamter, könnte sogar die Verletzung formeller Regeln in Betracht kommen, weil das Ansehen der Behörde und des Berufsbeamtentums beeinträchtigt wird. Aber es waren doch noch andere Abteilungsleiter mit in der Kneipe, auch wenn sie vielleicht etwas weniger getrunken haben als Herr Bach. Und das Eindringen in eine Baustelle im Stil pubertierender Jugendlicher hat außer dem Fitnessarmband niemand mitbekommen. Da sonst niemand auf der Baustelle war, hat Herr Bach auch keine Arbeitsabläufe gestört. Also scheint es keine Regelbrüche gegeben zu haben, die sich auf das Verhalten von Mitarbeitern auswirken würde, weil der Fehltritt unbemerkt geschah – abgesehen vielleicht von der wirren Whatsapp-Nachricht. So hätte es sein können. Wäre es so gewesen, würden wir das Verhalten des Herrn Bach nicht in diesem Buch beschreiben. Woher wissen wir von dem Verhalten des Herrn Bach? Genau. Er hat es selbst erzählt. Und zwar in seiner Abteilung im engen Kreis seiner Lieblingsmitarbeiter. Von dort aus zog es dann weitere Kreise. Was wollte Herr Bach damit bezwecken, dass er seinen Mitarbeitern erzählt, er sei so betrunken gewesen, dass er sich übergeben hatte und nicht mehr wusste, wie er ins Hotel gekommen war? Dass er nachts über Bauzäune klettert und verworrene Nachrichten schreibt? Schwer zu sagen. Kumpelhaftes Anbiedern oder sich als toller Hecht darstellen, der etwas erlebt hat? Oder ist Herr Bach einfach nur sehr, sehr dumm? Um das zu beurteilen, müssten wir Herrn Bach genauer kennen. Herr Bach hat mindestens zwei Dinge falsch gemacht. Er hat zu viel getrunken und er hat damit vor seinen Mitarbeitern geprahlt.

Autoritätsverlust
Es geht letztlich nicht um Herrn Bach und dessen konkretes Fehlerverhalten, sondern um die Wirkung auf die Mitarbeiter. Die konnte man ablesen, als Herr Bach wenige Tage später in seiner Abteilung – als der einzigen – die neue Regel einführte, man dürfe an seinem Computerarbeitsplatz weder essen noch trinken. Selbst für einen Tee oder Kaffee sollten die Mitarbeiter den Pausenraum aufsuchen. Herr Bach führte aus, er wolle damit die Mitarbeiter schützen und dazu bringen, Pausen tatsächlich zu nehmen und zur Erholung und Nahrungsaufnahme zu nutzen. Bei den Mitarbeitern, die zum Teil seit Jahrzehnten mit einer Teetasse oder einem Kaffeebecher neben dem Computer arbeiteten, stieß diese vermeintliche Schutzmaßnahme auf Unverständnis und Widerstand. Sie fühlten sich nicht geschützt, sondern gegängelt. Sie reagierten auf Herrn Bach so, dass sie hinter seinem Rücken symbolisch den Finger in den Hals steckten oder das Verbot einfach ignorierten. Als Herr Bach einen Mitarbeiter zurechtwies, er solle seinen Kaffee im Pausenraum trinken, antwortete der nur mit „Bauzaun!"

Herr Bach hatte jeglichen Respekt verspielt. Jenseits der Frage, ob die Regel, die er einführen wollte, sinnvoll war – er hatte nicht mehr die Autorität, sie durchzusetzen. Es ist Herrn Bach zugute zu halten, dass er nicht noch versuchte, mit Drohgebärden die Mitarbeiter einzuschüchtern. Nach wenigen Wochen sah man Herrn Bach selbst wieder am Computer Kaffee trinken und Kekse knabbern. Damit hatte sich die neue Regel erledigt. Doch das Verhältnis zwischen Herrn Bach und seinen Mitarbeitern blieb lange Zeit gestört – wann immer Herr Bach integres Verhalten einforderte, erntete er Widerstand. Vorbild ist halt durch nichts zu ersetzen, auch nicht durch eine Berufung zur Führungskraft. Entscheidend ist hier weniger der Trinkexzess als die interne Prahlerei mit dem Exzess. Hier fehlt offenkundig neben Vorbildverhalten auch die Sensitivität für die eigene Wirkung. Herr Bach war sich seiner Rolle nicht bewusst.

Reflexion und Transparenz
Ein gutes Mittel gegen den Verlust von Glaubwürdigkeit und Integrität ist die selbstkritische Reflexion des eigenen Handelns. Man sollte sich bei seinen Handlungen immer fragen: Könnte das so in der Zeitung oder auf Facebook stehen und wäre es eine Schlagzeile wert oder würde es einen Shitstorm geben? Wenn sich Menschen sicher sind, dass ihr Handeln jederzeit öffentlich werden könnte, ohne eine Schlagzeile wert zu sein, handeln sie aller Wahrscheinlichkeit nach regelkonform. Stellen Sie sich vor, Sie treffen

auf dem Weihnachtsmarkt zufällig ihre alte Jugendliebe und es wird ein wirklich schöner Abend. Können Sie alles, was an diesem Abend passiert, am nächsten Tag auch Ihrem Partner oder Ihrer Partnerin erzählen? Wenn ja, war es einfach ein schöner Abend mit alten Erinnerungen. Wenn nein, haben Sie möglicherweise eine Grenze überschritten.

9.4 Von morschen Bäumen und knackigen Äpfeln

Schlimmer geht immer. Wenn ein Apfel faul ist, nimmt man ihn aus dem Korb. Was aber, wenn der Apfel knackig und der Baum, an dem er hängt, morsch ist? Ein Lehrstück, dass ein Baum selbst morsch sein kann, ist der sogenannte Enron-Skandal. Böhm (2003) schildert den Fall wie folgt:

> **Beispiel Enron**
>
> Enron ging Ende 2001 pleite und hinterließ rund 40 Mrd. US Dollar Schulden. Enron war 1985 aus der Fusion zweier regionaler Gasversorger hervorgegangen. Während das Geschäft Enrons zunächst im Betrieb von Erdgaspipelines lag, baute Kenneth Lay das Unternehmen zum größten Stromhändler der USA und größten Energiehändler der Welt auf. Wie war das möglich? Die Liberalisierung der Energiemärkte in den 1990er Jahren ermöglichten ein neues Geschäftsmodell. Enron betrieb weiter Erdgasleitungen, aber das gewinnträchtige Hauptgeschäft bestand im Derivatehandel mit Rohstoffen, Datenübertragungskapazitäten und mit Energie (Böhm, 2003, S. 1). Laut Böhm (2003, S. 1–2) basieren Derivate auf Termingeschäften, bei denen im Voraus ein Kaufvertrag geschlossen wird. Man vereinbart eine bestimmte Menge eines bestimmten Produktes zu einem bestimmten Zeitpunkt zu einem vereinbarten Preis zu verkaufen bzw. zu kaufen. Beispielsweise: 10.000 Barrel WTI Brent-Öl für 60 US$ am 1. April 2022. Eine solche Vereinbarung kann man an einer Börse handeln. Das nennt man Derivat. Derivate bieten hohe Gewinnchancen, deshalb sind sie so beliebt. Man kann damit allerdings auch sehr viel Geld verlieren.
>
> Bei Enron wurde es im Ergebnis die letzte Variante. Zunächst aber wurde das Unternehmen zu einer Erfolgsgeschichte. Der Aktienkurs schoss in die Höhe und Kenneth Lay wurde gefeiert – nichts ist so berauschend wie Erfolg. Auf den Höhenflug folgte der Absturz. Es zeigte sich, dass Enron unter anderem gemeinsam mit der Wirtschaftsprüfungsgesellschaft Arthur Anderson Schulden außerhalb der Bilanz versteckt hatte (Böhm, 2003, S. 2). Es wurden Scheinfirmen gegründet, mit denen Geschäfte simuliert worden waren. Das war nur ein Betrug von mehreren.

Die Moral von der Geschicht'

Man muss erwähnen, dass die Regeln für Unternehmen nach diesem und weiteren Skandalen erheblich verschärft wurden. Wäre ein Skandal wie der von Enron heute nicht mehr denkbar? Nun ja, wenn die Unternehmensspitze kriminell handelt, richten auch heute Kontrollen nicht viel aus. Wer sich tiefer mit dem Fall Enron beschäftigen möchte, findet bei Dembinski et al. (2006) eine gute Aufbereitung. Jedenfalls haben sich einige Unternehmen das Misstrauen redlich verdient, das ihnen seitens der Gesellschaft entgegenschlägt und das letztlich die Flut von Compliance-Regeln miterklärt, mit denen sich Unternehmen heute herumplagen müssen. Würde man den Unternehmen trauen, bräuchte es viele Regeln nicht. Übrigens, die Wirtschaftsprüfungsgesellschaft Arthur Andersen gibt es wegen der Verstrickung in den Enron-Skandal (Heißner, 2014, 18) nicht mehr. Haben die anderen Wirtschaftsprüfungsgesellschaften ihre Lektion gelernt? Ein aktuelles Beispiel ist die Insolvenz von Wirecard, nachdem ausgeflogen war, dass knapp zwei Milliarden Euro in der Bilanz fehlen. Die Rolle der Wirtschaftsprüfung Ernst & Young (EY), Arthur Anderson war schließlich nicht mehr buchbar, ist noch offen und dürfte in den nächsten Jahren gerichtlich geklärt werden. In den Beispielen von Enron und Wirecard wurde von den Vorständen die Grenze von schlechtem Vorbild zu strafbarem Verhalten überschritten. Den Preis zahlen am Ende die Mitarbeiter mit Arbeitsplatzverlust. Kehren wir zurück von kriminellen Managern zum Alltagsgeschäft.

Balance zwischen Vertrauen und Kontrolle

Bei aller Vorbildwirkung muss man auch kontrollieren, ob Regeln eingehalten werden. Das ist diffizil in der konkreten Umsetzung. Je zentraler Regeln überwacht werden, desto weniger Spielraum haben einzelne Führungskräfte und Mitarbeiter. Eine sehr starke Zentralisierung der Regelüberwachung ist letztlich nicht mit dem Ziel vereinbar, selbstverantwortliche Mitarbeiter zu haben, die situativ angemessen und schnell auf Veränderungen reagieren können. Wer Regeln zentral festlegt und überwacht, schafft, ob er es nun beabsichtigt oder nicht, ein starres System, das nur langsam auf neue Situationen reagieren kann. Der Preis für Misstrauen gegenüber den eigenen Mitarbeitern ist eine geringe Veränderungsgeschwindigkeit. Nicht gerade das, was Unternehmen Vorteile im Wettbewerb verschafft. Für Führungskräfte gilt es, die schwierige Balance zwischen Vertrauen und Kontrolle zu finden, siehe dazu auch Abschn. 8.3 *Kontrollieren ist nichts für Anfänger*. Je nach Unternehmenskultur und je nach Mitarbeiter kann der Idealweg etwas näher am Vertrauen oder etwas näher an der Kontrolle zu finden sein. In jedem Fall sollten die Häufigkeit und das Ausmaß der Kontrolle sowie deren Zweck ausführlich erklärt werden – uns zwar von der direkten Führungskraft persönlich.

9.5 Vertrauen schafft Integrität

Vielleicht haben Sie es sich schon gedacht. Wir befürworten eine maßvolle Kontrolle, nicht einen Verzicht auf Kontrolle. Dabei sollte man darauf achten, keiner Kontrollillusion zu verfallen. Zudem sollte man im Auge behalten, dass Kontrolle Widerstand erzeugen kann. Kontrolle ist wichtig, aber bitte nicht in einer Art und Weise, die alle Mitarbeiter unter einen Generalverdacht stellt. Führungskräfte sollten Kontrollen mit Vertrauen ausbalancieren.

Integrität stärken
Führungskräfte sollten nicht blind vertrauen, sondern überlegt kontrollieren. Das heißt, dass Kontrollen zur Stärkung der Integrität der einzelnen Mitarbeiter durchgeführt werden, aber nicht in einer inquisitorischen Art und Weise.

Verantwortungsbewusstsein
An Führungskräfte und andere Vorbilder werden höhere Anforderungen gestellt, man erwartet Integrität in besonderem Maße. Das liegt daran, dass deren Entscheidungen weitreichende Folgen haben und dass viele andere Menschen von ihnen abhängen. Doch Vorsicht: Bei Integrität geht es gerade nicht um das rein formelle Befolgen von Regeln, zumal man die bunte Lebenswirklichkeit nicht vollständig mit einem Regelwerk erfassen kann. Vielmehr geht es darum, in jedem Einzelfall selbst im Sinne der moralischen Grundwerte nachzudenken und zu handeln. Das ist anstrengend, weil man sich nicht einfach blind an eine Regel halten kann, sondern den Zweck der Regel bedenken und auf eine konkrete Situation anwenden muss. Im Vergleich zu Integrität ist rein formelle Regeleinhaltung weniger anspruchsvoll und weniger anstrengend. Doch man sollte regeltreues Verhalten nicht automatisch mit verantwortungsbewusstem Handeln gleichsetzen (Schöttl, 2018, S. 132). Man kann auch Regeln so stur und kontextfrei befolgen, dass es Widerstand gleichkommt. Zudem kann eine strikt regelfokussierte Aus-

richtung zu Bürokratisierung einer Organisation und Motivationsverlusten bei Mitarbeitern führen (Schöttl, 2018, S. 134). Verantwortungsbewusstes Handeln konstituiert sich nach Schöttl (2018, S. 146) aus:

- Normenbezogener Regeltreue: Gesetze, Richtlinien und so weiter einhalten. Das setzt letztlich der Staat durch – mittels Staatsanwaltschaft, Polizei und Gerichten.
- Gesellschaftsbezogener Regeltreue: Gesellschaftlich breit akzeptierte Normen einhalten. Das schreibt sich leichter als es umsetzbar ist, weil nicht immer klar ist, was gesellschaftlich breit bedeutet und weil es sich verändern kann, was gesellschaftlich breit akzeptiert wird, siehe beispielsweise die veränderte Haltung der Gesellschaft zu Homosexualität, zu Rauchen, zu Umweltschutz.
- Personenbezogener Regeltreue (Integrität): Werte in praktisches individuelles Handeln umsetzen.

Moralische Reflexion

Eine ausschließlich normenbezogene Regeltreue greift zu kurz. Es ist hilfreicher, einen umfassenden Integritätsansatz zu verfolgen, weil moralische Werte nicht vollständig durch formelle Normen abgedeckt sind (Schöttl, 2018, S. 154). Es geht also nicht nur um die Verhinderung von Fehlverhalten, sondern um die Förderung aktiven integren Handelns (Schöttl, 2018, S. 155). Letztlich braucht man beide Ansätze, Regeltreue und Integrität, wenn man als Führungskraft dauerhafte Verhaltensänderungen erreichen möchte. Während Compliance Pflichten definiert, Verbindlichkeit sichert, Kontrollen und Sanktionen regelt, stehen bei Integrität Situationsangemessenheit, individuelle Verantwortung und Glaubwürdigkeit im Vordergrund (Schöttl, 2018, S. 177). Keine der beiden Ansätze alleine genügt. Eine formell perfekte Regelmaschine, die von den Mitarbeitern nicht verinnerlicht wird, bleibt nur begrenzt wirksam und je weniger freiwillig Mitarbeiter Regeln befolgen, desto teurer wird deren Durchsetzung. Auf der anderen Seite kann man nicht jedem einzelnen Mitarbeiter einer Organisation seine rein private Sichtweise zubilligen. Es steht eben nicht jede Norm zur Disposition und nicht in allen Fällen gibt es ein breites Ermessen. Hier sind die direkten Führungskräfte gefragt. Als Vertreter der Organisation können und müssen sie Regeln auf konkrete Situationen anpassen. Nein, das ist nicht opportunistisch. Unserer Erfahrung nach kann man nicht für jede denkbare Situation einen neuen Absatz in einem Regelsystem einführen. Also, es geht vielleicht doch, nur hilfreich ist es nicht. Je unübersichtlicher Normen werden, desto weniger werden sie eingehalten.

Also besser die groben Pflöcke und die roten Linien definieren und darüber hinaus den Mitarbeitern Luft zum Atmen lassen.

> **Zusammenfassung**
> Direkte Führungskräfte sind für die Mitarbeiter besonders wichtige Vorbilder für die Regeleinhaltung. Deshalb sind die Anforderungen an Führungskräfte und andere Vorbilder höher als an Durchschnittsmitarbeiter. Wenn Führungskräfte nicht integer sind, haben Regeln keine Chance durchgesetzt zu werden.

Literatur

Böhm, A. (2003). *Der Enron-Skandal – Ein Lehrstück über Wirtschaftskriminalität. CILIP, 974*. Institut für Bürgerrechte & öffentliche Sicherheit e.V.

Dembinski, P. H., Lager, C., Conford, A., & Bonvin, J.-M. (2006). *Enron and world finance. A case study in ethics.* Palgrave Macmillan.

Enste, D., & Suling, L. (2020). *Vertrauen in Wirtschaft, Staat, Gesellschaft 2020* (IW-Policy Paper 5/2020). Institut der deutschen Wirtschaft.

Femers-Koch, S. (2018). *Compliance-Kommunikation aus wirtschaftspsychologischer Sicht.* Springer Fachmedien.

Focus Online (2019). *Auswertung von Abgeordneten-Reisen. Liste zeigt: Die Grünen sind die größten Vielflieger im Bundestag.* Focus Online. https://www.focus.de/politik/deutschland/doppelmoral-beim-fliegen-liste-zeigt-beim-reisen-sind-die-gruenen-politiker-die-schlimmsten-umweltsuender_id_11016930.html. Zugegriffen: 12. Aug. 2021.

Gathmann, F. (2016). *Was die deutsche Politik von Hans-Jochen Vogel lernen kann.* Der Spiegel. https://www.spiegel.de/politik/deutschland/hans-jochen-vogel-was-politiker-vom-spd-urgestein-lernen-koennen-a-1075416.html. Zugegriffen: 12. Aug. 2021.

Heißner, S. (2014). *Erfolgsfaktor Integrität.* Springer Gabler.

Kohlhof, J. (2016). *Ohne Anstand und Moral.* Springer Gabler.

Meltzer, C. (2020). Gelten für den FC Bayern andere Regeln? *Frankfurter Allgemeine Zeitung.* https://www.faz.net/aktuell/sport/fussball/andere-corona-regeln-fuer-fussball-profis-des-fcbayern-muenchen-17013196.html. Zugegriffen: 12. Aug. 2021.

Möhrle, H. (2012). Fraud Management und Kommunikation. In H-W. Jackmuth, C. de Lamboy, & P. Zawilla (Hrsg.), *Fraud management. Der Mensch als Schlüsselfaktor gegen Wirtschaftskriminalität* (S. 873–888). Frankfurt School Verlag.

Ntv. (14 Mai 2021). *Regeln gelten für alle gleich. Bayern-Spielerfrauen müssen das Hotel verlassen.* https://www.n-tv.de/sport/fussball/Bayern-Spielerfrauen-muessen-Hotel-verlassen-article22555028.html. Zugegriffen: 12. Aug. 2021.

Orwell, G. (2005). *Farm der Tiere. Ein Märchen* (45. Aufl.). (Originalausgabe: Animal Farm. A Fairy Story) (Erstausgabe 1972). Diogenes.

Schilling, J. (2019). Umgang mit zynischen Mitarbeitenden. Eine Herausforderung für Unternehmen und Führungskräfte. *Zeitschrift für Führung und Organisation, 88*(5), 307–310.

Schnebel, E. (2017). *Wirtschaftsethik im Management. Rationalität und Verantwortung in organisationalen Handlungen.* Springer Gabler.

Schöttl, L. (2018). *Integrität in Unternehmen.* Springer Gabler.

10

Quintessenz und Praxistipps

In den bisherigen Kapiteln haben wir erläutert, wie man Regeln formuliert und vermittelt, wie man die Gutwilligen beim Einhalten von Regeln unterstützt und warum man notorische Regelbrecher bestrafen sollte. Damit ist das Wichtigste zum Thema Regeltreue aus unserer Sicht gesagt. In diesem Kapitel richten wir den Blick auf typische Fehler, die man vermeiden sollte, fassen zentrale Aspekte kompakt zusammen und geben Praxistipps. Die hinter unseren Tipps stehenden Begründungen und Gedanken finden Sie im Detail in den Kap. 1 bis 9.

10.1 Weniger ist mehr

Weniger ist mehr. Führen Sie nur Regeln ein, die zwingend nötig sind und von denen Sie sicher sind, dass sie mehr Nutzen als Schaden stiften. Wenn Sie eine Regel aufstellen, muss es dafür gute Gründe geben. Regeln sind wie Süßigkeiten, zu viele davon schlagen einem auf den Magen. Übersetzen Sie Regeln in messbares Verhalten, kontrollieren Sie angemessen und bestrafen Sie diejenigen Menschen, die sich absichtlich nicht an Regeln halten. Erst wenn Sie dazu bereit sind, sollten Sie eine Regel einführen. Zudem sind Regeln teuer. Nicht nur, weil man Spezialisten für das Aufstellen und Überwachen von Regeln bezahlen muss, sondern weil jede Regel potenzielle Komplikationen mit sich bringt. Eine neue Regel verkompliziert einen Prozess oder verlängert eine Bearbeitung und kann zu Konflikten mit alten Regeln führen.

> **Wichtig** Führen Sie im Zweifel lieber eine Regel weniger ein.

Und lassen Sie nur ausgereifte Regeln auf Menschen los. Bevor Sie eine Regel flächendeckend einführen, bauen Sie eine Rückmeldeschleife ein. Wenn Sie das unterlassen, um Zeit zu sparen oder weil es Ihnen lästig oder überflüssig erscheint, werden Sie später einen höheren Preis bezahlen. Unserer Erfahrung nach ist es sehr schwer, eine Regel im ersten Wurf alleine aus Expertensicht sehr gut hinzubekommen und alle wichtigen Fern- und Nebenwirkungen mitzudenken. Fragen Sie bei den Anwendern nach, am besten bei Menschen, die weder zu wohlwollend noch zu kritisch sind. Wenn Sie nur die Wohlwollenden fragen, werden Sie keine substanzielle Kritik erhalten, und wenn Sie die Dauerkritiker fragen, wird jedes zarte Regelpflänzchen im Keim erstickt werden. Wenn ernste Probleme in der Umsetzung aufgezeigt werden, verbessern Sie die Regel. Im Zweifel lieber eine Regel mal in einem Pilotbereich testen. Und Sie sollten prüfen, ob mit Einführung einer neuen Regel eine oder mehrere alte Regeln überflüssig werden. Das ist zeitaufwendig und wird daher meist unterlassen. Damit verprellt man Gutwillige, die sich an Regeln halten wollen und dann feststellen müssen, dass das Regelsystem insgesamt wegen Widersprüchen nicht umsetzbar ist.

10.2 Kosten zugeben

Regeln kosten Geld, Zeit und Bequemlichkeit. Wer das leugnet, verspielt Vertrauen. Wenn beispielsweise Mitarbeiter im Einkauf sagen, dass mit den neuen Regeln eine Beschaffung im Durchschnitt eine Woche länger dauern wird und dass eine weitere Stelle geschaffen werden muss, um bestimmte Dokumentationspflichten akribisch erfüllen zu können, dann sollte das ernst genommen werden. Räumen Sie in solchen Fällen ein, dass die wegen einer neuen Regel notwendige Verhaltensänderung anstrengend sein kann und dass eine neue Regel auch Nachteile mit sich bringt. Das wissen die Mitarbeiter sowieso und es schadet nur Ihrer Glaubwürdigkeit, wenn Sie das Offensichtliche nicht einräumen.

10.3 Widerstand nicht wegbügeln

Man sollte davon ausgehen, dass Veränderungen Widerstand erzeugen. Weil Veränderungen für Mitarbeiter häufig Mühe und damit eine Verschlechterung bedeuten, versuchen Mitarbeiter, Veränderungen zu verhindern, zu verzögern oder so anzupassen, dass sie weniger stören – diese Mitarbeiter sind im eigentliche Sinne loyal, weil sie auch unter widrigen Umständen noch gute Arbeit leisten wollen. Denn nicht jeder Mensch leistet Widerstand aus schlechten Gründen. Wenn man gut gemeinten Widerstand wegbügelt, verschlechtert man die Chancen auf Regeleinhaltung, weil man sich der Chance zur Verbesserung einer Regel beraubt. Wenn eine Organisation Regeln einführt, die nicht oder nur unter Vernachlässigung anderer Vorgaben oder etablierter Prozesse einhaltbar sind, muss mit Widerstand gerechnet werden, es sei denn, es hätten schon alle innerlich gekündigt. Widerstand dieser Art ist hilfreich, weil er auf Unvereinbarkeiten hinweist, die aufgelöst werden müssen. Ein Mitarbeiter, der aus guten Gründen und im Organisationsinteresse auf einen Widerspruch hingewiesen hat, wird künftig schweigen, wenn man ihn als Bremser oder Quertreiber verunglimpft. Wir haben mehr als einmal erlebt, dass inhaltlich begründete Einwände mit Phrasen weggebügelt werden wie „Das schaffen Sie schon, ist doch nicht viel" und so weiter. Wenn dann zwei Monate später Druck auf den Einkauf ausgeübt wird, weil ein bestimmter Beschaffungsprozess länger dauert oder eine Dokumentation fehlt, braucht man sich über eine innere Kündigung nicht zu wundern. Denn: Widersprüche töten Loyalität.

> **Wichtig** Wenn Mitarbeiter abstruse Regeln klaglos hinnehmen, ist das kein Zeichen von Loyalität, wie das von autoritären Führungskräften mitunter missverstanden wird, sondern ein Zeichen für innere Kündigung.

Mitarbeiter haben meist keine Möglichkeit zur Auflösung von Widersprüchen zwischen Regeln und Prozessen und müssen die Führungsfehler ausbaden. Deshalb sollte man die Anstrengung der Mitarbeiter würdigen, die sich mit einer neuen Regel herumplagen. Dazu muss man Unmut und negative Emotionen von Mitarbeitern bis zu einem gewissen Grad aushalten. Kontraproduktiv wäre es, aus Angst vor den Mitarbeitern oder weil man negative Emotionen generell nicht gut aushält, den direkten Kontakt zu vermeiden. Man muss als Führungskraft direkt zu den Mitarbeitern gehen, auch wenn einen das anstrengt und man dazu eigentlich keine Lust hat.

10.4 Kein Wischiwaschi

Jein verursacht Elend. Setzen Sie eine Regel durch oder, wenn sie unsinnig ist, setzen Sie die Regel ab. Eine nicht durchgesetzte Regel ist nicht nur wirkungslos, sondern wirkt toxisch auf andere Regeln. Toleranz gegenüber vorsätzlicher und systematischer Regelübertretung ist langfristig gefährlich. Man kann sich Regelbrüche eine Zeit lang ansehen und muss eine Entscheidung nicht über das Knie brechen, aber ein Jein ist keine dauerhafte Lösung. Knicken Sie nicht ein! Sie müssen bereit sein, eine Regel auch in Konfliktfällen durchzusetzen. Regeln, die erst lautstark verkündet, aber nicht durchgesetzt werden, bleiben unwirksam.

> **Wichtig** Jede nicht durchgesetzte Regel erodiert die Verbindlichkeit von Regeln im Allgemeinen.

Die eigentliche Arbeit beginnt erst, nachdem Sie eine Regel bekannt gemacht haben. Dann müssen Sie für die Regel kämpfen, Zweifler überzeugen und notorische Regelbrecher auf Linie bringen. Und Sie müssen die Gutwilligen bei der Stange halten, die sich von vorneherein an die Regel halten und erwarten, dass dies auch die anderen tun. Wenn Sie als Verantwortlicher merken, dass jemand Regeln bricht, sollten Sie aktiv werden. Je früher man einschreitet, desto milder kann man vorgehen. Dafür muss man eine Hemmschwelle überwinden und man benötigt eine Portion Mut, andere Menschen auf deren Fehlverhalten anzusprechen. Manche reagieren einsichtig, andere aggressiv, manche rechtfertigen sich weitschweifig und so weiter. Man kann Menschen besser persönlich überzeugen als per E-Mail oder SMS. Daher gibt es unserer Erfahrung nach keinen Ersatz für die direkte, persönliche Ansprache.

> **Wichtig** Wenn Menschen absichtlich und systematisch gegen Regeln verstoßen, muss man einschreiten.

Wenn Menschen sehen, dass ungestraft gegen Regeln verstoßen wird, wird sich einer nach dem anderen ebenfalls nicht mehr an die Regeln halten. Warum auch? Die Regel scheint ja nicht verbindlich zu sein. Der schlimmste Fehler ist vage zu sein. Entweder führt man eine Regel ein und setzt sie durch oder man lässt es.

10.5 Die Dosis macht das Gift

Das Durchsetzen von Regeln ist eng mit dem Bestrafen von Regelbrüchen verknüpft. Wir erleben in Beratungen und auch in Seminaren häufig, dass Organisationen sich scheuen, Regelbrüche klar und deutlich zu sanktionieren. Die Begründungen dafür gleichen sich und sehen meist nach Angst vor der eigenen Konsequenz aus, aber auch nach Angst vor den Reaktionen auf eine klare Benennung von Regelbrüchen. Ja, man muss auf systematische Regelbrüche reagieren, aber nein, man muss dabei nicht zur Brechstange greifen.

> **Wichtig** Lernen Sie, klug zu kontrollieren und zu bestrafen. Kontrollen und Strafen sind kein Wert an sich und können je nach Dosis und Umsetzung nützen oder schaden.

Idealerweise wollen Menschen Regeln befolgen, weil sie von ihnen überzeugt sind. Verinnerlichte Regeln werden immer am besten befolgt. Allerdings verhindern psychologische Mechanismen wie *brauchbare Illegalität* oder *Moral Licensing*, dass die Handelnden überhaupt merken, dass sie Regeln brechen. Wenn aber Menschen regelwidriges Verhalten nicht infrage stellen, ist die Chance gering, solche Praktiken in Zukunft zu verhindern. Für solche Fälle und für den Fall, dass Menschen Regeln nicht einhalten wollen, werden Kontrollen geschaffen. Kontrollen sollen Regeleinhaltung auch dort sicherstellen, wo es an der Einsicht in die Notwendigkeit von Regelbefolgung fehlt oder Regeln schlichtweg fehlinterpretiert werden. Wer Regeln verinnerlicht, hält sie von sich aus ein, es sind quasi die eigenen persönlichen Regeln geworden. Solche Menschen muss man nicht kontrollieren, das tun sie freiwillig selbst. Kontrollen braucht man für die anderen, für diejenigen, die eine Regel nicht verinnerlicht haben.

10.6 Anschluss bekommen

Formulieren Sie Regeln so, dass sie verstanden werden. Wir haben gezeigt, dass die Art und Weise, wie Regeln ausgestaltet und kommuniziert werden, großen Einfluss darauf hat, ob und wie sehr diese tatsächlich befolgt werden. Zur Regeltreue gehören eine klare Sprache ebenso wie eine Veranschaulichung der Regeln und ihrer Auswirkungen anhand von Bildern, Geschichten und anderen einprägsamen Stilmitteln. Auch der Zweck einer Regel muss gut erklärt werden, denn meist bedeutet eine Regel Mehraufwand und besondere Anstrengung. Menschen strengen sich nur dann dauerhaft an, wenn sie wissen wofür und wenn sie einen Nutzen erkennen können. Nicht unbedingt für sich selbst, aber zumindest für die Gesellschaft oder eine Organisation als Ganzes. Machen Sie ruhig auch Regelbrüche anonymisiert öffentlich, damit alle daraus lernen können, und verkleinern Sie so das Dunkelfeld. Wenn Organisationen Regelbrüche verheimlichen, wird das Problem unterschätzt. Wenn man nie davon hört, dass jemand wegen Regelbruches bestraft wurde, denkt man irgendwann, es gäbe gar keine Regelbrüche, womit man sich folgerichtig fragen kann, wozu man dann die ganzen Regeln benötigt. Es geht nicht darum, Einzelne an einen öffentlichen Pranger zu stellen, sondern um eine Ausleuchtung des Dunkelfeldes. Umgekehrt ist es hilfreich, Regeleinhaltungen bekannt zu machen, ohne demonstrativ moralisch zu werden. Aber wenn eine Führungskraft eine Kiste Wein an den Absender zurückschickt, weil sie keine Geschenke annehmen darf und will, so ist das ein gutes Vorbild und durchaus eine Erwähnung wert. Und vor allem: Formulieren Sie Regeln anschlussfähig an den Alltag und die Routinen der Menschen. Denn: Regeln hält man nur ein, wenn man sie aushält.

> **Zusammenfassung**
> - Planen Sie die Einführung einer Regel wie ein Projekt.
> - Gehen Sie davon aus, dass die Einführung einer Regel viel länger dauert als Sie sich wünschen.
> - Führen Sie nur an der Realität geprüfte Regeln ein.
> - Rechnen Sie mit Widerständen und Rückschlägen.
> - Führen Sie nur dann eine Regel ein, wenn Sie bereit sind, diese Regel auch durchzusetzen.
> - Führen Sie lieber eine Regel zu wenig ein als eine Regel zu viel.
> - Schaffen Sie auch mal eine Regel ab.
> - Akzeptanz kann Kontrollen fast überflüssig machen.
> - Kontrollen nützen nur dort, wo sie wirklich nötig sind.
> - Formulieren Sie Regeln verständlich, nachvollziehbar und anschlussfähig.
> - Reflektieren Sie selbstkritisch eigenes Handeln und fordern Sie auch Kollegen und Mitarbeiter dazu auf.

Stichwortverzeichnis

Aufmerksamkeit 65, 71, 72, 153

Bestrafung 84, 142, 179
Bilder 68–70, 90, 91
Botschaft 69

Code of Conduct 50

Durchsetzungsvermögen 53, 55

Ehrlichkeit 32, 87
Einstellung 55, 69, 87
   destruktive 115
Enron 54, 172, 173

Fehler 61, 67, 102, 104, 137
Fehlverhalten 42, 52, 61, 62, 85, 120–123, 134, 142, 166, 175, 182
   absichtliches 106
   systematisches 135
Folgen 30, 32, 34, 40, 41, 52, 57, 63, 77, 88, 112, 115, 118, 122, 141, 142, 157
   unerwünschte 117
Führung 113
Führungskraft 39, 42, 59, 84, 99, 134, 170, 174

Gewissen 120, 135, 157, 165
Glaubwürdigkeit 39, 88, 138, 163, 168, 175

Konsequenzen 30, 113, 135
Kontakt 66, 80, 105, 141

Kontrolle 8, 56, 66, 113, 148, 150, 151, 173, 174
  soziale 140

M

Macht 30, 60, 70, 138, 164
Management 50, 93, 157
Misstrauen 42, 86, 87, 173
Moral 38, 39, 123, 166, 183
Motivation 44, 104, 134, 169
  intrinsische 156, 157

N

Nutzen 66, 72, 86, 184

R

Rechtfertigung 107
Regelverstoß 104, 118, 120, 122, 124, 134, 135, 142
  nützlicher 119
Risiko 77, 146, 154, 168
Routine 98, 106, 107, 162, 184

S

Sanktionen 93, 121, 141, 142, 175
Skandal 42, 54, 173

T

Topmanagement 56, 161, 162, 164, 165, 171
Transparenz 148

U

Unternehmen 30, 32, 38–40, 44, 55, 57, 58, 62, 72, 76, 80, 92, 98, 106, 115, 119, 133, 146, 150, 155, 168, 172, 173, 184
Unternehmenskultur 38–40, 43, 44, 62, 161, 173

V

Verhaltenskodex 51–55, 58–61
Verstoß 41, 58, 59, 104, 107, 118, 135, 137, 165
Vertrauen 32, 41, 58, 77, 85, 89, 136, 146, 168, 173, 174

W

Widerstand 44, 63, 70, 94, 115, 162, 171, 174
  offener 94
Wirecard 50, 51, 54, 173
Wirkung 15, 17, 34, 90, 152, 171

Z

Zweck 32, 67, 84, 98, 174
  gemeinnütziger 116

Springer

Sven Seibold · Alexander Horn

Emotion und Fehl-Entscheidung

Wie Menschen auch unter Stress klug entscheiden

SACHBUCH

Jetzt im Springer-Shop bestellen:
springer.com/978-3-662-63236-9

If you have any concerns about our products,
you can contact us on
ProductSafety@springernature.com

In case Publisher is established outside the EU,
the EU authorized representative is:
**Springer Nature Customer Service Center GmbH
Europaplatz 3, 69115 Heidelberg, Germany**

Printed by Libri Plureos GmbH
in Hamburg, Germany